Max Frisch

Homo faber

Interpretation von Reinhard Meurer

Oldenbourg

Zitiert nach folgenden Ausgaben:
Max Frisch: Homo faber. Frankfurt: Suhrkamp 2006, Bibliothek Suhrkamp 87
(runde Klammer)
Max Frisch: Homo faber. Frankfurt: Suhrkamp 2002, Suhrkamp TB 354
[eckige Klammer]

Die Datumsangaben dieser beiden Ausgaben differieren geringfügig voneinander. Die vorlie-
gende Interpretation geht von der Datierung der Erstausgabe aus. Im Materialteil ist ergän-
zend die chronologische Ereignisfolge im Sinne der Taschenbuchausgabe tabellarisch dargestellt.

Zitate sind halbfett gekennzeichnet.

Bibliografische Information der Deutschen Nationalbibliothek:
Die Deutsche Nationalbibliothek verzeichnet diese Publikation in der Deutschen
Nationalbibliografie; detaillierte bibliografische Daten sind im Internet über
<http://dnb.ddb.de> abrufbar.

Das Papier ist aus chlorfrei gebleichtem Zellstoff hergestellt,
ist säurefrei und recyclingfähig.

Bei Zitaten, Literaturangaben und Materialien im Anhang ist die neue
Rechtschreibung noch nicht berücksichtigt.

3., überarbeitete und korrigierte Auflage in der neuen Rechtschreibung, 1997
Unveränderter Nachdruck   08
Die letzte Ziffer bezeichnet das Jahr des Drucks.

Umschlagkonzept: Mendell & Oberer, München
Umschlag: Stefanie Bruttel
Umschlagbild: © IFA-Bilderteam, Ottobrunn/München; Fotografin: Birgit Koch
Typografisches Gesamtkonzept: Gorbach GmbH, Buchendorf
Lektorat: Ruth Bornefeld, Simone Riedel
Herstellung: Verlagsservice Dr. Helmut Neuberger
& Karl Schaumann GmbH, Heimstetten
Satz: jürgen ullrich typosatz, Nördlingen
Druck und Bindung: Firmengruppe APPL, aprinta Druck, Wemding

ISBN: 978-3-486-88610-8
ISBN: 978-3-637-88610-0 (ab 1.1.2009)

Inhalt

Vorbemerkung *8*

1 Zur Literaturlage *9*

2 **Thematik** *13*
2.1 Bedeutung des Titels *13*
2.2 Der Dualismus in Fabers Weltsicht *14*
2.2.1 Technik – Natur *14*
2.2.2 Der Gegensatz Mann – Weib *17*
2.3 Der innere Antagonismus in Fabers Person *18*
2.4 Das Identitätsproblem *19*
2.4.1 Die Behandlung des Problems als Leitthema in Frischs Werk *19*
2.4.2 Fabers Scheinidentität und ihre Konsequenzen *20*
2.5 Zufall – Schicksal – Schuld *22*
2.5.1 Fabers Deutung *22*
2.5.2 Hannas (Frischs) Deutung *23*
2.5.3 »Homo faber« und »Ödipus« *25*
2.6 Fabers Wandlung *26*
2.6.1 Sabeth als Psychagogin: ›Leben – im Licht sein‹ *26*
2.6.2 Fabers Testament: Frischs Credo? *27*

3 **Symbolik** *29*
3.1 Methodische Vorbemerkung *29*
3.2 Funktion und Struktur der Symbolik *29*
3.2.1 Integrative Funktion der symbolischen Leitmotive *29*
3.2.2 Symbolstil als Konsequenz der Sprachauffassung Frischs *30*
3.2.3 Rollenpsychologische Motivierung der Symbolik *30*
3.2.4 Symbolstruktur in »Homo faber« *31*
3.3 Inhaltliche Motivkreise der Symbolik *32*
3.3.1 Symbole der technischen Selbstentfremdung *32*
3.3.2 Symbolik der Selbstkonfrontation *33*
3.3.3 Symbolik der Lebenszuwendung *34*
3.3.4 Symbolische Vorausdeutungen auf Inzest und Tod *35*
3.4 Parabelstruktur und Symbolik *36*

4   Kommunikationsstruktur und Sprache *38*
4.1   Polarität als stilistischer Grundzug *38*
4.2   Kommunikationsstruktur und Stil *38*
4.2.1   Die Ich-Form: Fiktion der Authentizität *38*
4.2.2   Das diaristische Element in »Homo faber« *40*
4.2.3   Komplexität des Satzbaus *41*
4.2.4   Die Kommunikationsstörung *43*
4.3   Sprachliche Mechanismen der Gefühlsabwehr *46*
4.3.1   Zynismus *46*
4.3.2   Funktion der sprachlichen Banalität *46*
4.3.3   Stereotypie *48*
4.4   Gefühlsausdruck in der Sprache des Berichts *50*
4.4.1   Impressions- und Erinnerungsstil *50*
4.4.2   Sprachbildlichkeit (Vergleich, Metapher) *53*
4.4.3   Das Banale und seine Durchbrechung in der
        Landschaftsdarstellung *56*

5   Raum und Landschaft *59*
5.1   Bedeutung der Schauplätze und des Schauplatzwechsels *59*
5.2   Starre und Bewegung *62*
5.3   Blickführung und Perspektive *65*

6   Zeit- und Erzählstruktur *70*
6.1   Chronologie und Erzählfolge *70*
6.1.1   Die Chronologie als Erzählproblem *70*
6.1.2   Sukzessions- und Kontinuitätsbrechung in der
        Makrostruktur des »Homo faber« *71*
6.2   Handlungseinheiten – integrative Erzählelemente *73*
6.3   Die zeitliche Mikrostruktur *78*
6.3.1   Asyndetische Kurzsätze *78*
6.3.2   Asyndetische Abschnittsanfänge *79*
6.3.3   Zeitliche Funktion der syntaktischen Komplexität *79*
6.3.4   Tempus: Präteritum und Präsens *81*
6.4   Zeiterlebnis und Zeitsymbolik *83*
6.4.1   Fabers Lebenstempo *83*
6.4.2   Verlust der Chronometer-Zeit und Zeitumkehrung *84*

Unterrichtshilfen

1   Didaktische Aspekte *87*
2   Umgang mit Sekundärliteratur im Unterricht *89*
3   Unterrichtsreihen *89*
4   Unterrichtssequenz *90*
5   Klausurvorschläge *102*
6   Materialien *103*

Anhang

Anmerkungen *113*
Literaturverzeichnis *116*
Zeittafel zu Leben und Werk *118*

Vorbemerkung

Dieses Bändchen ist vor allem bestimmt für Deutschlehrer der Sekundarstufe II, die in einem Grund- oder Leistungskurs den HOMO FABER behandeln wollen. Deshalb sind an die Interpretation didaktisch-methodische Anregungen (Leitfragen und -aufgaben, mögliche Themen und Textstellen für Klausuren) angeschlossen.

Darüber hinaus dürften die strukturbezogenen Kapitel für den Studenten der Literaturwissenschaft, der sich mit FRISCH befasst, interessant sein, weil in der Sekundärliteratur zu manchen der hier behandelten Aspekte noch keine speziellen Analysen vorliegen. Auch Schüler der Sekundarstufe II, die mit literaturwissenschaftlichen Grundbegriffen (wie *Metapher, Symbolik, Erzählzeit* u. Ä.) vertraut sind, können den Band zum Selbststudium benutzen. Ihnen sei empfohlen vor der Lektüre der einzelnen Kapitel die entsprechenden Erschließungsaufgaben selbstständig durchzuarbeiten.

Im Übrigen habe ich mich bemüht mich so allgemein verständlich wie möglich auszudrücken, sodass auch der interessierte Nicht-Fachmann der Interpretation folgen kann ohne ein Wörterbuch der Linguistik heranziehen zu müssen.

1 Zur Literaturlage

Seit der Mitte der fünfziger Jahre, als FRISCH durch den STILLER zu einer europäischen Berühmtheit avanciert war, ist die Sekundärliteratur zu FRISCH zu einem beachtlichen Umfang angeschwollen. Allerdings hat der HOMO FABER bei Rezensenten und Interpreten ein relativ schwaches Echo ausgelöst. Das liegt wohl vorwiegend daran, dass der Autor in diesem Werk eindeutiger als in anderen den Schlüssel zum Verständnis in Form der in den Roman eingelagerten Reflexionen mitgeliefert hat. Über den Aussagegehalt des Romans, so scheint es, lässt sich kaum streiten. Aber auch Sprache und Struktur des HOMO FABER sind bisher nur in recht pauschaler Weise behandelt worden, und zwar überwiegend Phänomene der Makrostruktur wie Ich-Perspektive, Tagebuchstil, Rollensprache, Handlungsstruktur.

Dabei handelt es sich meist um Ausführungen zum HOMO FABER im Rahmen von umfangreicheren Darstellungen zum Gesamtwerk von MAX FRISCH. Außerdem gibt es eine Reihe von Aufsätzen, die sich ausschließlich auf den HOMO FABER beziehen. Dies sind vorwiegend Rezensionen, die innerhalb des ersten Jahres nach Erscheinen des HOMO FABER veröffentlicht worden sind und z. T. in späteren Sammelbänden (z. B. in ÜBER MAX FRISCH I UND II, ed. suhrkamp) wieder auftauchen. Sie enthalten viel Vorläufiges und sind eher für eine Rezeptionsgeschichte von Bedeutung, die mit diesem Bändchen nicht intendiert ist.

Eine wissenschaftliche Diskussion zum HOMO FABER ist bisher nicht aufgekommen. Häufig decken sich die in den verschiedenen Abhandlungen vorgetragenen Auffassungen, ohne dass die Filiation des Gedankens kenntlich gemacht würde. Auch auf abweichende Deutungen der jeweils vorliegenden Sekundärliteratur geht kaum einer der Interpreten ein. Für die Literatur zum HOMO FABER trifft die Pauschalkritik zur FRISCH-Forschung von Walter Schmitz zu: **Ärgerlich aber sind die Fehler der Durchführung […] philologische Fehler (keine Zitatnachweise, falsche Datierungen). Ersatz von Analysen durch aphoristische Urteile, Unkenntnis der Selbstinterpretation des Autors und der Sekundärliteratur** […] (in: ÜBER MAX FRISCH II, ed. suhrkamp 852, Nachwort, 538)

Bisher liegt erst eine ausführliche Einzeldarstellung zum HOMO FABER vor, die wissenschaftlichen Anspruch erhebt. Es handelt sich um die Dissertation von Hans Geulen: MAX FRISCHS HOMO FABER. STUDIEN UND INTERPRETATIONEN. Berlin 1965. Aber gerade diese Arbeit ist insofern von sehr zweifelhaftem Wert, als sie auf engstem Raum zutreffende Beobachtungen und abwegige Deutungen vereint. Verlässliche Ergebnisse bringt sie lediglich in der Analyse von Gehalt, Handlungsstruktur und zeitlicher Grobstruktur. Vor allem die Sprache des *HOMO FABER* behandelt Geulen methodisch unzulänglich. Ein Beleg soll das verdeutlichen: Geulen charakterisiert die Sprache des *HOMO FABER* als **Jargon** (a.a.O., 91) und glaubt beobachten zu können, **wie dieser Jargon bei fortschreitender Handlung sich seiner gröbsten Bestandteile entäußern muß, sich wandelt und reinigt zum eigentlichen Sprechen, ohne den Wortschatz zu verändern oder abzudunkeln durch einen Schleier falscher Poesie** (a.a.O., 91). Diese immerhin diskutable These müsste nun durch methodisch exakte Detailanalyse untermauert werden. Das aber geschieht nicht. Geulen bringt lediglich drei Textzitate, die offenbar Fabers gereinigtes Sprechen evident dartun sollen. Allerdings versäumt er es, zu diesen Zitaten die Seitenzahlen anzugeben. Wenn man sich der Mühe unterzieht die Zitate im Text aufzusuchen, stellt man fest, dass sie nicht in der Reihenfolge des Textes gebracht worden sind und dass zwei der drei Zitate aus der ersten Hälfte des Romans stammen. Demnach ist diese Zitatklitterung völlig ungeeignet einen allmählichen Sprachwandel zu belegen. (Die fraglichen Zitate sind übrigens nachzuschlagen im *HOMO FABER* 113, 81, 239, [92/93, 67/68, 192]).

Überhaupt misst Geulen die Sprache des Romans mit Maßstäben, die einem Werk des 20. Jahrhunderts nicht adäquat sind. So hält Geulen den Wortschatz des *HOMO FABER* für insofern auffallend, als er nicht **gehobener Dichtersprache** (a.a.O., 91) entspreche. In Wirklichkeit wäre gerade **gehobene Dichtersprache** in einem modernen Roman auffallend! Ferner vermerkt Geulen, dass FRISCH im *HOMO FABER* keine **schmückenden Adjektive**, sondern **eher charakterisierende (Material, Farbe, Form, Ausmaß)** (a.a.O., 81) verwende. Diese Feststellung ist zwar richtig, aber banal und irrelevant, weil schon seit geraumer Zeit das epitheton ornans nur noch in der Trivialliteratur auftritt. Dass der *HOMO FABER* nicht zum Groschenheft-Genre gehört, braucht aber nicht erst eigens bewiesen zu werden.

Die ausführlichste Behandlung (nach Geulen) findet sich in M. Jurgensens Gesamtdarstellung: *MAX FRISCH – DIE ROMANE*. Bern 1970. Sie besteht aus einer Mischung von Inhaltsangabe und fortlaufendem Kommentar. Die Zitattechnik dieser Arbeit ist mangelhaft, auf anderweitige Sekundärliteratur geht Jurgensen überhaupt nicht ein. Zur Symboldeutung bringt Jurgensen einige treffende Detailbeobachtungen. Insgesamt aber deutet Jurgensen Symbole zu punktuell, d. h. ohne hinreichenden Kontextbezug, und kommt daher häufig zu abwegigen Ergebnissen.

Eine wirklich fundierte Gesamtdarstellung zu FRISCH stellt die Abhandlung von Markus Werner: *BILDER DES ENDGÜLTIGEN, ENTWÜRFE DES MÖGLICHEN*. Bern 1975, dar. In ihr wird mehrfach auf den *HOMO FABER* Bezug genommen.

Eduard Stäuble versteht sein mehrfach neu aufgelegtes Werk *MAX FRISCH* als publizistische Pionierarbeit. Er hat es sich zum Ziel gesetzt, durch Darstellung von Leitmotiven des Lebenswerks beim breiten Publikum Verständnis für FRISCHS Gesamtwerk zu wecken. Als Spezialliteratur zum *HOMO FABER* ist diese Arbeit – abgesehen von den Ausführungen zu **Schicksal** und **Zufall** (*MAX FRISCH*. St. Gallen 1967, 3. erw. Aufl., 202–205) – nicht brauchbar.

Vom Titel her verspricht R. Kieslers Werk: *MAX FRISCH, DAS LITERARISCHE TAGEBUCH*. Frauenfeld 1975, für den *HOMO FABER* relevante Ergebnisse. Aber Kiesler versteigt sich zu recht merkwürdigen Deutungen. Er unterstellt z. B. Walter Faber ein dominierendes **Bewußtsein humanistisch-klassischer Bildungstradition** (a.a.O., 95). Das Werk *HOMO FABER* betrachtet er insgesamt als ironisches **diaristisches Spiel** (a.a.O., 95) bzw. als eine Art Travestie der antiken Schicksalstragödie (vgl. u. 1.5.3).

Unter den Rezensionen und Aufsätzen erscheinen mir folgende lesenswert: Gerhard Kaiser: *MAX FRISCHS HOMO FABER*. In: *Schweizer Monatshefte* 38 (1958), 9, 841–852 (neu abgedruckt in: *ÜBER MAX FRISCH II*. ed. suhrkamp 852); Erich Franzen: *HOMO FABER*. In: *AUFKLÄRUNGEN*. Frankfurt 1964, 171–177 (neu abgedruckt in: *ÜBER MAX FRISCH I*. ed. suhrkamp 404, 71–76); W. Henze: *DIE ERZÄHLHALTUNG IN MAX FRISCHS ROMAN HOMO FABER*. In: *Wirkendes Wort* 11 (1961), 5; Brigitte Weidmann: *WIRKLICHKEIT UND ERINNERUNG IN MAX FRISCHS HOMO FABER*. In: *Schweizer Monatshefte* 44 (1964), 445–456; Herta Franz: *DER INTELLEKTUELLE*. In: *MAX FRISCHS DON JUAN UND HOMO FABER*. 1971 (neu abgedruckt in: *ÜBER MAX FRISCH II*. ed. suhrkamp 852, 234–244).

Besonders bemerkenswert durch die Exaktheit in der Analyse der Makrostruktur und des Gehalts, aber problematisch in der Auffassung von der Funktion der Sprache ist das Kapitel *HOMO FABER* von Rolf Geißler in: *MÖGLICHKEITEN DES MODERNEN DEUTSCHEN ROMANS*. 2. Aufl., 191–214 (vgl. u. 3.1, 3.4). Angesichts der oben skizzierten Forschungslage und in Anbetracht der Umfangsgrenzen, die diesem Interpretationsbändchen gesetzt sind, wird sich die Auseinandersetzung mit der Sekundärliteratur auf ein Minimum beschränken. Das gilt besonders für Strukturbereiche, die in der Sekundärliteratur bisher ohnehin nur oberflächlich berührt worden sind. In den Kapiteln 1 und 2 wird nicht vermerkt, mit welchen Interpreten Konsens besteht, sofern sich in dem entsprechenden Punkt in der Sekundärliteratur eine gewisse communis opinio erkennen lässt.

Die wertvollsten Interpretationshilfen stammen im Übrigen von MAX FRISCH selbst. Die meisten Gehaltinterpretationen fußen auf den in den *Bericht* eingelagerten Reflexionen (z. B. 211/12; 247 u. a., [169/170; 199]).

Ferner sind folgende Passagen aus dem Tagebuch 1946–1949 heranzuziehen: Nach einem Flug, 47–55 (zum Thema *Technik – Fliegen*), Bildnis, 28 ff. (zum Thema *Filmen*), Schreiben, 39 (zur Sprache des *HOMO FABER*), Portofino Monte, 118/119 (zum Thema *Erlebnis und Erinnerung*), Zur Lyrik, 211–214 (zum Thema *Banalität und Poesie*), Café Odeon, 440/441 (zum Thema *Zufall*).

FRISCHS Reisebericht aus Mexiko (1952) ORCHIDEEN UND AASGEIER sowie der Aufsatz UNSERE ARROGANZ GEGENÜBER AMERIKA (1952) geben interessante Aufschlüsse über biografische Züge im *HOMO FABER*. Das Gleiche gilt für *MONTAUK*, 166–169.

Da *DON JUAN* und *HOMO FABER* in der Thematik eng verwandt sind, liest sich das Nachwort des Autors zu *DON JUAN* (**Nachträgliches zu Don Juan**) fast wie eine Interpretation zu *HOMO FABER*.

2 Thematik

2.1 Bedeutung des Titels

In den Titeln sowohl der epischen wie auch der dramatischen Werke FRISCHS sind überwiegend Namen enthalten. *HOMO FABER, DON JUAN ODER DIE LIEBE ZUR GEOMETRIE* und *HERR BIEDERMANN UND DIE BRANDSTIFTER* nehmen insofern eine Sonderstellung ein, als in diesen Titeln jeweils die Bezeichnung eines Typus dominiert. Durch diese Art der Titelgebung wird der Charakter der Hauptfigur in der Leser- bzw. Zuschauererwartung von vornherein weitgehend festgelegt. Im *BIEDERMANN* bestätigt die Figur das erwartete Klischee; die überraschende Pointe des Stücks liegt in der Anbiederung des Biedermanns an den Gegentypus des Brandstifters. Im *DON JUAN* wird der Typus hingegen umgedeutet: Don Juan nicht als Verführer, sondern als Opfer der Verführung.

Auch mit dem Titel *HOMO FABER* werden beim Leser schon vorhandene Vorstellungen angesprochen, die ihren Niederschlag beispielsweise im Konversationslexikon gefunden haben:

> Homo faber (lat.: der Mensch als Schmied), der Mensch, soweit er die Welt handelnd angeht. In typologischer Wendung bezeichnet Homo faber oft den praktisch, insbesondere technisch tätigen Menschen im Unterschied zur theoretisch-kontemplativen oder zur fürsorgenden Lebensform. (Brockhaus 1969)

Verweise auf Marx, Scheler und Gehlen deuten die Herkunft des Begriffs an.

Indem FRISCH bewusst auf diesen anthropologischen Hintergrund rekurriert, beansprucht er für die Hauptfigur des Romans und ihr Schicksal exemplarische Geltung.

Mit Recht hat schon Stäuble darauf hingewiesen, dass die Begriffe *Techniker* und *Technik* im *HOMO FABER* sehr weit gefasst werden müssen. Technik hat hier mehr als nur instrumentalen Charakter, sie ist eine Weltanschauung. Die ihr diametral entgegengesetzte Lebenseinstellung bezeichnet Faber als **Mystik** (26), [22].

Das Exemplarische der Faber-Figur wird durch die Zugehörigkeit Fabers zur globalen Organisation der Unesco und durch seine weltweiten Reisen unterstrichen. Dass sich Faber als Exponent der **Technik** im oben genannten umfassenden Sinne fühlt, zeigt auch seine aggressiv-betroffene Reaktion auf Marcels Zivilisationskritik (die übrigens stark an Ideen Ludwig Klages erinnert): **Ich platzte nur, wenn sich Marcel über meine Tätigkeit äußerte, beziehungsweise über die Unesco: der Techniker als letzte Ausgabe des weißen Missionars, Industrialisierung als letztes Evangelium einer sterbenden Rasse, Lebensstandard als Ersatz für Lebenssinn [...]** (61), [50]. FRISCH versteht jedoch den HOMO FABER nicht ausschließlich als neuzeitlichen (und neuweltlichen), sondern als potenziell überzeitlichen abendländischen Typus; das zeigt Fabers Verwandtschaft mit Don Juan (vgl. **Nachträgliches zum Don Juan,** 100) und Ödipus (vgl. u. 2.5.3).

Sieht man einmal von diesen anthropologischen Bezügen ab, so kann man das zweiteilige Syntagma **homo – faber** als Antizipation der inneren Zwiespältigkeit der Hauptfigur auffassen – der Diskrepanz von nur-technischer und humaner Lebenskonzeption (vgl. u. 2.3).

2.2 Der Dualismus in Fabers Weltsicht

2.2.1 Technik – Natur

Walter Faber arbeitet als Ingenieur für die Unesco. Sein Ressort ist die technische Erschließung unterentwickelter Regionen. Seinen Beruf betrachtet Faber nicht als beliebigen Job, sondern er steht auf dem Standpunkt, dass der Beruf des Technikers für ihn persönlich der einzig mögliche und darüber hinaus **der einzig männliche überhaupt** (94) [77] sei. Ein Leben außerhalb des beruflichen Bereichs kann er sich nicht vorstellen: **Ich lebe, wie jeder wirkliche Mann, in meiner Arbeit** (111) [90].

Es stellt sich die Frage, warum Faber **Leben** so gänzlich mit **Arbeit** gleichsetzt. Man könnte zunächst annehmen, dass sein Einsatz für die Entwicklungshilfe auf idealistischen Motiven, etwa humanem Engagement, beruhe. Aber im Verlauf des Berichts zeigt sich, dass ihm Menschen im Allgemeinen und sogar diejenigen, denen seine Entwicklungshilfe zugedacht ist, gleichgültig, ja geradezu lästig sind: **Menschen sind eine Anstrengung für mich** (112) [92]. Seine Verachtung für die Indios äußert er beispielsweise in dem abwertenden Urteil: **ein weibisches Volk, geradezu kindisch** (46) [38].

Faber betrachtet die Technik nicht als Mittel zu einem höheren, humanen Zweck, sondern als absoluten Selbstzweck. Symptomatisch dafür ist sein Verhältnis zu Maschinen jeder Art: Wenn irgendeine Maschine nicht funktioniert oder auch nur leer läuft, macht ihn das **nervös.** Selbst in denkbar unpassenden Augenblicken muss er daran gehen, Maschinen zu reparieren. Am Abend des endgültigen Abschieds von Ivy will Faber sich rasieren (**nicht weil ichs's nötig hatte, sondern nur so** – 76 [63]). Da erweist sich der Rasierapparat als defekt. Obwohl Faber sich eben noch über das Warten auf Ivy aufgeregt hat – er wollte ausgehen –, nimmt er sich nun die Zeit, den Apparat völlig zu zerlegen. Dabei besitzt er einen intakten Rasierapparat, den er ohne weiteres benutzen könnte. Ähnlich deplaziert wirkt die Autoinspektion im Dschungel (210, 211) [169]. Besonders aufschlussreich ist Fabers Einstellung zum Roboter als Inbegriff des Technischen: **Der Roboter erkennt genauer als der Mensch, er weiß mehr von der Zukunft als wir, denn er errechnet sie, er spekuliert nicht und träumt nicht […] und kann sich nicht irren; der Roboter braucht keine Ahnungen** (91, 92) [75].

Faber sieht im Roboter offenbar mehr als ein mechanisches Hilfsmittel. Bewusst überpointiert stellt er die Funktionsweise des Roboters als vorbildlich für den Menschen dar. Den Menschen vergleicht Faber öfter mit einer technischen Konstruktion: (beim Anblick seines Spiegelbildes) […] **überhaupt der ganze Mensch! Als Konstruktion möglich, aber das Material ist verfehlt: Fleisch ist kein Material, sondern ein Fluch** (214) [171]. Ähnliche Äußerungen finden sich z. B. 106, 113, 150 [86/87, 92/93, 122] und – weniger prononciert – an mehreren anderen Stellen.

Das Problem der Abtreibung behandelt Faber dementsprechend nicht als subjektiv-ethische Entscheidungsfrage, sondern er verschiebt es ins Technisch-Quantitative: **Fortschritt in Medizin und Technik nötigen gerade den verantwortungsbewußten Menschen zu neuen Maßnahmen […] Der Mensch plant** (129/130) [106]. Der Mensch dürfe sich nicht von **mechanisch-physiologischen Zufällen** (131) [107] abhängig machen, denn **wir leben technisch** (131) [107].

Durch diese Objektivierung des Problems umgeht Faber die existenzielle Entscheidung im konkreten Fall.

Wie die Geburt, so versucht Faber auch den Tod als quantitative Größe zu erfassen um dem Todesgedanken seine Unerträglichkeit zu nehmen: **Die Mortalität bei Schlangenbiß beträgt 3–10 Prozent** (160) [130]. Mit Prozentrechnung möchte Faber sich und Hanna beruhigen. So rechnet Faber auch sich selbst vor: **Meine Operation wird mich von sämtlichen Beschwerden für immer erlösen, laut Statistik eine Operation, die in 94,6 von 100 Fällen gelingt** […] (205) [164]. Die Statistik führt Faber schließlich noch ins Feld um seine Lebensschuld zu negieren (Näheres s. u. 1.5).

Aber in keinem Fall (– auch z. B. nicht, als Faber das Geburtsdatum Sabeths **errechnet** – 149 [121/122]) geht Fabers Lebensrechnung auf: Er wird von der Wirklichkeit gestellt und gezwungen zu ihr persönlich Stellung zu beziehen; denn ist eine bestimmte Lebenswirklichkeit einmal eingetreten, so wird es dem Betroffenen nachträglich irrelevant erscheinen, ob dieses Schicksal als statistischer Grenzfall oder als Normalfall über ihn gekommen ist. Fabers existenzielle Fehlhaltung fasst Hanna überzeugend in dem Satz zusammen: **Du behandelst das Leben nicht als Gestalt, sondern als bloße Addition** (211) [170].

Als Exponent der Zivilisation steht Faber zur Natur in einem ausgesprochenen Feindschaftsverhältnis. Seine berufliche Tätigkeit lässt sich als dauernder Kampf gegen die elementare Natur auffassen. In Fabers Bericht präsentiert sich schon ganz zu Anfang Natur als Hindernis der Technik: Schneefall hindert die Maschine am Start. Die Natur in jeder Erscheinungsform pflegt Faber durch technische Hilfsmittel möglichst von sich fern zu halten. Er wohnt in New York, der Metropole der Technik, und zwar in einem Hochhaus, er verschanzt sich gegen die Natur und das Naturerlebnis mit Maschinen: Filmapparat, Rasierapparat, Schreibmaschine, Auto und Flugzeug. Im Auto fühlt er sich zu Hause: **Zu den glücklichsten Minuten, die ich kenne, gehört die Minute, [. . .] wenn ich in meinem Wagen sitze, die Tür zuschlage und das Schlüsselchen stecke** (112) [92]. Auf der Schiffsreise bedauert Faber: **[…] Fünf Tage ohne Wagen! Ich bin gewohnt, zu arbeiten oder meinen Wagen zu steuern, es ist keine Erholung für mich, wenn nichts läuft** (92) [75/76].

Vor der Natur-Erde flüchtet Faber gleichsam in die vertikale Distanz: Er bevorzugt als Wohnung ein Appartement im Wolkenkratzer. Beim Flug erlebt er betont die Distanz zur Erde. Was er beim Blick aus dem Flugzeug hinab zur Erde konstatiert, wirkt vorwiegend abstoßend auf ihn: **seicht […] trübe […] widerlich** (20, 21) [18]. Erst nach Fabers innerer Erschütterung durch den Tod seiner Tochter und angesichts seines eigenen nahen Endes legt Faber eine veränderte Einstellung zur Erde und zum Fliegen an den Tag: **Nie mehr fliegen! […] Wunsch, auf der Erde zu gehen […] Wunsch, die Erde zu greifen!** (242/243) [195].

Faber (der unverwandelte) begegnet der Natur vor allem in zwei extrem elementaren Erscheinungsformen: Wüste und Dschungel. Er reagiert darauf immer mit starker innerer Abwehr. In der Wüste versucht er (ohne Erfolg) als symbolische Abwehrmechanik seinen Rasierapparat in Gang zu setzen und mit seiner Kamera die Natur als **Bildnis** zu fixieren – jedoch ohne befriedigendes Ergebnis (32) [27]. Als einzige Rettung bleibt das Schach. Bezeichnenderweise spielen alle Repräsentanten der technisch-**männlichen** Lebenseinstellung Schach: Faber, Joachim Hencke, Herbert Hencke und Dick. Die Verwandtschaft zu Don Juan, den FRISCH sogar im Bordell Schach spielen lässt, ist unverkennbar.

Mächtiger noch als die Wüste wirkt die Natur in Gestalt des Dschungels auf Faber ein. Sie lähmt ihn geradezu. Er wird **unfähig zu irgendeinem Entschluß** (44) [37], völlig desorientiert und **verzweifelt** (41) [35]. Der Anblick der Dschungelnatur erfüllt Faber mit Ekel und Abscheu:

Ekel, ekelhaft, widerlich sind semantische Leitmotive der entsprechenden **Bericht**-Passagen. Die Rückfahrt ähnelt einer panikartigen Flucht vor der Natur: **Auf unserer Rückfahrt damals machten wir überhaupt keinen Stop [...] Ich war froh, nicht allein zu sein, obschon eigentlich keinerlei Gefahr, sachlich betrachtet [...]** (83/4) [69]. Aber im Banne des Dschungels ist Faber zur **sachlichen Betrachtung** nicht mehr fähig. Erst dem innerlich geadelten Faber wird später ein positives Naturerlebnis zuteil (Akrokorinth – 184 ff. [150 ff.], Habana – 225/6 [180/181], letzter Flug – 242/244 [194–197]). In diesen Augenblicken erlebt Faber die Natur nicht mehr als elementaren Gegensatz zur menschlichen Zivilisation, sondern als Elementarmacht und Lebensraum des Menschen zugleich.

2.2.2 Der Gegensatz Mann – Weib

Walter Faber versteht, wie er immer wieder betont, seine rationale Lebenskonzeption als **männlich**. Diesem männlichen Prinzip tritt als Gegensatz das weibliche Prinzip gegenüber.[1] Frauen haben im HOMO FABER eine grundsätzlich andere Einstellung zur Technik als der Mann: Der Mann geht in seinem technischen Beruf auf, den Frauen dagegen bleibt der technische Bereich völlig verschlossen. Das zeigt sich symptomatisch, als Faber Sabeth durch den Maschinenraum des Schiffes führt. Während Faber von Wasserdruck und Konstruktion redet, **war ihre kindliche Fantasie schon draußen bei den Fischen** (107) [87]. Für Frauen scheint der Beruf eine zweitrangige Angelegenheit zu sein. Über Ivys Beruf ist sich Faber selbst nach längerem Zusammenleben noch nicht im Klaren, Hanna arbeitet abwechselnd in verschiedenen (nicht technischen) Bereichen. Trotz ihrer angesehenen Position als Archäologin findet Hanna (im Gegensatz zu Faber) ihr Leben **verpfuscht** (176) [143], weil für eine Frau nach ihrer Ansicht als Lebenserfüllung nur die Partnerbeziehung gilt. Auch für Sabeth, die noch nicht weiß, welchen Beruf sie wählen soll, sind mitmenschliche Beziehungen der **Hauptberuf**.

Die Frau unterscheidet sich vom Mann ferner (wie Faber es sieht) durch ihr Kontakt- und Kommunikationsbedürfnis, das Faber wiederum als Belastung, ja Bedrohung empfindet: **Ivy heißt Efeu und so heißen für mich eigentlich alle Frauen** (111) [91]. Faber bejaht vor seiner Wandlung die totale menschliche Isolation als Bedingung der **männlichen** Autarkie.

Wenn irgendein Kontakt zustande kommt, geht er in der Regel nicht von Faber, sondern von dem anderen aus. Lediglich im Falle Sabeths führt Faber das Zusammentreffen in Paris absichtlich herbei. Aber bei allen sexuellen Kontakten geht die Initiative von Frauen aus, z. T. wird Faber wider seinen Willen verführt (so z. B. in der Abschiedsszene mit Ivy). Auch Sabeth kommt von sich aus zum ersten Mal (in Avignon) zu Faber.

So verständnislos Frauen der Technik gegenüberstehen, in Fragen der Lebenswirklichkeit sind sie dem Mann auf eine geheimnisvolle Weise voraus: Ivy liest Fabers kurze Lebenslinie aus seiner Hand. Hanna weiß viel mehr über Fabers Leben als er selbst.[2]

2.3 Der innere Antagonismus in Fabers Person

Würde sich der Antagonismus der beiden Prinzipien Mann/Technik – Weib/Natur auf die Außenwelt beschränken, wäre er wohl für Faber erträglich. Unerträglich aber ist die Erfahrung für Faber, dass das Gegenprinzip auch ihn selbst beherrscht. Mit Schrecken und Abwehr konstatiert Faber, dass er selbst ein Teil der vegetativen Natur ist. Er bemerkt es z. B. am Wachsen seines Bartes: **Ich habe dann das Gefühl, ich werde etwas wie eine Pflanze, wenn ich nicht rasiert bin** (32) [27]. Ebenso wird Herbert Henckes totale **Überwucherung** durch den Dschungel für Faber an dessen Bart sichtbar (209) [168]. Vor allem im Dschungel hat Faber das Gefühl auf eine elementare Art in die Natur einbezogen zu werden: **Wir waren naß von Schweiß und Regen und Öl, schmierig wie Neugeborene** (84) [69].

Am stärksten wird Faber die Verbundenheit mit der **weiblichen** Natur in der eigenen Sexualität sinnfällig, die ihm bei rationaler Betrachtung fremd und erschreckend erscheint: **Ich [...] wollte nicht daran denken, wie Mann und Weib sich paaren. Trotzdem die plötzliche Vorstellung davon, unwillkürlich, Verwunderung, Schreck wie im Halbschlaf [...]** (114) [93]. **Es ist absurd, wenn man nicht selbst durch Trieb dazu genötigt ist [...]** (114) [93]. Wenn Ivy ihn mehrfach gegen seinen Willen verführt (dabei ohne jede äußere Aktivität ihrerseits), kann Faber nur feststellen: **Ich weiß nicht, wie es wieder kam** (80) [66]. Wenn er dann sagt, dass er Ivy **fürchtet** (80) [66], ist das nicht zutreffend; er fürchtet nicht Ivy, sondern seine eigene Verführbarkeit, die **weibliche** Natur in sich selbst.

Worin die Ablehnung der eigenen Naturhaftigkeit letztlich begründet liegt, zeigt sich in der Dschungelszene deutlich: Indem das Ich in den Kreislauf der Natur einbezogen wird, unterliegt es dem Tod. Wer das Leben akzeptiert, muss auch den Tod akzeptieren. In der Dschungelnatur kommt für Faber das untrennbare Ineinander von vegetativem Leben und Vergehen zum Ausdruck: **Man weiß nicht, was da pfeift und kreischt und trillert [...] man weiß es nicht, Brunst oder Todesangst** (51) [42]. Der tropische Dschungel als Symbol der **blühenden Verwesung** (DON JUAN, Nachträgliches, 95) taucht in den Werken FRISCHS an verschiedenen Stellen auf: außer im *Homo faber* im *Stiller*, im *Don Juan* (Nachträgliches) und zum ersten Mal in den Reiseimpressionen aus Mexiko *Orchideen und Aasgeier*. Offenbar hat das Erlebnis des Dschungels (während des ersten Amerika-Aufenthalts) bei Frisch Eindrücke von bleibender Faszination hinterlassen.

Im *Homo faber* lässt Frisch den **wissenden** Marcel Fabers Erfahrung auf die mystische Formel bringen: **Tu sais, que la mort est femme** [...] **et que la terre est femme** (84) [69]. Diese chthonische Trias *terre-femme-mort* empfindet Faber als feindliches Gegenprinzip schlechthin und er ahnt, obwohl er es (zunächst) nicht wahrhaben will, dass er diesem unterliegt. In Faber selbst wuchert ja schon jenes übermäßige Zell-Leben, das zum Tode führt.

2.4 Das Identitätsproblem

2.4.1 *Die Behandlung des Problems als Leitthema in Frischs Werk*

Horst Bienek konstatiert in den **Werkstattgesprächen** mit Frisch: **Es ist das Problem der verfehlten menschlichen Existenz, das Sie eigentlich nie losgelassen hat und das Sie später (nach dem *Stiller*) immer wieder in anderen Werken variieren** (30) [X]. Frisch stimmt dem zu. Man darf diese Feststellung präzisieren: Die **verfehlte Existenz** stellt sich immer wieder als innere Gespaltenheit, als personale Nichtidentität dar. Ein Ausdruck dieser Gespaltenheit ist beispielsweise das bemerkenswerte Faktum, dass viele Romanfiguren Frischs im Verlauf der Geschichte jeweils ihre Namen ändern: Jürg Reinhart wird zu Anton, Stiller zu White. In *Bin* besteht schon von vornherein die symbolische Aufspaltung in **Ich** und **Bin**. Im *Gantenbein* schließlich vervielfältigt sich das Erzähler-Ich, das nun nur noch als der geheime Hauptnenner verschiedener Rollen (Gantenbein-Enderlin-Svoboda-Philemon) aufzufassen ist. Selbst im literarischen Tagebuch *Montauk* setzt sich die Aufspaltung der erzählenden und erlebenden Person in **ich** und **er** durch. Auch in den Bühnenstücken fungieren die Namen der Hauptfiguren z. T. als Symbole der Nichtidentität, so z. B. im *Graf Öderland:* Der Staatsanwalt **vergißt** seinen Namen und tritt dann als Graf Öderland auf, seine weibliche Gegenfigur erscheint in dreifacher Brechung als Hilde-Inge-Coco.

Vergleicht man die jeweilige besondere inhaltliche Ausprägung des Problems in den verschiedenen Werken Frischs, so zeigt sich ein wechselndes Bild. Die Tatsache der personalen Polarität bleibt konstant, aber die Pole verlagern sich innerhalb der Seelenlandschaft: Jürg Reinharts innerer Zwiespalt besteht vor allem in der Unvereinbarkeit von Künstlertum und Bürgertum, schöpferischem Ich-Ausdruck einerseits und Selbstaufgabe andererseits. Selbstmord ist für ihn die letzte Konsequenz der Ausweglosigkeit. Polarität herrscht auch in der Figurenkonstellation dieses Romans vor. Dem innerlich gespaltenen Jürg Reinhart tritt der in sich ruhende Bürger Hauswirt gegenüber. Die fragile weibliche Heldin Yvonne hat in der lebensvollen Hortense ihre Komplementärfigur.

Ähnlich gruppieren sich die Personen und Probleme im STILLER: Stiller, erst Künstler (Bildhauer), später Handwerker (Töpfer), versucht als Mr. White eine neue Existenz zu beginnen. Das misslingt. Während sich Jürg Reinhart selbst auslöscht, endet Stiller als eine Art Eremit in völligem Verstummen. Wie die meisten Helden FRISCHS, die an ihrer Nichtidentität durch Rollenfixierung (ausgehend von einem einzelnen Du oder von der Gesellschaft) leiden, versucht Stiller zunächst ins Offene – in diesem Fall in die Neue Welt – auszubrechen. Schließlich aber kommt er zu der Erkenntnis, dass nur der **Sprung in die eigene Nichtigkeit,** die Selbstannahme, zur Identität führen kann. Er versucht diese Erkenntnis in seinem Leben zu verwirklichen, aber das fixierte Verhältnis zu Julika hindert ihn daran, dieses Ziel zu erreichen.

2.4.2 Fabers Scheinidentität und ihre Konsequenzen

Faber bleibt auf dem Weg zur Selbstverwirklichung weit hinter Stiller zurück. Er scheint zunächst nicht einmal an seiner Nichtidentität zu leiden. Es wird auch kein Du (und keine Gesellschaft) sichtbar, das ihn auf seine Rolle fixiert hätte. Er hat sich gewissermaßen selbst fixiert und wendet alle psychische Energie auf um in dieser Fixierung zu verharren. Durch die Verdrängung der **weiblichen** Komponente seines Wesens bewirkt er eine Art existenziellen **Kurzschluß.** Seine pronončierte **Männlichkeit** stellt nichts anderes dar als eine spzielle Form der Selbstentfremdung.

Fabers nächster Verwandter ist Don Juan (wie ihn FRISCH sieht):

Don Juan ist ein Intellektueller [...] Was ihn unwiderstehlich macht für die Damen von Sevilla, ist durchaus seine Geistigkeit, die ein Affront ist, indem sie ganz andere Ziele kennt als die Frau [...] und die Frau von vornherein als Episode einsetzt mit dem bekannten Ergebnis freilich, daß die Episode sein ganzes Leben verschlingt [...] (Nachträgliches zum DON JUAN, 93)
Seine Untreue ist nicht übergroße Triebhaftigkeit, sondern Angst, sich selbst zu täuschen, sich selbst zu verlieren, seine wache Angst vor dem Weiblichen in sich selbst [...] Don Juan ist ein Narziß [...] Don Juan bleibt ohne Du [...] Liebe, wie Don Juan sie erlebt, muß das Unheimlich-Widerliche der Tropen haben, etwas wie feuchte Sonne über einem Sumpf blühender Verwesung (a.a.O., 95).

Don Juan fürchtet wie Faber die Auflösung des autarken männlichen Ich ins Gattungshafte, Anonyme. Allerdings besteht ein Unterschied: Während der jugendliche Don Juan nur in dem Weib seinen Gegner sieht, kämpft der alternde Faber gegen die Trinität terre-femme-mort an. Der Versuch **den Tod zu annulieren** (94) [77] kann nur zur Tragödie führen, während Don Juans eigentümlicher Konflikt mit der weiblichen Sexualität zur Komödie tendiert.

Die Ausklammerung des Todes hat Konsequenzen für Fabers Verhältnis zur Zeit: Um den Endpunkt der menschlichen Entwicklung in der Zeit – den Tod – nicht sehen zu müssen ersetzt Faber in seiner Vorstellung die irreversible existenzielle Zeit (FRISCH nennt sie in anderen Werken auch **Vergängnis**) durch ein quasi-technisches Surrogat. Er verhält sich zur Zeit, als ob sie aus einer Summe steuerbarer und beliebig repetierbarer Abläufe bestünde. Er erlebt keine Jahreszeiten in der Natur und erkennt keine **Jahreszeiten** im menschlichen Leben an. Hanna kommentiert sein Verhalten im Sinne des Autors:

> Du behandelst das Leben nicht als Gestalt, sondern als bloße Addition, daher kein Verhältnis zur Zeit, weil kein Verhältnis zum Tod. Leben sei Gestalt in der Zeit […] Mein Irrtum mit Sabeth: Repetition, ich habe mich so verhalten, als gebe es kein Alter, daher widernatürlich. Wir können nicht das Alter aufheben, indem wir weiter addieren […] (211) [170].

Kein Verhältnis zum Tod impliziert: Kein Verhältnis zum Leben und zum Lebendigen. Wie sein Vorläufer Hinkelmann in *DIE SCHWIERIGEN* hat Faber eine Vorliebe für **tote** Dinge. Insbesondere aber führt seine rationale Einseitigkeit zur eklatanten Gefühlsblindheit. Faber konstatiert zwar immer wieder das Vorhandensein eigener Emotionen, vermag sie aber nicht differenziert wahrzunehmen und zu artikulieren. Er greift dann zu den immer wiederkehrenden stereotypen Formeln: **Ich wußte (oder: weiß) nicht, was ich dachte** (166 [135] und vgl. 4.3.3).

Ein für Faber typischer Lebensabwehr-Mechanismus ist das Filmen: Durch die technische Prozedur werden Eindrücke, die Faber emotional zu betreffen drohen, gleichsam technisch absorbiert und psychisch **unschädlich** gemacht, gewissermaßen **abgetötet**.

Die Fixierung auf ein **Bildnis** als Ursünde gegen das Lebendige – dieses Thema hat FRISCH schon im *TAGEBUCH 1946–1949* angeschlagen und in späteren Werken in immer neuen Variationen aufgegriffen:

> Du sollst dir kein Bildnis machen, heißt es von Gott. Es dürfte auch in diesem Sinne gelten: Gott als das Lebendige in jedem Menschen, das, was nicht erfaßbar ist. Es ist eine Versündigung, die wir, so wie sie an uns begangen wird, fast ohne Unterlaß wieder begehen – ausgenommen wenn wir lieben. (Tgb. I, 34).[3]

In *ANDORRA* hat der **Bildnis**-Gedanke (in gesellschaftsbezogener Variation) einen zentralen Platz. Er fehlt nicht im *GANTENBEIN:* Gantenbeins Blindenbrille fungiert als künstliches Hilfsmittel gegen Bildnis-Fixierung. Im *STILLER* spielt das Bildnis-Motiv eine wichtige Rolle: Die Partner Stiller und Julika fixieren sich gegenseitig, indem sie sich ein Bildnis vom andern machen. Hier taucht zum ersten Mal das Foto in der symbolischen Bildnisfunktion auf: Stiller und Julika **kreuzigen** sich (im Traum) gegenseitig, indem sie Fotos anheften (322).

Im *HOMO FABER* wird diese technische Spielart des Bildnisses zum Leitmotiv. Faber filmt alles, was ihn seelisch berühren könnte, um es als Filmspule abzulegen: die verwesende Leiche seines Freundes, Ivy beim endgültigen Abschied und vor allem immer wieder Sabeth (obwohl sie nicht gefilmt werden mag). Diese Filme muss Faber – fast scheint es, als Strafe für seine Versündigung am Leben – nach Sabeths Tod wieder anschauen.

Fabers Gegenspieler, der Künstler Marcel, lehnt bezeichnenderweise das Fotografieren völlig ab: **Er behauptete steif und fest, man könne diese Hieroglyphen und Götterfratzen nicht fotografieren, sonst wären sie sofort tot** (50) [42]. Auch Sabeths rational nicht verständliche Antipathie gegen das Filmen wird mehrfach betont, so z. B. (104, 235, 236) [85, 189].

Faber gibt das Filmen in dem Moment auf, als er das Leben in seiner vollen Tiefe – als Leben zum Tode – akzeptiert und selbst sehen lernt. Das geschieht während des Kuba-Aufenthalts: **Vier Tage nichts als Schauen** (215) [172].

2.5 Zufall – Schicksal – Schuld

2.5.1 Fabers Deutung

Schon auf Seite 25 [22] seines Berichts reflektiert Faber über Fügung und Zufall, noch bevor der Leser wissen kann, aus welchem Anlass das geschieht. Später tauchen ähnliche Reflexionen immer wieder auf.

Faber reduziert das, was ihm widerfahren ist, auf eine **ganze Kette von Zufällen** (26) [22]. Den Zufall wiederum rationalisiert und quantifiziert er als rein statistische Größe: Das Unwahrscheinliche wird als Grenzfall des Wahrscheinlichen definiert – quantitativ seltener als dies, aber keinesfalls mysteriös, weil das Unwahrscheinliche seinem Wesen nach eben zur gleichen Kategorie gehöre wie das Wahrscheinliche.

Die Fakten scheinen Fabers Sicht zu bestätigen; die entscheidenden Weichenstellungen des Geschehens bestehen tatsächlich in solchen statistischen Unwahrscheinlichkeiten: Durch eine Notlandung lernt Faber zufällig einen Passagier näher kennen, der sich als Bruder eines Jugendfreundes entpuppt. Später versagt zufällig ein Rasierapparat und so erreicht zufällig der späte Anruf der Schifffahrtsgesellschaft Faber noch zu Hause. Auf der Schiffsreise (– Faber benutzt sonst immer ein Flugzeug –) trifft Faber zufällig ein Mädchen, das, wie sich herausstellen wird, seine Tochter ist. Zufällig lernen sie sich näher kennen. Zufällig drängt Williams Faber in diesem Augenblick einen Europa-Urlaub auf. Zufällig erleben Faber und Sabeth in Avignon gemeinsam jene folgenschwere Mondfinsternis (– sozusagen einen kosmischen *Zufall*).

Wenn jemand in dieser Verkettung Fügung durch eine höhere Macht sehen will, so ist ihm dies unbenommen – aber nichts zwingt zu dieser Auffassung. Faber selbst lässt durch die betroffene Schärfe des Protests gegen den Begriff *Fügung* vermuten, dass er durch die statistische Objektivierung seines Schicksals subjektiv doch nicht völlig überzeugt ist. Die Erschütterung seiner positivistischen Einstellung verraten z. B. die ans Groteske streifenden Fragen an Juana, **ob Juana glaubt, daß die Schlangen (ganz allgemein) von Göttern gesteuert werden, beziehungsweise von Dämonen** (224) [180]. Hier wird durch die verschleiernde Ironie hindurch deutlich, dass in Faber irrationale Vorstellungen an die Oberfläche drängen, die jedoch die rationale Einstellung allenfalls verdrängen, aber nicht widerlegen können.

2.5.2 Hannas (Frischs) Deutung

Hanna bringt schließlich eine Interpretation, die sich in ihren Gedankengängen eng an Tagebuch-Ausführungen FRISCHS zum Thema *Zufall* anlehnt. Sie geht nicht primär von den äußeren Fakten, sondern vom Subjekt aus: **Es ist kein zufälliger Irrtum gewesen, sondern ein Irrtum, der zu mir gehört** (211) [169/170]. In FRISCHS *TAGEBUCH 1946–1949* heißt es:

> Der Zufall ganz allgemein: Was uns zufällt, ohne unsere Voraussicht, ohne unseren bewußten Willen. Schon der Zufall, wie zwei Menschen sich kennenlernen, wird oft als Fügung empfunden […] Dabei wäre es kaum nötig, daß wir, um die Macht des Zufalls zu deuten und dadurch erträglich zu machen, schon den lieben Gott bemühen; es genügte die Vorstellung, daß immer und überall, wo wir leben, alles vorhanden ist: […] für mich aber, wo immer ich gehe und stehe, ist es nicht das vorhandene Alles, was mein Verhalten bestimmt, sondern das Mögliche, jener Teil des Vorhandenen, den ich sehen und hören kann […] der Zufall zeigt mir, wofür ich zur Zeit ein Auge habe […] Am Ende ist es immer das Fällige, das uns zufällt (440).[4]

So lässt sich auch Fabers Geschichte interpretieren: Nicht der Zufall entscheidet, dass Faber in Mexiko zum ersten Mal vom Pfad seiner Techniker-Pflicht abweicht, sondern es ist Fabers **Entschluß** – oder genauer: der **Entschluß** seines Unbewussten. Der Zufall (objektiv genommen als das statistisch Unwahrscheinliche) bietet Faber lediglich Möglichkeiten an, aus denen dieser je eine zur Verwirklichung auswählt: Allerdings werden Fabers Entscheidungen nicht von der Ratio und vom bewussten Willen getroffen, sondern steigen aus tieferen, Fabers derzeitigem Bewusstsein nicht zugänglichen Seelenschichten auf. Beispiele dafür lassen sich beliebig häufen: Faber will einen Brief an Williams schreiben: **[ich] spannte einen Bogen ein, Bogen mit Durchschlag, da ich annahm, ich würde an Williams schreiben, tippte das Datum und schob – Platz für Anrede: ›My Dear!‹ Ich schrieb also an Ivy** (35) [30]. Wie es zu Fabers Entscheidung kommt mit Herbert Hencke in den Urwald zu reisen, ist aufschlussreich. Faber entschließt sich plötzlich und in letzter Minute zu diesem Abstecher, während sein Fluggepäck schon aufgegeben ist. Herbert findet sein Verhalten **flott** (40) [33]. Faber selbst kommentiert es: **Ich weiß nicht, was es wirklich war** (40) [33]. Er will seinen ihm selbst unverständlichen Entschluss dann wieder rückgängig machen: **Ich war entschlossen, wie gesagt, nach Mexiko-City zurückzufliegen. Ich war verzweifelt. Warum ich es nicht tat, weiß ich nicht** (41) [35].

So fällt auch Fabers folgenschwerer Entschluss, zum ersten Mal per Schiff zu reisen: **Plötzlich höre ich mich am Telefon: Anfrage wegen Schiffsplatz nach Europa […] ich weiß nicht, wieso ich plötzlich […] auf die Idee kam, nicht zu fliegen** (72) [60]. Gleichermaßen überraschend kommt für ihn – und für Sabeth – sein Heiratsantrag, den er dem **fremden** Mädchen auf dem Schiff macht (116/117) [95]. Selbst die erste gemeinsame Nacht in Avignon ist von Faber nicht beabsichtigt: **Ich dachte nicht einen Augenblick daran, daß es dazu kommen würde** (152) [124].

Wenn man also von Fabers Schuld spricht, kann man sie nicht in bewussten Akten der freien Willensentscheidung suchen, sondern in Fabers (– selbst verschuldeter? –) innerer Unfreiheit; sie resultiert daraus, dass er die naturhaft-irrationale Schicht seiner eigenen Person nicht akzeptiert, ja nicht einmal zur Kenntnis nehmen will. Aus dieser einseitigen Existenzkonzeption resultiert seine Blindheit, die zur Katastrophe führt.[5]

Unter diesem Aspekt ist auch der Inzest nicht (wie einige Rezensenten gemeint haben) als eine überflüssige Geschmacklosigkeit des Autors zu werten, sondern als schärfstmöglicher Ausdruck der existenziellen Verfehlung und Symbol der Widernatürlichkeit, die in der einseitigen Techniker-Existenz liegt.[6]

Abschließend lässt sich sagen: Während Fabers Versuch, den **Zufall** – entsprechend seiner mechanistischen Weltauffassung – als mehr oder weniger wahrscheinliche Kreuzung äußerer Kausalketten zu erklären, für den Leser unbefriedigend bleibt, wirkt die vom Autor Hanna zugeschriebene Deutung absolut überzeugend. Auch ihre Sicht lässt die Erklärung des Zufalls als Kreuzung zweier Kausalketten zu. Es handelt sich in ihrem Sinne jedoch um zwei verschiedene Kausalitätsebenen: Eine äußere – physische – Kausalkette wird von innerpsychischer Kausalität gekreuzt und diese beruht in Fabers einseitiger technoider Lebenskonzeption.

2.5.3 »Homo faber« und »Ödipus«

In gewisser Hinsicht ist Fabers Schuld mit der tragischen Schuld des antiken Ödipus vergleichbar: Ödipus lädt – subjektiv unschuldig – durch die ungewollte Verletzung der objektiv gültigen Weltordnung im Sinne des antiken Weltverständnisses Schuld auf sich. Auch Faber verstößt – im einzelnen Akt jeweils unschuldig – gegen eine Naturordnung der menschlichen Existenz.

Die deutlichste Parallele liegt im Inzest an sich. Beziehungsreich erscheint auch Fabers Blendungsvorstellung: **Warum nicht diese zwei Gabeln nehmen, sie aufrichten in meinen Fäusten und mein Gesicht fallen lassen, um die Augen loszuwerden?** (239) [192]. Der Bezug zur griechischen Antike erstreckt sich auf die Geografie: Hellas, genauer: Athen, die Wiege der abendländischen Kultur, bildet die Endstation auf Fabers Entwicklungsweg. Diese Entwicklung, so scheint es, ist ein symbolischer Weg zurück zu den abendländischen Anfängen.

Allerdings sollten die Anspielungen auf Ödipus, die Sphinx, die Erinnyen und Klytemnästra (136, 167, 17) [111, 136, 142] niemand dazu verführen, im HOMO FABER eine epische Kopie oder Travestie des antiken Schicksalsdramas zu sehen.[7] Diese Auffassung verbietet die gehaltliche und strukturelle Originalität des HOMO FABER. Die Gemeinsamkeiten beschränken sich doch auf recht allgemeine Züge: Faber wie Ödipus befreien kraft ihrer Ratio die Menschheit vom **Übel** – sei es nun die Sphinx oder die Unterentwicklung. Beide bringen aber womöglich noch größeres Unheil über ihre Mitmenschen. Eine strukturelle Verwandtschaft liegt in der analytischen Prozessführung. Die Vergangenheit wird jeweils rückwirkend aufgerollt und zur Gegenwart in Beziehung gesetzt. Diese Struktur ermöglicht eine Fülle von Vorausdeutungen, die sich zur Katastrophe hin verdichten.

2.6 Fabers Wandlung

2.6.1 Sabeth als Psychagogin: ›Leben – im Licht sein‹ (247) [199]

Dass in Walter Faber durch den Tod Sabeths eine Erschütterung eintritt, die eine innere Wandlung einleitet, ist ohne weiteres verständlich. Bei genauerer Betrachtung wird zudem deutlich, dass schon zuvor Sabeth Faber eine Ahnung davon vermittelt hat, was **Leben** bedeutet: offen sein für alle Eindrücke, Schauen, Sichfreuen, Singen, **Ernstnehmen** des Lebens. Fabers **Zynismus gegenüber dem Leben ganz allgemein** (133) [108] erträgt Sabeth nicht. Zu dem Avignon-Erlebnis kommt es folgerichtig erst in dem Augenblick, da Faber seinen Lebenszynismus verloren hat; angesichts der überraschenden Mondfinsternis **redet** Faber zum ersten Mal **von Tod und Leben** (153) [124, 125]. **Das Mädchen fand damals [...] zum erstenmal, daß ich uns beide ernstnehme** (153) [124].

In der Gemeinsamkeit mit Sabeth öffnet Faber sich zum ersten Mal einem wirklichen Landschaftserlebnis – in der Nacht und dem Morgen auf Akrokorinth. Sabeth lehrt Faber das **Schauen**. Wenn Faber nach ihrem Tod den Entschluss fasst **anders zu leben** (226) [182], so orientiert er sich unbewusst an ihrem Vorbild: **Vier Tage nichts als Schauen** (215) [172] wäre dem Techniker Walter Faber noch vor wenigen Wochen als pure Zeitverschwendung erschienen. Wie zuvor Sabeth und Marcel versucht Faber nun zu singen: **Ich schaukle und singe. Stundenlang. Ich singe! Ich kann ja nicht singen, aber niemand hört mich** (226) [181]. Wie früher von Sabeth kann Faber jetzt von sich selbst sagen: **Ich hatte keinen besonderen Grund, glücklich zu sein, ich war es aber** (225) [180]. Allerdings ist diese Abschiedseuphorie eines Moribunden notwendig auf einen kurzen Lebensaugenblick zusammengedrängt (ähnlich wie im Falle Pelegrins in SANTA CRUZ).

Vorbedingung für die Intensität dieses Lebensgefühls ist das nicht länger verdrängte Bewusstsein des nahen Todes. Diese Existenzsituation (Leben vor dem Hintergrund des endgültigen Abschieds) findet ihren symbolischen Ausdruck in der Polarität von Licht und Finsternis, die die Habana-Szene beherrscht. Die elementare Plötzlichkeit der Existenz-Offenbarung wird (wie im Falle Hinkelmanns in DIE SCHWIERI-GEN) durch das Gewitter (218) symbolisiert: **Mein Entschluß, anders zu leben – Licht der Blitze; nachher ist man wie blind, einen Augenblick lang hat man gesehen** (218) [175].

Fabers Wandlung spiegelt sich nicht zuletzt in seiner heftigen Kritik am American way of life (218–220) [175, 176]. Dabei geht die Anlehnung an Marcels Zivilisationskritik, die Faber früher als **Künstlerquatsch** (61) [50] abgetan hat, bis ins Stilistische.

Faber bricht völlig mit seiner früheren Existenz als Techniker: Er kündigt seine Stellung (245) [197]. Alle technischen Akzidenzien fallen von ihm ab; den Chronometer muss Faber bei der Fahrt von der Unfallstelle nach Athen weggeben. Er gibt seine Wohnung in Manhattan auf, seinen Studebaker, die Gewohnheit des Filmens und des Fliegens. Schließlich muss er sogar auf seine Schreibmaschine verzichten.

Seine selbst verschuldete Isolierung versucht Faber nun zu durchbrechen. Er schreibt (in Habana) Briefe an Hanna, Dick, Marcel, die er allerdings dann doch nicht abschickt bzw. die den Empfänger nicht erreichen. Er bemüht sich Kontakte anzuknüpfen, während er noch kurz zuvor Menschen nur als Anstrengung empfunden hat: **Der Siebenjährige [...] ich greife nach seinem Kruselhaar** (219) [175]. Dabei hat er noch vor kurzem mehrfach betont, dass es **nicht seine Art [sei], jemand anzufassen** (20) [18]. Weitere Versuche der Kontaktaufnahme schließen sich an (mit dem jungen Zuhälter, Juana und dem Zimmermädchen).

Nun, da Faber die komplexe Totalität der Existenz akzeptiert, bejaht er zum ersten Mal bewusst die eigene Sexualität, (vgl. 216 [173]). **Meine Begierde [...].** Er vollzieht symbolisch die sexuelle Vereinigung mit der Frau aus Sand (**Wildlingin** 221, [177]), in welcher wiederum symbolisch die Einheit terre-femme zum Ausdruck kommt.

Paradoxerweise kehren sich nun die Gegebenheiten um: Früher verabscheute Faber die Sexualität, unterlag ihr gegen seinen Willen aber immer wieder. Nun bejaht Faber die Sexualität, ist zum Vollzug aber nicht mehr fähig (222) [178].

2.6.2 Fabers Testament: Frischs Credo?

Die Quintessenz der späten Lebenserfahrung Fabers ist in seiner **Verfügung für den Todesfall** (247) [199] zusammengedrängt: **Auf der Welt sein: im Licht sein. Irgendwo (wie der Alte neulich in Korinth) Esel treiben, unser Beruf! [...] Standhalten der Zeit, beziehungsweise Ewigkeit im Augenblick. Ewig sein: gewesen sein** (247) [199].

Man hat FRISCH mehrfach vorgeworfen, dass er mit dieser radikalen Absage an die Zivilisation einen illusionären Rückzug ins **einfache Leben** als allzu billige Problemlösung anbiete. In der Tat enthält ja schon die **Verfügung** ein Paradoxon in sich: Wie sind **Auf der Welt sein** und **Beruf**, womit Dauer in der Zeit vorausgesetzt wird, zu verbinden mit der **Ewigkeit im Augenblick**? Der Augenblick ragt doch aus der Zeit heraus, er hat keine Erstreckung in der Zeit. – Über den möglichen Sinn von **Ewigkeit im Augenblick** werden sich im Zusammenhang der Zeit-Untersuchung noch Aufschlüsse ergeben. Hier sei festgestellt: Der

3 Symbolik

3.1 Methodische Vorbemerkung

In der deutschen Literatur gibt es nur wenige Romane und Novellen, die ein derart dichtes Symbolgeflecht aufweisen wie der HOMO FABER. Auch im epischen Gesamtwerk FRISCHS nimmt der HOMO FABER in dieser Hinsicht eine Sonderstellung ein. In der Reichhaltigkeit an Symbolik kommen ihm allenfalls einige Bühnenstücke (SANTA CRUZ, DON JUAN, ANDORRA) nahe. Es ist kaum möglich, die Symbolik des HOMO FABER in einem isolierten Kapitel abzuhandeln; vor allem mit dem Kapitel **Thematik** ergeben sich häufig Überschneidungen, da die Vermittlung des Gehalts vorwiegend durch Symbole erfolgt.

In Anbetracht des Symbolreichtums muss im Folgenden darauf verzichtet werden, alle symbolischen Details inhaltlich zu erfassen. Methodisch sinnvoll erscheint es mir, zunächst Funktion und Struktur der Symbolik im HOMO FABER im Allgemeinen zu behandeln und anschließend die wesentlichen Motivgruppen der Symbolik vom Inhalt her zu untersuchen. Singuläre Symbolmotive werden im Zusammenhang des Bereichs behandelt, dem sie von der Bedeutung her zugeordnet sind (z. B. **Uhren-Symbol** in 5.3.2).

3.2 Funktion und Struktur der Symbolik

3.2.1 *Integrative Funktion der symbolischen Leitmotive*

Durch die chaotische **Chronologie**, die Auflösung der Handlung und den verwirrenden Wechsel der Schauplätze ist der innere Zusammenhalt des Romans gefährdet. Dieser zentrifugalen Tendenz wirkt das dichte Netz der Symbole entgegen, die ein assoziatives Beziehungsgefüge schaffen und diesem im Leserbewusstsein **in jedem Augenblick volle Präsenz verleihen** – wie es Thomas Mann für die **symbolisch anspielenden Formelwörter** des ZAUBERBERGS formuliert hat (ZAUBERBERG, Einführung, XI. Berlin, Frankfurt 1962, 5. Aufl.).

Dementsprechend treten die meisten Symbole in leitmotivischer Wiederholung auf. Dadurch gewinnt die Text-**Melodie** fortlaufend an assoziativen Ober- und Untertönen, die dem Roman seine außerordentliche atmosphärische Dichte verleihen. Außerdem fungiert die wichtigste dieser Symbolketten – die Krankheits- und Todessymbolik – als ein System von Vorausdeutungen, die sich in einer großen Klimax zum Ende hin immer stärker konkretisieren und in den Vordergrund treten. Die Klimax kommt in der Begegnung mit der symbolischen Personifikation des Todes in Prof. O. zu ihrem Höhepunkt.

Aber auch Ereignisse von geringerem Rang werden durch symbolische Vorausdeutungen angekündigt: Die Notlandung wird durch die Zeitungsnachricht auf der ersten Seite vorbereitet. Die Notlandung wiederum wirkt als Vorausdeutung auf das allgemeine Versagen der Faber'schen Lebens-Technik.

3.2.2 Symbolstil als Konsequenz der Sprachauffassung Frischs

Im TAGEBUCH 1946–49 äußert sich FRISCH **Zur Schriftstellerei: Was wichtig ist: das Unsagbare, das Weiße zwischen den Worten, und immer reden diese Worte von den Nebensachen, die wir eigentlich nicht meinen. Unser Anliegen, das eigentliche, läßt sich bestenfalls umschreiben, und das heißt ganz wörtlich: Man schreibt darum herum. Man umstellt es** (39). – Wenn das Eigentliche direkt nicht verbalisierbar ist, so stellt der Symbolstil eine von mehreren Möglichkeiten der indirekten Gestaltung dar.

Die Struktur der Symbolik ist in den einzelnen Werken verschieden: Im STILLER herrschen breit angelegte epische Digressionen symbolischen Charakters vor (z. B. die Geschichten von Isidor Rip van Winkle und die Höhlengeschichte). Im GANTENBEIN treten die symbolhaltigen **Geschichten** noch stärker in den Vordergrund. Sie ersetzen die fehlende Handlung des Romans. In den Dramen FRISCHS wirkt die Symbolik straffer und stärker in die Handlung integriert: Punktuelle Symbolhandlungen der Personen und Dingsymbole herrschen vor (z. B. Axt und Jacht im ÖDERLAND, Benzinfässer und Zündschnüre im BIEDERMANN, Judenschau und Farbsymbolik in ANDORRA).

3.2.3 Rollenpsychologische Motivierung der Symbolik

Älteste menschliche Erkenntnisform ist das prälogische **Denken** in symbolischen Bildern. Sie beherrscht den archaischen Mythos. In der Schicht des Unbewussten spielen sich derartige Bild-Denkprozesse aber ebenso gut bei dem modernen Menschen ab, nur nimmt er sie in der Regel nicht bewusst wahr. C. G. Jung hat auf die Bedeutung derartiger Symbole aufmerksam gemacht. Nach Jungs Auffassung besteht der Prozess der menschlichen Selbstfindung wesentlich in der Traumproduktion symbolhaltiger Bilder und deren psychischer Verarbeitung. Man darf annehmen, dass FRISCH, der Vorlesungen Jungs besucht hat, von dessen Vorstellungen beeinflusst worden ist. Viele Indizien in FRISCHS Werk sprechen dafür.

FRISCH hat in Walter Faber die Gestalt eines modernen Positivisten geschaffen, der jede Form eines irrationalen Weltverständnisses ablehnt – daher seine Ironie gegenüber Hannas selbstverständlichem Verhältnis zum griechischen Mythos. Eben diesem Rationalisten drängt sich in der ihn umwuchernden Bilderwelt die konträre Form des Weltverständnisses auf. Rational nicht zur Kenntnis genommene Lebens- und Todeswahrheiten konkretisieren sich in subjektiv zwingenden Bildern. Die **weibliche** Seelenschicht, die vom Ich negiert wird, okkupiert durch Symbolprojektionen Fabers Wahrnehmungswelt. Wenn Faber schließlich sein eigenes Schicksal im Bild des antiken Mythos erfasst (vgl. o. 2.5.3), wird damit der Zusammenbruch seines einseitigen Rationalismus offenkundig.

3.2.4 *Symbolstruktur in »Homo faber«*

Die Symbolstruktur des *HOMO FABER* lässt sich nicht eindeutig einer der oben genannten speziellen Ausprägungen zuordnen. Seine Symbolwelt weist inhaltlich die stärkste Verwandtschaft mit der des *DON JUAN* auf (z. B. in der Spiegelsymbolik, der Bedeutung des Schachs, des Wassers, der Nacht, des Dschungels). Die Intensität der Symbolgestaltung übertrifft aber die des *DON JUAN* bei weitem.

Von der epischen Symbolstruktur des *STILLER* und des *GANTENBEIN* unterscheidet sich die des *HOMO FABER* erheblich: Im *STILLER* und im *GANTENBEIN* sind die symbolträchtigen **Geschichten** Erfindungen des Ich-Erzählers, der seine **unsagbaren** Innen-Erfahrungen auf bildliche Art umschreiben will. Im *HOMO FABER* hingegen lebt der Held in einer ihn umgebenden und bedrängenden Symbolwelt. Die Symbole in *STILLER* und *GANTENBEIN* sind bewusste Fiktionen des Ich, die des *HOMO FABER* Projektionen des Unbewussten.

Die Strukturen und Dimensionen der verschiedenen Symbole im *HOMO FABER* sind ungewöhnlich vielfältig: Zahlreiche Symbolhandlungen wie Singen, Schaukeln, Zigarre-Rauchen (als Ausdruck der neu gewonnenen Lebensbejahung 215–225 pass., [173–181]) bilden gewissermaßen einfache, nicht zusammengesetzte Elemente der Symbolik. Ihre Bedeutung ist z. T. in sich evident (z. B. **Singen**), z. T. ergibt sie sich aus dem Kontext (z. B. Zigarre-Rauchen), nur selten wird sie vom Erzähler ausdrücklich gedeutet (z. B. Rasieren). Über diese dichte Schicht einfacher Symbolelemente ragt eine Reihe von komplexen Symbolvorgängen und von Symbolgestalten heraus, die häufig zugleich als Vorausdeutungen auf existenzielle Ereignisse im Leben Fabers fungieren. Als Beispiel sei die Erweckung der **schlafenden Erinnye** durch Sabeth (137) [111] genannt. Dieser Symbolvorgang stellt eine unbestimmte Vorausdeutung auf den Inzest und seine Folgen dar. Joachim und Herbert Henckes Untergang im Dschungel variiert symbolisch das Thema **Sieg der Natur über den Techniker** und deutet zudem auf Fabers spätere Niederlage hin. Die Hencke-Handlung erinnert durch ihre relative epische Selbstständigkeit und ihre Spiegelfunktion am ehesten an STILLER-Geschichten.

3.3 Inhaltliche Motivkreise der Symbolik

3.3.1 Symbole der technischen Selbstentfremdung

In vielen leitmotivisch wiederkehrenden symbolischen Zwangshandlungen drückt sich Fabers Feindschaftsverhältnis zur eigenen vegetativen Natur aus; hier sind vor allem hygienische Maßnahmen zu nennen: Rasieren, z. B. (10, 32, 37, 41, 76, 165, 187, 213, 214) [9/10, 27, 31, 34, 63, 134, 152, 170, 172], Waschen und Duschen (46, 70, 76, 187) [38, 58, 63, 152]. Den Ersatz des Erlebnisses durch ein technisches Surrogat symbolisiert das Filmen (17, 27, 32, 48, 50, 66, 72, 83, 88, 104, 227, 231–238) [15, 23, 27, 40, 42, 55, 59, 68, 72, 85, 182, 185–191]. Mit dem Film-/Bildnis-Motiv korrespondiert das Blindheitsmotiv. Es drückt Fabers Unfähigkeit zu schauen aus:

Man kam sich wie ein Blinder vor [...] (8) [7], dann komme ich mir wie ein Blinder vor [...] (136), [111], Hanna findet es typisch für gewisse Männer, wie dieser Piper im Leben steht; stockblind [...] Auch mich fand sie stockblind [...] (177) [144], Wenn Hanna von meiner Mutter berichtet, kann ich nur zuhören. Wie ein Blinder [...] (229) [184].

Es zeigt sich (230) [184], dass Faber sogar weniger **sieht** als der blinde Armin. Über das Zusammensein mit diesem blinden **Seher** urteilt Hanna: **Es war einfach wunderbar, mit ihm durch die Welt zu gehen** (228) [183]. Ähnlich wohltuend wirkt Gantenbeins Blindheit auf alle Partner – allerdings aus anderen Gründen: Der blinde Gantenbein macht sich kein **Bildnis** vom Partner. Er erleichtert es diesem, aus seiner Alltagsrolle herauszutreten und dem Blinden gegenüber eine Wunsch-Rolle zu übernehmen, die der Scheinblinde natürlich besonders leicht durchschaut, weil niemand versucht **offensichtliche** Unstimmigkeiten vor ihm zu verbergen.

Das Scheitern der technisch-**männlichen** Lebenskonzeption deuten vorab all die technischen Pannen symbolisch an (7, 24, 76, 150, 197, 208) [7,20, 63, 122, 160, 167/168]. In diese Richtung weist auch der bildhafte Vergleich: **Plötzlich das Motorengeräusch! Ich stand gelähmt. Meine DC-4 nach Mexico-City, sie flog gerade über uns hinweg, dann Kurve aufs offene Meer hinaus, wo sie im heißen Himmel sich sozusagen auflöste, wie in einer blauen Säure** (42) [35].

Den Verlust der kurzschlüssigen Techniker-Identität zeigen zwei symbolische Vorfälle an: der Verlust des Wohnungsschlüssels und das misslungene Telefonat mit sich selbst: **Ich klingelte an meiner eigenen Tür. Ich war ratlos. Alles offen: Office und Kino und Subway, bloß meine Wohnung nicht.** Später auf ein **Sightseeingboat, bloß um Zeit loszuwerden; die Wolkenkratzer wie Grabsteine [...]** (202/203) [162]. Das Telefonat macht noch sinnfälliger, dass Faber den Zugang zu sich selbst im Medium der Technik verloren hat. Fabers Fragen an den anonymen Sprecher in seiner Wohnung verraten seine Fassungslosigkeit: **Are you Walter Faber?** (205) [164]. Seine Angst ist nicht vordergründig-realistisch, sondern existenziell begründet: **Eigentlich kann mir nichts geschehen, wenn ich antworte** (204) [163].

3.3.2 Symbolik der Selbstkonfrontation

Fabers Begegnung mit sich selbst kündigt sich im Blick in den Spiegel an (vgl. Henze: a.a.O., 281). Insgesamt gibt es im HOMO FABER drei Spiegelszenen (12, 120, 214) [11, 98, 170/171]. Die Unausweichlichkeit der Selbstkonfrontation und ihre irritierende Wirkung kommen besonders intensiv in folgenden Passagen zum Ausdruck:

> Was mich irritierte, war lediglich der Spiegel gegenüber, Spiegel in Goldrahmen. Ich sah mich, so oft ich aufblickte, sozusagen als Ahnenbild: Walter Faber, wie er Salat ißt, in Goldrahmen [...] wohin ich auch blickte [...] diese lächerlichen Spiegel, die mich insgesamt in achtfacher Ausfertigung zeigten (120) [98].

Die Selbstentfremdung durch das fixierte Bildnis, die achtfache Repetition, die Unausweichlichkeit der Selbstkonfrontation **spiegeln** Fabers innere Situation.

Der Todesbezug ist im Spiegelbild immer mit gegenwärtig (**scheußlich wie eine Leiche** – 12) [11], (**als Ahnenbild** – 120) [98], am stärksten (213/14) [170]: **Die Diakonissin hat mir endlich einen Spiegel gebracht – ich bin erschrocken. Ich bin immer hager gewesen, aber nicht so wie jetzt, nicht wie der alte Indio in Palenque, der uns die feuchte Grabkammer zeigte [...]** (usw.)

Die **Enthüllung** der schrecklichen Lebenswahrheit symbolisiert (ähnlich wie im GANTENBEIN – dort in Verbindung mit der Spiegel- und Kleidersymbolik S. 14, 25, 29, 30) das Motiv der Nacktheit, welche zugleich die lange verleugnete Zugehörigkeit zum kreatürlichen Bereich betont. Das Nacktheitsmotiv taucht zum ersten Mal in dem (17/18) [15/16] mitgeteilten Traum auf. Die Nacktheit ist mit einem starken Gefühl des Unbehagens verbunden und erscheint hier zusammen mit Krankheits- und Todessymbolen (Zahnausfall, Prof. O.).

Bei Sabeths Unfall spielt Fabers Nacktheit eine entscheidende Rolle (192) [157]. Nicht der Schlangenbiss verursacht Sabeths Tod, sondern ihr Sturz, als sie vor dem nackten Vater-Geliebten zurückweicht. Die Frage, wie Sabeths Verhalten zu erklären ist, wird im Text völlig offen gehalten. Jeder realistische Erklärungsversuch erscheint trivial und unangemessen. Nur auf der Ebene der Symbolik ist eine Deutung möglich. Die Nacktheit im grellen Licht des griechischen Mittags symbolisiert Sabeths irrationale **Erkenntnis** der Verfehltheit ihres Verhältnisses zu Faber.

3.3.3 Symbolik der Lebenszuwendung

Fabers innere Wandlung beginnt damit, dass er dank Sabeths Vorbild **sehen** lernt. Vor allem lernt er nun das Licht an sich wahrzunehmen. Mit Sabeth zusammen erlebt er den Sonnenaufgang nach der durchwachten Nacht auf Akrokorinth wie den ersten Schöpfungsmorgen (186/187) [150–152]. Im Erlebnis des letzten Fluges gewinnt das Licht ausgesprochen lebenssymbolische Bedeutung:

eine Spur im Firn, Menschenspur […] Wenn ich jetzt noch auf jenem Gipfel stehen würde, was tun? Zu spät, um abzusteigen, es dämmert schon in den Tälern, und Abendschatten strecken sich über ganze Gletscher […] Was tun? Wir fliegen vorbei; man sieht das Gipfelkreuz, weiß, es leuchtet, aber sehr einsam, ein Licht, das man als Bergsteiger niemals trifft, weil man vorher absteigen muß, Licht, das man mit dem Tode bezahlen müßte, aber sehr schön […] (244) [196].

Besonders sinnfällig wird die subjektive Intensität dieser Licht-Bejahung durch den Kontrast zu früheren Erlebnissen, z. B. zur Finsternis beim ersten Start in New York oder zu dem **schleimigen, filzigen** […] (206), **fauligen** […] (63) [52], **klebrigen** […] (63) [52], Licht der **gedunsenen** (64) [53] Sonne über dem Dschungel.

In der Habanaszene, in der auch das Licht (s. o. 2.6.1) eine wichtige Rolle spielt, äußert sich Fabers Lebenszuwendung in verschiedenen Symbolhandlungen: Singen, Pfeifen, Zigarre-Rauchen, Schaukeln (vgl. oben 2.6.1). Singen und Pfeifen sind Äußerungen eines Lebensgefühls, das vorher für Marcel und Sabeth charakteristisch war. Beide repräsentieren in ihrer Spontaneität das ungebrochene elementare Menschsein. Dies drückt sich auch in der Affinität der beiden Gestalten zum Kindsein aus: Marcel – **stundenlang sang er seine französischen Kinderlieder** (59) [49]; Sabeths Kindhaftigkeit wird wiederholt betont, z. B. (124, 135, 237) [101, 110, 190]. Wenn Faber den neunjährigen kubanischen Schuhputzer **liebt** (219) [175], wie er es ausdrückt, so zeigt sich auch bei ihm zum ersten Mal eine Hinwendung zum Kind.

In der Habanaszene werden die beiden an Sabeth erinnernden Lebensmotive stark in den Vordergrund gerückt. Die Menschen auf Kuba haben, so wie es Faber erlebt, das gleiche spontane Verhältnis zum Leben wie Sabeth: **alles lachte** (215) [172]. Man **singt** (216) [173]. Diese Menschen verkörpern in ihrer tierhaften Schönheit geradezu das elementare Leben (221) [177].

3.3.4 Symbolische Vorausdeutungen auf Inzest und Tod

Die Entdeckung der **schlafenden Erinnye** (136/137) [111] hat symbolischen Charakter. Durch die Betonung **meine Entdeckung** drückt Faber seine persönliche Beziehung zum Gegenstand aus. Noch deutlicher wird das, wenn er – in einer bestimmten Position – die Erinnye **weckt** (vgl. Hillen: *REISEMOTIVE*, a.a.O., 130). Zwar beeilt sich Faber die persönliche Beziehung zu bagatellisieren – **oder sonst jemand** –, aber durch das Dementi wird die Symbolik erst recht spürbar. Nicht zufällig weckt er die Erinnye in dem Moment, als er dem Bild der Venus gegenübersteht. Unübersehbar sind zudem die Parallelen zwischen der schlafenden Erinnye und der schlafenden Sabeth am Strand von Theodohori (**ein Mädchenkopf, daß man draufblickt wie auf das Gesicht einer schlafenden Frau, wenn man sich auf die Ellbogen stützt** (136) [111]).

Auf Fabers Krankheit und Tod weisen immer wieder symbolische Vorausdeutungen hin, deren Deutlichkeit sich allmählich steigert. Die Reihe wird eröffnet mit dem Ohnmachtsanfall in Houston (12/13) [11]. Der Traum vom Zahnausfall (18) [16] deutet darauf hin, in etwa auch die Ohnmacht bei der Notlandung. Im Dschungel erinnern die Zopilotes am toten Esel an den Tod, stärker noch beeindruckt die Eingeweidesymbolik der sinkenden Sonne: [...] **während die Sonne bereits in den Tabak sank, – wie gedunsen, im Dunst wie eine Blase voll Blut, widerlich, wie eine Niere oder so etwas** (64) [53]. Daran schließt sich die Entdeckung des toten Freundes an.

In diesen Zusammenhang gehören z. B. die hintergründigen Begleitumstände des Zwischenaufenthalts in Houston: **Passenger Faber [...] this is our last call [...] We're late, Mr. Faber** (16) [14] wie auch das offensichtlich falsche Dementi: **There is no danger at all** (18). Näheres s. 3.3.3.

Das Bild der Zopilote und des erhängten Freundes verfolgen Faber noch während der Schifffahrt. Auf der Italienreise tritt die Todessymbolik zurück ohne allerdings völlig zu verschwinden (**unser Grabmal an der Via Appia** 140, 186, [114, 151]).

Fabers Niederlage gegenüber der Natur kündigt sich in dem Schicksal der Gebrüder Hencke an. Joachim begeht im Dschungel – äußerlich unmotiviert – Selbstmord. Herbert kapituliert vor der Dschungelnatur und gibt sich passiv dem Verfall preis. Er lässt seinen Nash, die einzige

Verbindung zur Zivilisation, vermodern, er lässt seinen Bart wachsen – auch Joachim hatte einen Bart, als Faber ihn auffand. Herberts Brille ist zerbrochen; er flickt sie nicht. Herbert erscheint in seiner lethargischen Passivität Faber **wie ein Indio!** (209) [186].

Den Höhepunkt in der Reihe der Todessymbole bildet die Erscheinung des Professors O.; Professor O. war früher Fabers Vorbild – ein durch und durch rationalistisch eingestellter Mathematiker – und nun erscheint er als Fabers Spiegelbild. Beide leiden an der gleichen Krankheit. Das Auftreten des Professors O. hat für Faber etwas Unwirkliches. Prof. O. pflegte nie zu reisen – nun hält er Faber plötzlich in Paris an. Prof. O. scheint mehr über Faber zu wissen als dieser selbst – beispielsweise, dass er Sabeths Vater ist. Vor allem entsetzt Faber Prof. O.'s Sicherheit, **daß wir uns ein andermal sehen** (127) [104]. Tatsächlich begegnen sie sich bald wieder. Auch diesmal erkennt Faber ihn zunächst nicht: **Sein Gesicht ist kein Gesicht mehr** […] **Sein Lachen ist gräßlich geworden** […] **Dabei lacht er nämlich gar nicht, so wenig wie ein Totenschädel** (126) [103].

Das Nichtmehr-Menschliche wird unterstrichen durch die Namenskürzung. Auch sein Name ist kein Name mehr. Alle anderen Personen werden mit Vor- oder vollem Familiennamen benannt. Die Abkürzung O. hingegen (auch als Zahlzeichen *0* lesbar) wirkt rätselhaft und gesichtslos. Der Eindruck wird dadurch verstärkt, dass das zweite Auftreten von Prof. O. nach der Mitteilung von seinem Tod erfolgt, was zunächst schockierend wirkt und Fabers Gefühl bestätigt, er spreche mit einem **Totenschädel**. Erst nachträglich wird dem Leser – nach einem Blick auf die Datumsangabe – bewusst, dass sich das mysteriöse Auftauchen des Prof. O. an dieser Stelle durch die Abweichung der Erzählfolge von der Chronologie vordergründig erklären lässt.

3.4 Parabelstruktur und Symbolik

Der *Homo faber* wird mitunter als *Parabel* apostrophiert. Damit soll ausgedrückt werden, dass das Romangeschehen insgesamt als belehrendes Gleichnis aufzufassen sei, das eine abstrakte, allgemeingültige Idee durch konkrete Gestaltung veranschaulichen solle. In der Tat lässt die anthropologische Typusbezeichnung als Romantitel eine Parabel erwarten. In den eingelagerten Kommentaren Marcels und Hannas (60/61) [50] und (211/212) [169/170], die Walter Faber als Typus des *Homo faber* erscheinen lassen, findet diese Auffassung eine Stütze. Allerdings wird man zugeben müssen, dass dem *Bericht* trotz der Einsträngigkeit der Handlung jene schlanke, klare und übersichtliche Form abgeht, die für die Parabel charakteristisch ist. Außerdem erscheint dem, der den HOMO FABER nur als Parabel auffasst, der offene Schluss unbefriedigend (vgl. 2.6.2).

Im Übrigen wird durch den Untertitel **Ein Bericht**, der Fabers eigener Intention zuzuschreiben ist (während der vom fiktiven Herausgeber des Faber'schen Nachlasses gewählte Titel HOMO FABER einen angeblichen Ausspruch Hannas aufnimmt), der dokumantarisch-individuelle Charakter des Falles **Faber** betont. Dem entspricht die minuziös ausgearbeitete Ich-Perspektive der Erzählhaltung, die psychologisch äußerst realistisch und überzeugend wirkt.

Die Art der Symbolik verstärkt diesen Eindruck. Man kennt in der Literatur artifizielle, nur aus dem singulären fiktionalen Kontext zu entschlüsselnde Symbole – wie die Orange in Mörikes Novelle MOZART AUF DER REISE NACH PRAG –, die ihren künstlichen Ursprung aus dem Gestaltungswillen des Erzählers deutlich zu erkennen geben. Andere Symbole haben den Charakter eines Zeichens mit verabredeter Bedeutung – z. B. Kreuz und Fahne oder andere sakrale und politische Zeichen. In der Literaturwissenschaft werden diese verabredeten Zeichen auch als *Embleme* bezeichnet. Ihnen steht die *Allegorie* nahe, die einen abstrakten Gedanken konkret veranschaulichen soll.

Wäre der HOMO FABER primär als Parabel zu verstehen, so sollte man annehmen, dass seine Symbole künstlich, gewollt, lehrhaft und allegorisch wirken müssten. Das trifft (mit Ausnahme der Namenssymbolik) auf die Symbolik des HOMO FABER nicht zu. Die symbolische Bilderwelt des HOMO FABER erscheint vielmehr als Realität mit Bedeutungsüberschuss und entspricht damit der in der Literaturwissenschaft seit Goethe vorherrschenden Definition von Symbolik im strikten Sinne, derzufolge das Symbol im Konkreten eine darüber hinausweisende allgemeinere Bedeutung aufscheinen lässt.

Die Symbolik des HOMO FABER ist eine quasi natürliche Symbolik. Sie ist z. T. ohne Determination durch den speziellen Kontext in ihrer Bedeutung zu entziffern. Aasgeier als Todesandeutung, Waschzwang als Ausdruck der Leibfeindlichkeit usw. Auch wo ihre Bedeutung kontextabhängig ist, erscheint die Symbolik psychologisch echt – als Projektion des von Faber negierten Unbewussten (vgl. 3.2.3). Dazu passt auch die fast chaotische Vielfalt der Symbolik, die weniger an bewusste artifizielle Gestaltung und Planung als an Wachstum und Wucherung denken lässt.

So kann man denn wohl sagen, dass der HOMO FABER einerseits parabelhafte Züge aufweist, andererseits aber auch den Charakter eines (fiktionalen) Psychogramms hat.

4   Kommunikationsstruktur und Sprache

4.1   Polarität als stilistischer Grundzug

In der bisherigen Sekundärliteratur dominiert die Auffassung, die Sprache des HOMO FABER sei vom Autor bewusst kunstlos (vgl. Geißler) oder grammatisch und semantisch fehlerhaft konzipiert (Stäuble, Bänziger u. a.). Dadurch solle die innere Leere des Faber-Typus sprachlich decouvriert werden. In Wirklichkeit ist die Sprachstruktur des HOMO FABER außerordentlich komplex. Ihre stilistischen Hauptmerkmale sind Polarität und Ambivalenz der sprachlichen Einzelzüge. Dieser Sprachstil entspricht dem Grundzug der Faber'schen Persönlichkeit.

FRISCH selbst bestätigt diese Auffassung indirekt. Er spricht einerseits von der bewusst gepflegten **Sprachverrottung** des HOMO FABER (nach W. Schenker: MUNDART UND SCHRIFTSPRACHE. Zit. n.: ÜBER MAX FRISCH II, ed. suhrkamp 296, 404) und andererseits von Fabers **Sprachunbeholfenheit, die manchmal so weit getrieben wird, daß er bis in die Gegend der Poesie kommt, weil er nämlich das literarische Klischee nicht hat, so daß er dann plötzlich zu Abbreviaturen kommen kann, an denen wir verhindert sind durch Sprachbewußtsein** (DER SCHRIFTSTELLER UND SEIN VERHÄLTNIS ZUR SPRACHE. Bern, München 1971, 80).

Die sprachliche Polarität präsentiert sich dabei nicht etwa als kontinuierlicher sprachlicher Entwicklungsprozess vom Jargon zur Lyrik, sondern eher als ein komplexes Ineinander. Allerdings überwiegen die quasi-lyrischen Passagen der zweiten Station gegenüber denen der ersten. Insofern kann man von einer – allerdings diskontinuierlichen – Entwicklung sprechen.

4.2   Kommunikationsstruktur und Stil

4.2.1   Die Ich-Form: Fiktion der Authentizität

Die Sprache des HOMO FABER muss zunächst einmal aus der (fiktiven) Kommunikationssituation heraus verstanden werden. Grundhaltung ist die des *Berichts,* sodass man auf den HOMO FABER streng genommen die literaturwissenschaftlichen Termini *Erzähler* und *Erzählhaltung* nicht anwenden dürfte. Das *Ich,* das hier von sich selbst berichtet, ist nicht identisch mit dem des Autors, obwohl manche Leser im HOMO FABER erhebliche autobiografische Züge entdeckt zu haben glauben. In MONTAUK äußert sich FRISCH selbst zu dem biografischen Anteil des HOMO FABER:

Die jüdische Braut aus Berlin (zur Hitler-Zeit) heißt nicht Hanna, sondern Käte, und sie gleichen sich überhaupt nicht, das Mädchen in meiner Lebensgeschichte und die Figur in einem Roman, den er geschrieben hat. Gemeinsam haben sie nur die historische Situation, und in dieser Situation einen jungen Mann, der später über sein Verhalten nicht ins klare kommt; der Rest ist Kunst, Kunst der Diskretion sich selbst gegenüber [...]
Immerhin stimmen Lebensgeschichte und Roman auch in einem zentralen Motiv überein: Sie möchte ein Kind, und das erschreckt mich; ich bin zu unfertig dazu, als Schreiber gescheitert und am Anfang einer anderen Berufslehre [...]
Dann bin ich bereit zu heiraten, damit sie in der Schweiz bleiben kann, und wir gehen ins Stadthaus Zürich, Zivilstandesamt, aber sie merkt es, das ist nicht Liebe, die Kinder will, und das lehnt sie ab, nein, das nicht (MONTAUK, 166/167).

Bemerkenswert erscheint, dass FRISCH diese eindeutig biografischen Ingredienzien lediglich in den stark gerafften Rückblenden verarbeitet hat, die ohne spürbare künstlerische Strukturierung nur zur Mitteilung der Vorgeschichte in die Romanhandlung eingefügt sind.

Andererseits müssen gewisse *Erfahrungen,* die dem eindeutig fiktionalen Bereich dieses Romans zugeordnet sind, dem Menschen FRISCH über Jahrzehnte hinweg gültig erschienen sein. So zitiert FRISCH in MONTAUK Fabers Verfügung für den Todesfall wörtlich, ohne anzugeben, woher dieses Zitat stammt, und kommentiert es lapidar: **Leben im Zitat.** (MONTAUK, 103)

Insgesamt ergibt sich aus dem Vergleich mit dem TAGEBUCH *1946–49,* der Amerika-Kritik im STILLER und dem Nachwort zu DON JUAN, dass erst der gewandelte Walter Faber eine gewisse innere Verwandtschaft mit dem Autor FRISCH aufweist.

Es fragt sich, warum FRISCH in einem Werk, dessen biografische Relevanz er später ausdrücklich als gering bewertet, so konsequent wie in keinem anderen Werk Authentizität fingiert – während er in dem folgenden Roman, dem GANTENBEIN, der für die innere Geschichte des Verfassers sicher nicht weniger relevant ist, schon im Konjunktiv des Titels das *Ich* als Rolle kennzeichnet. Man könnte annehmen, dass extreme Erzählhaltungen den Schriftsteller zur künstlerischen Gestaltung gereizt haben. Allerdings hätte man erwarten können, dass FRISCH eine so extrem unwahrscheinliche Fabel wie die des Faber-Romans auch betont fiktional gestaltet hätte (wie etwa den GANTENBEIN). Vielleicht aber liegt für den Schriftsteller gerade darin eine Herausforderung an seine Erzählkunst, das Unwahrscheinliche, die äußerste Form des *Möglichen* als überzeugende *Wirklichkeit* zu gestalten. Die Ich-Form ermöglicht es dem Autor, die Ebene der äußeren Handlung gegenüber der des psychischen Prozesses zurücktreten zu lassen und so die der Fabel immanente Tendenz zum trivialen Kitschroman aufzuheben.

4.2.2 Das diaristische Element in »Homo faber«

Das Tagebuch nimmt im Schaffen FRISCHS einen hervorragenden Platz ein; man denke an TAGEBUCH I UND II, DIENSTBÜCHLEIN I UND II und MONTAUK! STILLER und HOMO FABER haben zwar keine ausgesprochene Tagebuchform, aber in Anlage und Sprache stark diaristisches Gepräge.

Der **Bericht** Fabers gliedert sich in zwei *Stationen*. Der 1. Berichtsteil ist (laut Fiktion) in der Zeit vom 21. 6.–8. 7. 1957 verfasst worden. Er ist während des krankheitsbedingten Hotelaufenthalts in Caracas entstanden und hat den Erlebniszeitraum vom 1. 4. 1957–4. 6. 1957 (Sabeths Todestag) zum Gegenstand. Eingelagert sind summarische Nachholberichte, die sich im Wesentlichen auf die Zeit des Zusammenlebens mit Hanna in den dreißiger Jahren beziehen. Das bedeutet: Zwischen der Ebene der erzählten Zeit und derjenigen der Erzählzeit besteht ein gewisser Abstand von ca. zweieinhalb Monaten zu Beginn des Berichts, der sich bis auf etwa einen Monat am Ende der 1. Station verringert.

Die Aufzeichnungen der 2. Station sind im Athener Krankenhaus entstanden, und zwar in der Zeit vom 19. 8. 1957 (dem letzten exakt genannten Datum) bis hin zum Operationstag (und vermutlichen Todestag) irgendwann gegen Ende August 1957 (vgl. 247) [198]. Sie gliedern sich alternierend in angeblich handschriftliche Aufzeichnungen (in Kursivdruck) und maschinenschriftliche. Letztere beziehen sich auf den Erlebniszeitraum vom 8. 6. bis 16. 7. 1957 (Landung in Athen), d. h. sie schließen die letzten beiden Wochen vor Beginn der 1. Aufzeichnungsphase in Caracas noch ein. Die **handschriftlichen** Passagen – motiviert durch mittägliches Tippverbot im Krankenhaus – beziehen sich vorwiegend auf die Erzählergegenwart und enthalten ganz am Schluss Hannas Lebensgeschichte als kurzes Resümee.

Insgesamt gesehen sind die Hauptebenen der erzählten Zeit (1. Station: 1. 4.–4. 6. und 2. Station: 8. 6.–16. 7.) nicht kontinuierlich behandelt worden, sondern in einzelne Zeitplateaus aufgespalten, zwischen denen z. T. mehrere Wochen umfassende Zeitlücken klaffen. Von der Normalform des Tagebuchs weicht die äußere Struktur des HOMO FABER in drei Punkten ab: a) Es werden weniger zahlreiche, aber jeweils umfangreichere Eintragungen vorgenommen. b) Die Eintragungen beziehen sich vorwiegend auf Vorgänge, die schon einige Wochen oder Monate zurückliegen. c) Die zeitlichen Beziehungen zwischen Erzählzeit und erzählter Zeit sind verwirrend vielfältig und verschiedenartig, während im echten Tagebuch eine einschichtige Zeitbeziehung vorherrscht.

Durch diese Abweichung vom Durchschnittstagebuch erhält der Autor einen größeren Spielraum für vielschichtige Handlungs- und Zeitgestaltung. Der Tagebuchstil geht über in einen Erinnerungsstil, der weniger von faktischer Aktualität als von subjektiver Assoziation bestimmt ist.

Gemeinsam mit dem echten Tagebuch sind diesem Erinnerungsbericht gewisse Stilmerkmale: Alles, was nach ästhetischer Gestaltung und Überformung des Erlebnisses aussehen könnte, wird vom Autor vermieden. Vor allem in der Wortwahl umgeht FRISCH konsequent (mit wenigen wohl berechneten Ausnahmen) poetisches Vokabular. Faber bedient sich durchweg eines ungefilterten Alltagswortschatzes. Allerdings werden unter der Hand denotativ-nüchtern wirkende Wortbedeutungen im Verlauf des Berichts konnotativ aufgeladen (vgl. 3.3.3).

Die Syntax unterliegt weit gehend der in den meisten Tagebüchern zu beobachtenden Verkürzung. Die überwiegende Mehrzahl der in der Sekundärliteratur von Bänziger bis Henze vermerkten und als Ausdruck Faber'scher Sprachohnmacht gewerteten syntaktischen *Fehler* erklären sich aus allgemein üblichen Tagebuchgepflogenheiten (Ausfall eines sinnschwachen *ist*-Prädikats im Hauptsatz, elliptische Gliedsätze, insbesondere Kausalsätze usw.). Dergleichen findet sich auch in einigen Reisetagebüchern Goethes; eine spezielle Sprache des intellektuellen **Pfuschers,** wie Bänziger meint (a.a.O., 92), ist das nicht. Allenfalls kann man sagen, dass die Nähe zur gesprochenen Sprache (in Wortschatz und Syntax des Tagebuchstils) einer modernen Allgemeinentwicklung entspricht. FRISCH erklärt diesen Trend der modernen Literatur selbst so: **Warum dies? Es wird eben heute wenig geschrieben, banal gesagt, es wird telephoniert und nicht ein Brief geschrieben; wir leben heute viel mehr im Sprechen durch gewisse Mittel wie Telephon und Radio.** (*DER SCHRIFTSTELLER UND SEIN VERHÄLTNIS ZUR SPRACHE*, 73). Es wäre inkonsequent, Walter Faber als Repräsentanten des modernen Menschentypus in wohl gesetzten Perioden schreiben zu lassen. Außerdem würde dadurch dem *Bericht* der sprachliche Habitus des authentischen Psychogramms genommen, der den Hauptreiz der Faber'schen Selbstdarstellung ausmacht.

4.2.3 Komplexität des Satzbaus

Eine detaillierte Analyse des Satzbaus, der ja auch als Subphänomen der allgemeinen Zeitstruktur eines Textes interpetiert werden kann, wird im Zusammenhang des 5. Kapitels vorgenommen. Hier sei nur ein Aspekt, die Komplexität des Satzbaus, herausgegriffen: Charakteristisch für den Stil des *HOMO FABER* ist der unregelmäßige Wechsel von adverbial- und attributfreien Kurzsätzen, satzlosen Gebilden (hauptsächlich mit über-geordneten Nominalfügungen) und komplexen Langsätzen. Letztere können durchaus nicht immer im Sinne der herkömmlichen Syntax als *Satz* gelten. Wenn wir trotzdem von *Sätzen* sprechen, meinen wir hier solche syntaktischen Gebilde, die der Autor durch seine Interpunktion als Einheiten gekennzeichnet hat. Als repräsentatives Beispiel sei der 4. Satz des *Berichts* genannt: **Wir warteten [...] bis [...] geschnallt hatte** (7) [7]. Diesem fünfzehnzeiligen syntaktischen Konglomerat ist nicht einmal mit den Begriffen Hypotaxe oder Parataxe beizukommen. Es ent-hält 4 Hauptsätze im herkömmlichen Sinne. Die beiden ersten sind mit **und** verbunden, die beiden letzten asyndetisch eingebaut. Diese beiden *Hauptsätze* erscheinen parenthesenartig in eine Gliedsatzkette einge-schoben. Sie kommentieren und wiederholen lediglich den Inhalt des vorhergehenden Relativsatzes: [...] **der mir sogleich auffiel, ich weiß nicht wieso, er fiel auf, wenn er den Mantel auszog [...]** Syntaktisch und vom denotativen Sinn her sind sie entbehrlich. Von der Aussagelogik her sind also diese Hauptsätze dem Attributsatz nachgeordnet!

Aber auch im Bereich der beiden längeren Hauptsätze im ersten Teil des Konglomerats herrschen keine klaren grammatischen Verhältnisse. Zwar ist von dem 2. Hauptsatz, formal betrachtet, eine ganze Kette von Attributsätzen abhängig, aber durch seine inversive Stellung nach zwei Gliedsätzen (**was mich nervös machte, so daß ich nicht gleich schlief**) und durch das inhaltsschwache Verbglied **war** wirkt er inhaltlich durch-aus nicht **übergeordnet**. Vor allem aber durchbrechen eingeblendete Nominalfügungen die herkömmliche Syntax, in welcher der Satz ja im Wesentlichen vom Verb her organisiert ist. Diese ungrammatischen Ele-mente enthalten bezeichnenderweise inhaltlich direkte Sinneswahrneh-mungen (**Schnee vor den Scheinwerfern, Pulverschnee, Wirbel über der Piste** – und die Zeitungsschlagzeile **First Pictures Of World's Greatest Air Crash in Nevada**). Syntaktisch ebenfalls nur sehr locker eingebunden sind die für FRISCHS Stil allgemein charakteristischen attributiven und adverbiellen Nachträge. Hier ist beispielsweise das Nomen **ein Blonder**, das man am ehesten noch als Apposition zu **er** ansprechen könnte, derart weit von dem Beziehungswort getrennt, dass man es ohne weiteres auch als satzloses Nominalelement auffassen dürfte.

Insgesamt betrachtet wirkt Fabers Satzbau keineswegs rational kon-struiert, wie das von einem Rationalisten zu erwarten wäre, sondern grammatisch ungeordnet bis zur totalen Desorientierung. Dieser Satz-bau orientiert sich nicht an syntaktischen Normen, vielmehr bestimmen irrationale Assoziationen und Impressionen die sprachliche Fügung.

Fabers Unfähigkeit, seine Impressionen und Assoziationen sprachlich zum Ausdruck zu bringen, steht in ironischem Widerspruch zu der von ihm prätendierten technoiden Welt- und Sprachordnung. Die Feststellung Hannas: **Du behandelst das Leben nicht als Gestalt, sondern als bloße Addition** (212) [170] trifft mutatis mutandis auch auf Fabers Sprache zu: Faber gestaltet seine Mitteilungen nicht, sondern addiert sie zu amorphen Konglomeraten.

4.2.4 Die Kommunikationsstörung

Wie sein Vorläufer Don Juan ist Faber ein *Mensch ohne Du.* Im Verlauf des Berichts wird gezeigt, wie er aus dieser menschlichen Isolation aufgestört wird und die ersten unzureichenden Schritte auf dem Weg zum *Du* versucht ohne das Ziel zu erreichen. Die Tatsache, dass Faber überhaupt einen Lebensbericht verfasst, ist schon als Ausdruck des Bedürfnisses zu werten, zu irgendeinem Adressaten in kommunikative Beziehung zu treten. Bezeichnenderweise beginnt Faber mit den Aufzeichnungen in einer Situation der äußersten Isolation (während des dreiwöchigen erzwungenen Aufenthalts in Caracas). Kurz zuvor ist Sabeth gestorben; Faber versucht mit Hanna in schriftliche Kommunikation zu treten, aber er erhält keinen Brief von Hanna. Sein Telegramm an Hanna bleibt ohne Antwort (212) [170]. Er selbst schreibt mehrere Briefe an Hanna, d. h. er **beginnt** (220) [176] sie nur; offenbar bringt er sie nicht zu Ende und schickt sie nicht ab.

Fabers äußere Kommunikationsschwierigkeiten können als Ausdruck seiner inneren Isolation angesehen werden. Das Fehlen eines Adressaten hat seine Parallele im Verlust des Appartementschlüssels und in dem vergeblichen Telefonat mit sich selbst. Das *Du* ist so unerreichbar wie das *Selbst.* In dieser Lage fühlt sich Faber zum Schreiben gezwungen (**etwas mußte ich in diesem Hotel ja tun!** (212) [170]).

Fabers innere Beziehungslosigkeit spiegelt sich einerseits in der eigentümlich asyndetischen Satzfügung (vgl. u. 5.3) und andererseits in der vorherrschenden Struktur der Dialoge: Im HOMO FABER spielt der Dialog, rein quantitativ betrachtet, eine untergeordnete Rolle. Die meisten Dialoge bestehen allenfalls aus kurzen Wortwechseln. In den wenigen Dialogpartien, die sich über mehrere Seiten hinziehen, werden die einzelnen Äußerungen der Partner durch erzählende Einschübe unterbrochen, die den Anteil der direkten Rede im Umfang übertreffen. Auch Teile des Gesprächs selbst werden stark gerafft in indirekter Rede wiedergegeben oder vom Erzähler in episierter Form referiert. Das umfangreichste Beispiel für diese Mischform des Dialogs ist das Gespräch mit Hanna, das sich über mehr als zehn Seiten erstreckt (139–150) [113–122].

Aus dem Inhalt der direkten Rede ist alles Wesentliche ausgeklammert, sodass es scheint, als ob direkte Kommunikation nur über Banalitäten möglich sei.

Eine besonders für den HOMO FABER charakteristische Form der Kommunikation stellt der *einseitige Dialog* dar, z. B.:

›Tampico‹, sagte ich, ›das ist die dreckigste Stadt der Welt. Ölhafen, Sie werden sehen, entweder stinkts nach Öl oder nach Fisch –‹ Er fingerte an seiner Schwimmweste.
›Ich rate Ihnen wirklich‹, sagte ich, ›essen Sie keinen Fisch, mein Herr, unter keinen Umständen –‹
Er versuchte zu lächeln.
›Die Einheimischen sind natürlich immun‹, sagte ich, ›aber unsereiner –‹
Er nickte, ohne zuzuhören. (19) [16/17]

Eine ähnlich einseitige Unterhaltung, bei der der eine Partner zwar immerhin zuhört, aber nicht spricht, entsteht zwischen Hanna und Faber (162/163) [132/133]. Innerhalb dieser Passage gibt es insgesamt fünf kurze direkte Äußerungen Hannas, zweimal handelt es sich dabei um Fragen, aber statt einer Antwort Fabers folgen jeweils kurze epische Einschübe (– ähnlich 169, 179, 180, 181, [138/139, 145/146, 147/148]). Hanna hat meist einseitig das Wort. So gut wie nie gehen die Partner aktiv aufeinander ein. Symptomatisch dafür ist Fabers Ausspruch: **Unser Taxigespräch: lauter Fragen, keine Antworten.** (161) [131]

Schon in dem Dialog Faber–Hencke (30–38) [25–32] reden die Partner regelmäßig aneinander vorbei:

(Faber): ›Lebt sie eigentlich noch?‹
›Wer?‹ fragt er –
›Hanna, seine Frau‹ –
›Ach so‹, sagte er und überlegte, wie er meine Gambit-Eröffnung abwehren sollte [...] (38) [32].

Eine besondere Variante der Kommunikationsstörung stellt das Gespräch Fabers mit Sabeth (143–145) [116–118] dar; sie besteht in einem alternierenden Missverstehen ein und derselben Information durch beide Partner.

Kommunikationsstörungen im Dialog bzw. einseitiger Dialog sind für viele Dramen FRISCHS charakteristisch, am deutlichsten etwa im 1. Bild des ÖDERLAND oder im 6. Bild von ANDORRA. Aber auch im STILLER fehlen derartige Dialoge nicht. Von hier aus lässt sich eine gedankliche Verbindungslinie zur allgemeinen Sprachskepsis FRISCHS ziehen, wie er sie z. B. im TAGEBUCH 1946–1949 (bezogen auf das Stück ALS DER KRIEG ZU ENDE WAR) zum Ausdruck bringt:

Überwindung des Vorurteils, die einzig mögliche Überwindung in der Liebe, die sich kein Bildnis macht. In diesem besonderen Fall: erleichtert durch das Fehlen einer Sprache. Es wäre kaum möglich gewesen, wenn sie sich sprachlich hätten begegnen können und müssen. Sprache als Gefäß des Vorurteils! Sie, die uns verbinden könnte, ist zum Gegenteil geworden [...] Das ungeheure Paradoxon, daß man sich ohne Sprache näherkommt. (Tgb. I, 211)

Die regelmäßige Unterbrechung der Dialoge durch erzählende Partien (anstatt einer reaktiven Gegenäußerung des Dialogpartners) hat im *Homo faber* dreierlei Funktion: Einmal wird so verhindert, dass der Dialog sich zur dramatischen Szene verselbstständigt. Eine solche szenische Direktheit wäre der subjektiven Erzählhaltung des *Homo faber* nicht angemessen; sie würde die Erinnerungsperspektive zu sehr durchbrechen. Zum andern entspricht sie der allgemeinen Diskontinuitäts-Tendenz: Ebenso wenig wie in der Handlungs- und Zeitstruktur gibt es im Gespräch einen Ablauf, die gleichen Stockungen und Sprünge beherrschen die Dialogstruktur. Pausen werden fühlbar, oft wird mehr geschwiegen als gesprochen. Häufig fehlt ein deutlicher Gesprächsabschluss. So endet das erste Gespräch Fabers mit Hanna in einer Frage: **Seit wann trägst du eine Brille?** (156) [127]. Der offene Gesprächsschluss wird in der Interpunktion z. T. dadurch gekennzeichnet, dass anstelle eines Satzschlusszeichens ein Gedankenstrich gesetzt wird. Die wichtigste Funktion dieser Dialogstruktur ist es aber, die Unmöglichkeit der wechselseitigen Kommunikation und Fabers menschliche Isolation sinnfällig zu machen.

Dass sich bei Walter Faber – zu spät – eine innere Wandlung anbahnt, zeigen seine Kommunikationsversuche in Habana (s. o. 2.6.1). Allerdings führt sein Verständigungsversuch mit Juan infolge der sprachlichen Missverständnisse ins Groteske (224) [179/180]. Faber spürt das selbst: **Mein Spanisch reicht für berufliche Verhandlungen, die Komik: ich sage nicht, was ich will, sondern was die Sprache will [...] Ich bin das Opfer meines kleinen Wortschatzes.** (223) [179] Fabers unerfüllbares Kommunikationsbestreben äußert sich mit eindringlicher Deutlichkeit in seinem Gespräch mit dem selbst geschaffenen Phantom: **Ich zeichne eine Frau in den heißen Sand und lege mich in diese Frau, die nichts als Sand ist, und spreche laut zu ihr.** (221) [177]

4.3 Sprachliche Mechanismen der Gefühlsabwehr

4.3.1 *Zynismus*

Als negatives Charakteristikum der Sprache Fabers haben die meisten Interpreten ihre Schnoddrigkeit, ihren Zynismus u. Ä. hervorgehoben. Damit schließen sie sich Sabeths Beurteilung an: **Noch immer fand sie mich zynisch, glaube ich, sogar schnoddrig [...] und ironisch, was sie nicht vertrug.** (133) [108] Ironie und Zynismus legt Faber auch in seinem **Bericht** häufig an den Tag – allerdings mit nachlassender Häufigkeit; in der **2. Station** ist kaum noch etwas davon zu verspüren. Fabers Zynismus ist gegen alles Irrationale gerichtet (wie Sabeth es ausdrückt: **gegenüber dem Leben ganz allgemein** – 132, [108]). Besonders Marcel, der Künstler, wird Gegenstand aggressiver Äußerungen: **Unser Ruinenfreund schwatzte viel [...] Künstler, die sich für höhere oder tiefere Wesen halten, bloß weil sie nicht wissen, was Elektrizität ist.** (47) [39]

Ablehnung der Abtreibung erscheint Faber als irrational: **Der liebe Gott! Er machte es mit Seuchen; wir haben ihm die Seuchen aus der Hand genommen. Folge davon: Wir müssen ihm auch die Fortpflanzung aus der Hand nehmen.** (130) [106]

In all diesen Fällen zeigt das Ausmaß der aufgewendeten Aggressivität eine entsprechend starke geheime emotionale Betroffenheit an. Das erkennt man besonders an direkten Affektreaktionen. So löst etwa die Notlandung in der Wüste elementare Angstgefühle aus, die Faber nachträglich zu überspielen sucht. Nachdem Faber mit fast poetischen Worten das Schockerlebnis als **blinden Schlag [...] Sturz vornüber in die Bewußtlosigkeit** (24) [20] wiedergegeben hat, reagiert er seine Betroffenheit in dem schnoddrigen Kommentar ab: **Wir hatten ein Affenschwein, kann ich nur sagen.** (24) [21] Auf ähnliche Weise versucht er das Erlebnis der nächtlichen Wüste zu annullieren (28/29) [24/25].

4.3.2 *Funktion der sprachlichen Banalität*

In Anbetracht des extrem unalltäglichen Schicksals der Hauptperson wundert es den Leser, dass der Beschreibung oder zumindest Erwähnung von Banalitäten ein solch breiter Raum gegeben wird und das z. T. an exponierter Stelle. So hat z. B. Faber nach seinem ersten Ohnmachtsanfall den irrationalen Entschluss gefasst, nicht nach Caracas zu fliegen: **Ich rutschte mich auf einen Hocker, zündete mir eine Zigarette an und schaute zu, wie der Barmann die übliche Olive ins kalte Glas wirft [...] usw.** (14) [12]. Die außerordentlich wichtige Aussprache mit Hanna verläuft nach folgendem Muster:

›Du liebst sie?‹ fragt sie.
Ich trank meinen Kaffee.
›Seit wann hast du gewußt‹, fragt sie, ›daß ich ihre Mutter bin?‹
Ich trank meinen Kaffee. (179) [145/146]

In diesem und in vielen ähnlichen Fällen flüchtet Faber vor dem Außerordentlichen und existenziell Wesentlichen in die vertraute Vordergrund-Realität der banalen Mechanismen – Rituale des Essens, Trinkens, Rauchens und technischer Alltagsvorgänge.

Durch den Kontext und die Konsituation macht der Autor die Unangemessenheit und Aussichtslosigkeit dieser Fluchtversuche sichtbar – z. B. wenn Faber in der Wüste alles Unmögliche versucht um seinen elektrischen Rasierapparat in Gang zu setzen (32) [27]. Daher machen die Vordergrundbanalitäten meist durch den prononcierten Kontrast auf einen dunklen existenziellen Hintergrund aufmerksam. Das gilt vor allem für die englischen Einblendungen: Sie sind äußerlich motiviert durch Fabers Streben, Erlebnis direkt, ungefiltert und unbeschönigt zur Sprache zu bringen. Sie enthalten Floskeln, die in ihrer Banalität den American way of life atmosphärisch charakterisieren, zum Teil auch als Kolorit der kosmopolitischen Weite der Faber-Welt dienen.

Merkwürdigerweise erscheint so gut wie jede dieser englischen Banalitäten als Wiederholung. Zur Not sind einige der Wiederholungen aus der äußeren Situation erklärbar, z. B. Lautsprecherdurchsagen: **Passenger Faber, Passenger Faber [...] This is our last call, this is our last call** usw. (16) [13]. Wenn aber dann die Stewardess Faber **faßt** und zum Flugzeug führt, **wie einen, der vom Gefängnis zum Gericht geführt wird** (16) [14], so ahnt der Leser, dass diese Worte symbolisch auf Fabers innere Existenzsituation zu beziehen sind, und dadurch erhalten auch die anonymen Lautsprecheraufrufe einen gewissen Hintersinn – ebenso wie die Überbetonung des **Spät – zu spät** durch die Stewardess (**We 're late, Mr. Faber, we 're late** – 16, [14]) und wenig später durch Herbert Henckes (**Vielleicht ist alles zu spät, vielleicht ist alles zu spät** – 38, [32]). Auch das vielfältig wiederholte und gerade darum unglaubwürdige **There is no danger at all** (12) [16–19] lässt kommendes Unheil ahnen, das über die konkreten Gefahren der Notlandung hinausgeht.

Noch penetranter und hintergründiger wirken die Beteuerungen des Mr. Williams: **Williams war merkwürdig.** ›It's okay‹, sagte er ›it's okay‹, immer wieder. [...] ›It's okay‹ sagte er noch, als ich von dem scheußlichen Selbstmord meines Jugendfreundes berichtete. ›It's okay‹. (117) [96]

Offensichtlich soll das **okay** durch seine unmotivierte Häufung beim Leser den gegenteiligen Eindruck hervorrufen und Assoziationen wecken, die in ihrer Richtung durch das Stichwort **Selbstmord** sowie die wiederholte Anspielung **You're looking like** – auf Vorstellungen von Krankheit und Tod hin gelenkt werden. Unbewusst macht sich Faber dieses **it's okay**, das ihn sehr beschäftigt, zu Eigen und gebraucht die sprachliche Wendung selbst auch in Fällen, in denen eine Sache durchaus nicht **okay** ist (Rotwein zum Fisch, Wein mit Zapfengeruch). Auch er wiederholt mechanisch jedes **it's okay** (119) [98].

Auffallende Ähnlichkeit mit der Flughafenszene hat Fabers englischsprachiges Telefongespräch (204) [163/164]. Wieder steht Faber einer unbekannten anonymen Größe gegenüber. Dem viermal wiederholten Lautsprecheraufruf an **Passenger Faber** entspricht hier die viermalige Namensnennung **Walter Faber**.

Mit dem kalkulierten Einsatz der Banalität zu dichterischen Zwecken verwirklicht FRISCH im *HOMO FABER* eine Forderung, die er indirekt schon im *TAGEBUCH 1946–49* erhoben hat: die Einbeziehung des Banalen in die dichterische Gestaltung. Dort kritisiert FRISCH die **Angst vor dem Banalen:**

> [...] Der Dichter ist vielleicht mit dem Flugzeug gekommen, mindestens mit einem Wagen, aber die Gedichte, die er vorzulesen hat, möchten dem Geräusch eines fernen Motors nicht standhalten [...] Das Banale der modernen Welt (jeder Welt) wird nicht durchstoßen, nur vermieden und ängstlich umgangen. Ihre Poesie liegt vor dem Banalen, nicht hinter dem Banalen (Tgb. I, 212).

4.3.3 *Stereotypie*

Repetition kennzeichnet die besondere Art der Selbstentfremdung des Rationalisten Walter Faber, der sein Leben als eine Summe mechanischer Abläufe betrachtet. Ihren sprachlichen Niederschlag findet diese Lebenseinstellung im dominierenden Stilzug der Stereotypie. Wenn Faber Vorgänge und Gegebenheiten konstatieren muss, die mit seiner Lebenskonzeption nicht in Einklang zu bringen sind, greift er zu gewissen sprachlichen Formeln, die durch ihre Stereotypie die Undifferenziertheit seiner inneren Wahrnehmung verraten:

Nervös wird Faber immer, wenn der übliche technische Ablauf gestört ist: wenn eine Maschine im Leerlauf arbeitet, wenn kein Anschluss für den Elektrorasierer zu finden ist, wenn das Schiff nicht von der Stelle zu kommen scheint oder wie Faber es allgemein ausdrückt: **wenn nichts läuft** (92) [75/76].

Mit dem Etikett **komisch** versieht Faber alles ihm Wesensfremde, Unverständlich-Irrationale: **Menschen sind komisch! Ein Volk wie diese Maya, die das Rad nicht kennen und Pyramiden bauen, Tempel im Urwald, wo alles vermoost und in Feuchtigkeit verbröckelt – wozu?** (51) [43].

Sehr viel häufiger noch konstatiert Faber sein Nichtverstehen direkt und ohne Wertung durch die Formel **Ich weiß nicht** [...] (bzw.: **ich wußte nicht, ich verstand nicht** o. Ä.). Auf den ersten hundert Seiten begegnet sie achtunddreißigmal! Das Nichtverstehen betrifft zum einen die äußere vegetative Natur: **Es schwirrte und lärmte, wie im Zoo, wenn man nicht weiß, was da eigentlich pfeift und kreischt und trillert, Lärm wie moderne Musik, es können Affen sein, Vögel, vielleicht eine Katzenart, man weiß es nicht, Brunst oder Todesangst, man weiß es nicht.** (51) [42]

Zum andern wird die Formel auf fremde oder eigene psychische Vorgänge bezogen, oft versteht Faber die Frauen, vor allem Hanna, noch öfter aber sich selbst nicht. Das *Nichtwissen* kumuliert in der Wiederbegegnung mit Hanna: **Ich wußte nicht, was denken** [...] (163) [133] **Was mit mir los sei? Ich wußte es selbst nicht.** (166) [135] [...] **Ich wußte nicht, was ich denken sollte** (184) [149] usw.

Wie schon erwähnt, fallen fast alle wichtigen Entscheidungen Fabers ohne sein Wissen und Wollen. Sie steigen aus seinem Unbewussten auf und er kann sie nur mit Überraschung zur Kenntnis nehmen. Auch in diesen Zusammenhängen greift Faber zur Formel **Ich weiß nicht** [...] (vgl. o. 2.5.2).

Das Motiv des Nichtwissens nimmt zum Schluss hin an Häufigkeit ab und verwandelt sich z. T. in ein *Nicht-gewusst-Haben* – was nunmehriges Wissen impliziert; ja in der **2. Station** heißt es an prononcierter Stelle: **Ich weiß** [...] bzw. **Ich wußte** [...]: **Ich wußte, daß ich alles, was ich sehe, verlassen werde, aber nicht vergessen** (225) [180] oder (mit Bezug auf seine unheilbare Krankheit): **Ich weiß alles.** (246) [198] Allerdings trifft man daneben selbst auf der letzten Seite noch die negative Formel an.

Noch auffälliger als die Formel **Ich weiß nicht** wirkt Fabers Beteuerung, dass sich alles **wie üblich** verhalte, an solchen Stellen, wo sich die Dinge durchaus in unübliche Richtung entwickeln, z. B. vor der Notlandung in der Wüste. Bis zu diesem Punkt (23) [20] findet sich die Formel fast auf jeder Seite, dazu Wendungen, die das Normale des Vorgangs inhaltlich hervorheben: **ein Flug wie hundert andere, die Motoren liefen in Ordnung** (10) [9] [...] **die normale Thermik** (22) [19] [...] **als wäre es für immer in Ordnung** (22) [19] [...]

In der Paris-Szene häuft sich das **üblich** erneut und verbindet sich mit der Formel **it's okay** zu einem Zeitpunkt, da Fabers Schicksal seine entscheidende Weichenstellung in eine für ihn ganz unübliche Richtung erfährt.

Außer den bisher behandelten sprachlichen Leitmotiven gibt es eine

Reihe von anderen Formeln, die aber im Wesentlichen dem gleichen Bedeutungsfeld angehören. So gehören in die Nähe von **üblich** die Wendungen **nichts weiter** (z. B. 13, 29, 113, [11, 25, 92]), **ich bin gewohnt** (92, 111, 121 u. a. [75, 91, 98/99]), **es ist nicht meine Art** (z. B. 20, [18]), **ich vertrage es nicht** (z. B. 11, [10]).

All diese stereotypen sprachlichen Leitmotive haben neben der rollenpsychologischen eine erzähltechnische Funktion: Sie dienen als Element der Verknüpfung. Immer wenn ein solches Motiv auftaucht, werden mehrere Punkte der vorhergehenden Geschichte assoziativ mit angesprochen. Der an und für sich unbedeutende und rein denotative Inhalt dieser Wortbedeutungen wird so fortschreitend mit kontextgebundener Konnotation angereichert.

4.4 Gefühlsausdruck in der Sprache des Berichts

4.4.1 *Impressions- und Erinnerungsstil*

Die bisher behandelten sprachlichen Merkmale des **Berichts** dienen dem (vergeblichen) Versuch der Gefühlsabwehr. Ihnen steht aber ein Komplex von sprachlichen Elementen gegenüber, die als Ausdruck von Emotionalität zu verstehen sind.

Charakteristisch für den Satzbau des *HOMO FABER* (wie für den Stil FRISCHS im Allgemeinen) ist die Tendenz zur Auflösung der Satzklammer, zum attributiven und adverbiellen Nachtrag. Hier einige Beispiele:

Abende lang hocken sie in ihren weißen Strohhüten auf der Erde, reglos wie Pilze, zufrieden ohne Licht, still. (46) [38].
Sie trägt eine Brille, schwarz, Hornbrille. (154) [125]
Gegen Morgen hatte der Regen aufgehört, plötzlich, wie wenn man eine Dusche abstellt. (84) [69]

Die stilistische Wirkung derartiger Nachträge besteht einmal darin, dass dem finiten Zeitwort seine beherrschende Stellung genommen wird. Es verschwindet oft geradezu unter der Fülle der Nachträge. Dadurch wird das Element des zeitlichen Fortgangs in der Satz-Handlung abgeschwächt (– und in den vielen prädikatslosen Halbsätzen völlig ausgeschaltet). Stattdessen tritt die zeitfreie Beschreibung in den Vordergrund. Ihr Verknüpfungsprinzip ist nicht das chronologische Fortschreiten in der Zeit, sondern die assoziative Reihung. Dadurch entsteht ein kurzschrittiger Impressionsstil ohne übergreifende Satzbögen.

Oft ist eine syntaktische Klassifizierung der einzelnen Satzelemente überhaupt nicht mehr möglich:

Wir kamen gerade hinzu, wie sie hin- und herzerrten an einem solchen Geschlamp von Eingeweide, eine ganze Meute von schwarzvioletten Vögeln mit blutigen Därmen in ihren Schnäbeln, nicht zu vertreiben, auch wenn ein Wagen kommt; sie zerren das Aas anderswohin, ohne aufzufliegen, nur hüpfend, nur huschend, alles mitten auf dem Markt. (41) [34]

Die Wahrnehmungen werden in der Regel grammatisch ungefiltert auf kürzestem Wege in Sprache umgesetzt. Das *Ich* erscheint passiv den andrängenden Impressionen ausgeliefert. Einem Rationalisten – wie Faber es sein möchte – wäre dagegen eher ein hypotaktischer Stil von rationaler Klarheit und Überschaubarkeit gemäß. Fabers Sprache verrät, dass seine prätendierte rationale Autonomie nur vordergründiger Schein ist.

Die Abschwächung des Satzrahmens geht z. T. bis zur völligen Satzlosigkeit. Anstelle des Satzes treten prädikatslose Nominalfügungen, wobei das dominierende Nomen meist mit bestimmtem Artikel oder Possessivpronomen verbunden ist. Hin und wieder findet sich eine rudimentäre zeitliche Einordnung solcher Nominalgruppen durch ein einleitendes **dann**.

Beispiele:

> Die Zuhälter –
> Die Eisverkäufer –
> [...]
> Der lila Mond –
> Dann meine Taxigeschichte [...]
> [...]
> unser kostbares Souper!
> Dann die Blamage –
> [...]
> Mein Hirngespinst: Magenkrebs
> [...]
> Krawall der Vögel im Morgengrauen [...] (222) [178]

Dieses Baumuster findet sich vereinzelt, mit zunehmender Häufigkeit gegen Schluss schon in der 1. Station. In der 2. Station tritt es dagegen auffällig in den Vordergrund und wird in der Hauptebene der drei Erzählschichten zum dominierenden syntaktischen Muster. In den Nachholberichten und in der nur schwach ausgebildeten Ebene der Erzählergegenwart fehlt es dagegen völlig. Der textspezifische Ausdruckswert dieser Stilfigur lässt sich am deutlichsten an einem Beispiel aus der 1. Station ablesen:

> Die Via Appia –
> Die Mumie im Vatikan –
> Mein Körper unter Wasser – (167) [136]

Es handelt sich hier offensichtlich um Impressionen, die in der Erinnerung als Assoziationskette vergegenwärtigt werden. Der Gedankenstrich soll wahrscheinlich die zeitliche Offenheit unterstreichen. Der bestimmte Artikel zeigt die Dinge als schon bekannt an. Als Erinnerungsbilder sind sie der Zeit enthoben und stehen jederzeit zur Verfügung. Darum stehen angeschlossene Attributsätze auch im zeitlosen Präsens: **Die Negerspanierin, die mir ihre Zunge herausstreckt.** (215) [172]

Die übergeordneten Nomina sind z. T. Deverbativa:

Geruch von Fischen und Ananas (206) [165]
Nochmals die Bahnfahrt! (206) [165]
Überall mein müßiger Gedanke: Wäre es doch damals! (207) [166]
Sein Grinsen im Bart (208) [167]

Durch die Nominalisierung des Verbs wird der Vorgang seiner Vorgängigkeit enthoben. Aus der Transformation des zugrunde liegenden Aussagesatzes (**Er grinste**) ergibt sich die Notwendigkeit, dessen Subjekt zum Possessivpronomen umzuformen.

Erinnerungsstil in Form des beschriebenen syntaktischen Musters findet sich vor allem in der zweiten Dschungelreise, der Habana- und der Filmszene. Da bei der zweiten Dschungelreise so gut wie alle Wahrnehmungsobjekte (auch für den Leser) schon aus der ersten Reise bekannt sind, ist der Erinnerungsstil hier sozusagen doppelt motiviert. Das Gleiche gilt für die Filmszene, die ja auch eine Reproduktion früherer Erlebnisse darstellt.

Die Geschichte Walter Fabers als eines Menschen, der sein Leben erst in der Erinnerung wirklich *erlebt,* erscheint als neue Variante eines älteren FRISCH-Motivs, wenn man eine Passage des *TAGEBUCHS* aus dem Jahr 1946 liest: **Man gleicht einem Film, der belichtet wird; entwickeln wird es die Erinnerung [...] Die Gegenwart bleibt irgendwie unwirklich, ein Nichts zwischen Ahnung und Erinnerung, welche die eigentlichen Räume unseres Erlebens sind.** (Tgb. I, 118)

Im *HOMO FABER* wird die Bedeutung der Erinnerung für das Erlebnis in der Habana-Szene besonders stark spürbar. Die letzte Nacht auf Cuba wird nicht nur als gesteigerte Gegenwart, sondern zugleich als vorweggenommene Erinnerung erlebt: **Ich wußte, daß ich alles, was ich sehe, verlassen werde, aber nicht vergessen.** (225) [180] Ähnlich lauten die Rahmensätze des Sonnenaufgangserlebnisses (184, 187) [150, 152] und der Filmszene (235) [188]: **Ich werde nie vergessen** bzw. **Ich sehe diesen Streifen noch jetzt.**

Über die Verwirrung und Überwindung der Normalzeit durch die Erinnerung wird schon in dem frühen Prosastück *BIN* meditiert, aber wirklich strukturbildend wird das Prinzip Erinnerung bei FRISCH erst im *HOMO FABER.*

In dem Maße wie der Erinnerungs-Nominalstil in den Vordergrund tritt, durchbrechen auch andere quasi lyrische Sprachelemente die *Bericht*-Haltung: Metaphern wie **die rote Blume ihrer Münder** (224 – vgl. u. 4.4.2) [179] ergeben eine ungewohnte Sprachbildlichkeit. An einzelnen Höhepunkten wird die Prosa rhythmisiert (vgl. u. 4.3). Allerdings bleiben diese lyrischen Aufschwünge gleichsam insular. Sie sind charakteristisch für die Akrokorinth-Szene (184–187) [150–152] und die Habana-Szene (215–227) [172–183]. Diese Stellen dürften im Gesamtwerk FRISCHS die letzten sein, in denen er sich bis in die Nähe der Lyrik wagt. Während FRISCHS frühe Werke (z. B. *SANTA CRUZ, BIN, JÜRG REINHART* bzw. *DIE SCHWIERIGEN*) noch erheblichen lyrischen Einschlag aufweisen, verzichtet FRISCH in späteren Werken fast völlig auf Lyrismen. Die wenigen lyrisch getönten Landschaftsschilderungen des *STILLER* sind zum größten Teil wörtlich aus den *SCHWIERIGEN* übernommen. Im *HOMO FABER* wird noch einmal – auf dem Umweg über die Rolle – ein lyrischer Aufschwung möglich. FRISCH selbst bezeichnet die **Abbreviaturen** (offenbar des Nominalstils) und das **Metaphernspiel** als lyrische Elemente (*DER SCHRIFTSTELLER UND SEIN VERHÄLTNIS ZUR SPRACHE*, 80):

> Hier geht es um eine Sprachunbeholfenheit, die manchmal so weit getrieben wird, daß er in die Gegend der Poesie kommt, weil er nämlich das literarische Klischee nicht hat, so daß er dann plötzlich zu Abbreviaturen kommen kann, an denen wir verhindert sind durch Sprachbewußtsein […] Ja, bei dem Metaphernspiel; er macht's in Havanna im Stenogrammstil, in der Ekstase des Moribunden, wo er nur noch Stichworte notiert, dann in die Gegend von dem kommt, was das Gedicht tut, nämlich die ungeheure Abbreviatur zustande zu bringen. (a.a.O., 80)

Nach dem *HOMO FABER* ist für FRISCH – aus Furcht vor der künstlerischen Repetition – nicht einmal mehr solche *Rollenlyrik* möglich.

4.4.2 Sprachbildlichkeit (Vergleich, Metapher)

Der kargen Rollensprache des *HOMO FABER* entspricht ihre allgemeine Armut an Metaphern und Vergleichen. Eine Textseite enthält im Durchschnitt kaum mehr als ein Sprachbild (– abgeblasste Alltagsmetaphern nicht gerechnet). FRISCHS frühere Prosa weist im Vergleich dazu einen weit größeren Reichtum an bildlichen Wendungen auf; in *BIN* z. B. trifft man Sprachbilder annähernd dreimal so häufig an wie im *HOMO FABER*.

Allerdings ist die Sprachbildlichkeit im *HOMO FABER* in verschiedenen Passagen ungleich häufig. Sie konzentriert sich auf die Landschaftsdarstellungen; sie fehlt völlig in den stark gerafften Nachholberichten. Aufschlussreich ist das gehäufte Auftreten von Metaphern in Marcels

Kritik am American way of life (61) [50]. Mit deren Inhalt übernimmt Faber (218–220) [175–177] auch deren sprachliche Form. Der stilistische Unterschied zu seinen früheren bildarmen Reflexionen ist nicht zu übersehen. Metaphern zeigen offenbar eine irrationale Grundhaltung des Sprechers an; der Inhalt der Aussagen bestätigt diese Interpretation.

Verstärktes Auftreten von Sprachbildern kündigt fast immer in irgendeiner Form die geheime Gegenwart der Gegenseite (terre-femme-mort) an. Das gilt schon für den ersten Vergleich: **Man kam sich wie ein Blinder vor.** (8) [7] Hier erfolgt die erste Störung der geradlinigen technisch bestimmten Lebensbahn durch die Natur in Gestalt des Schneesturms. Auch der zweite Vergleich – **Geriesel wie aus Messing oder Bronce** (9) [9] bezieht sich auf Naturwahrnehmungen. Der auffallende Vergleich 16 [14] deutet symbolisch auf Fabers Schicksal hin: **ich ging wie einer, der vom Gefängnis ins Gericht geführt wird.** Der Traum-Vergleich der Zähne mit Kieselsteinen (18) [16] fügt sich ebenfalls in diesen Zusammenhang. Die gehäuften Vergleiche 20/21 [18] (**wie Lametta, wie Staniol […] wie violette Tinte […] wie amerikanischer Milchkaffee […] wie die Augen von Ivy**) spiegeln Fabers Bestreben das Bild der Natur ins Technisch-Zivilisatorische zu entfremden und sich dem Erlebnis zu entziehen. Darüber hinaus klingt hier schon jene irrationale Gleichsetzung **terre – femme** an (**Lippenstift – wie Ivy** (20/21) [18]), die für Faber charakteristisch ist.

Die drohende Berührung mit *la terre* in der Notlandung löst eine Reihe von Sprachbildern aus. Hier drücken Metaphern den Verlust des Bewusstseins aus: **ein blinder Schlag, Sturz vornüber in die Bewusstlosigkeit** (24) [20].

Die Darstellung der nächtlichen Wüste enthält eine Fülle von Vergleichen und Metaphern, die Fabers emotionale Betroffenheit verraten. Faber versucht dies zu verbergen, indem er die Bilder mit Negationen verbindet (**keine versteinerten Engel, keinen ausgestorbenen Vogel, keine Sintflut** usw. – (28/29) [24/25]). Aber Bilder lassen sich nicht annullieren, indem man sie dementiert.

Wenn Faber zur Beschreibung von Naturdingen Sprachbilder heranzieht, so vorwiegend aus dem technisch-zivilisatorischen Bereich. In der Dschungelszene dominiert die Natur derart, dass selbst in den Vergleichen meist die Natur den Bildgeber bildet.

Im Vergleich wird z. B. der Mensch zur Natur in Beziehung gesetzt: **die Indios reglos wie Pilze** (45) [38]. Ihre Haare erinnern an Gefieder: **schwarz mit einem bläulich-grünen Glanz darin, dazu ihre Elfenbein-Zähne** (48) [40]. Die drohende Auflösung des zivilisierten Menschen ins Vegetative zeigen Vergleiche an wie folgende:

Gestank von Schlamm, der an der Sonne verwest, und wenn man sich den Schweiß aus dem Gesicht wischt, so ist es, als stinke man selber nach Fisch. (40) [34]
Wir waren naß von Schweiß und Regen und Öl, schmierig wie Neugeborene. (84) [69]

Die Verbindung der Dschungelnatur zur menschlichen Leiblichkeit, vor allem zur Sexualität, spiegelt sich in Vergleichen:

> Erde ist Schlamm nach einem einzigen Gewitter [...], Verwesung voller Keime, [...] wie Tümpel von schmutzigem Blut, Monatsblut, Tümpel voller Molche, nichts als schwarze Köpfe mit zuckenden Schwänzchen, wie ein Gewimmel von Spermatozoen, genau so – grauenhaft (83) [68]
> [...] Geschlinge von Luftwurzeln, die in unserem Scheinwerferlicht glänzten wie Eingeweide (84) [69].

Selbst die siderischen Körper, Sonne und Mond, verlieren den Charakter des Kosmisch-Fernen. Ihre Konturen werden unscharf: **schleimig** (40) [33/34], **wie Watte** (64) [53], **filzig** (206) [165]. Sie bekommen – wie auch andere optische Phänomene – taktile Qualitäten. Dadurch verstärkt sich das Gefühl der quälenden Beengung, das Walter Faber in dieser extremen Naturlandschaft beherrscht. Die räumliche Distanz wird aufgehoben durch Wendungen wie: **während die Sonne bereits in den grünen Tabak sank** (64) [53] oder **als der Mond in den Tabak sank** (65) [54]. Die Himmelskörper erscheinen geradezu verleiblicht; z. B. die Sonne **wie gedunsen, eine Blase voll Blut, widerlich, wie eine Niere oder so etwas** (64) [53].

Die Beschreibung des toten Joachim besteht aus Vergleichen, die das Nicht-Menschliche hervorheben: [...] **sonst hätten ihn die Zopilote wie einen toten Esel auseinandergezerrt** [...] **steif wie eine Puppe** [...] **seine Hände weißlich, Farbe von Schwämmen** [...] **seine Arme steif wie zwei Stecken** (101/102) [84]

Die Sprachbildlichkeit der Habana-Szene unterscheidet sich von allen vorhergehenden Beschreibungen durch einen Zug zur verschmelzenden Metapher, wenn sich auch daneben die bekannten Vergleiche aus dem zivilisatorischen Bereich finden. Insbesondere in der **letzten Nacht in Habana** finden sich Metaphern in sonst unbekannter Häufung: **die Gußeisenlaterne, die zu flöten beginnt,** [...] **ihr zuckendes und sterbendes Licht** [...] **alles will fliehen** [...] **Donner im Boden** [...] **Backofenluft** [...] **Himbeerlicht** [...] **das flötende Gußeisen** [...] **die grüne Jalousie, die sich losgerissen hat, ihr Gelächter im Staub** (224/5) [181].

Wie sich Faber zunächst zögernd zur Metapher durchringt, lässt sich an einem Einzelfall verfolgen: **Ihr weißes Gebiß in der roten Blume ihrer Lippen,** so beschreibt Faber (215) [172]die Kubanerinnen und entschuldigt sich anschließend für die Kühnheit der Metapher: **Wenn man so sagen kann** (215) [172]. Auf Seite (224) [179] wird die gleiche Metapher wieder aufgenommen: **die rote Blume ihrer Münder** heißt es nun – ohne die frühere halbe Zurücknahme. Durch das vorwiegend metaphorische Sprechen wird die relative Distanz der *wie*-Vergleiche vollends aufgelöst. Darin spiegelt sich Fabers innerer Entwicklungsprozess: Faber öffnet sich dem irrationalen Erlebnis und verliert seine rationale Distanz zur Natur.

4.4.3 *Das Banale und seine Durchbrechung in der Landschaftsdarstellung*

Der Kontrast zwischen vordergründiger Banalität und existenziellem Hintergrund, der den Stil des Romans bestimmt, findet eine besonders auffallende Ausformung in der Landschaftsdarstellung der Akrokorinth-Szene.[9]

Das Eigenartige besteht – äußerlich betrachtet – in der spielerischen Suche nach Vergleichen, die an Fabers und Sabeths erste Begegnung beim Pingpong-Spiel auf dem Schiff erinnert: **ein Saumpfad zwischen Felsen hinauf, steinig, staubig, daher im Mondlicht weiß wie Gips. Sabeth findet: Wie Schnee! Wir einigen uns: Wie Joghurt! Dazu die schwarzen Felsen über uns: Wie Kohle! finde ich. Aber Sabeth findet irgendetwas anderes** usw. (185/186) [151/152].

Psychologisch lässt sich das Spiel motivieren als Versuch die Erlebnistiefe der Abschiedssituation zu überspielen. Darauf weist auch die Feststellung hin: **Vom kommenden Tag, der für Sabeth die Heimkehr bedeuten sollte, haben wir kein Wort gesprochen.** (186) [151] In Wirklichkeit vermag das Spiel den existenziellen Hintergrund des Augenblicks nicht zu verdecken. Der Autor schafft Durchblicke durch den Vordergrund und erreicht auf diese Weise eine besondere Tiefenwirkung: Zunächst einmal ist zu berücksichtigen, dass die Akrokorinth-Szene nicht an ihrem chronologischen Ort steht, sondern in die Darstellung der Katastrophe eingeschoben worden ist. Schon durch diese Umrahmung wird Hintergrund geschaffen. Ferner weisen die Rahmensätze am Anfang und Ende auf die besondere Erlebnisdeutung dieser Szene hin: **Ich werde nie vergessen […] Vor vierundzwanzig Stunden saßen wir noch auf Akrokorinth, Sabeth und ich, um den Sonnenaufgang zu erwarten. Ich werde es nie vergessen!** (184) [150], **und ich werde nie vergessen, wie Sabeth singt!** (187) [152]

Innerhalb des Spiels wird der Erlebnishintergrund zunehmend transparent – z. B. wenn zwischen **Porzellan, Puderquaste, Bierschaum** und **Rüschen** der an die Genesis anklingende Satz **Es scheiden sich**

Wasser und Land (186) [151] das Elementare der Erlebnissituation gerade im Gegensatz zu den läppischen zivilisatorischen Vergleichen fühlbar macht.

Besonders deutlich wird der Durchbruch des Irrationalen am Schluss: **und dann die ersten Strahlen aus dem Meer: Wie eine Garbe, wie Speere, wie Sprünge in einem Glas, wie eine Monstranz, wie Fotos von Elektronenbeschießungen.** (186) [152] – Die Abundanz spiegelt den Erlebnisüberschuss. Der Erzähler weist selbst darauf hin: **Für jede Runde (des Vergleichs-Ping-pong) zählt aber nur ein einziger Punkt, es erübrigt sich ein halbes Dutzend von Vergleichen anzumelden.** (187) [152]

Fabers plötzlicher emotionsbedingter Überfülle an Sprachbildlichkeit entspricht aufseiten Sabeths – als die entgegengesetzte extreme Form des Gefühlsausdrucks – das Verstummen: **während Sabeth schweigt und ihrerseits einen Punkt verliert** (187) [152]. Fabers Gefühlsbewegung spiegelt sich in einer gewissen Rhythmisierung der Prosa wieder. Diese wird bewirkt durch die fünfmalige Anapher **wie** […] und die End-Assonanz der ersten drei Vergleichswörter (**Garbe** – **Speere** – **Sprünge**), deren Silbenzahl zudem gleich ist. Inhaltlich wird die Steigerung gestützt durch die steigende Kühnheit der Vergleiche und durch die zunehmende Spannweite zwischen den jeweils kontrastierenden Bildpaaren. Die Klimax kulminiert in dem Paar: **Monstranz** – **Fotos von Elektronenbeschießungen**; diese beiden Bilder entsprechen extrem gegensätzlichen Bereichen – um es in der Sprache Fabers auszudrücken: den Bereichen des *Mystischen* und des *Technischen*.

Das stilistische Prinzip, das eigentliche Erlebnis nicht direkt zu verbalisieren, sondern als wortlosen Hintergrund hinter einem trivialsprachlichen Vordergrund fühlbar zu machen, lässt sich als sprachliche Realisierung einer Idee des *TAGEBUCH I* betrachten:

> Was wichtig ist: das Unsagbare, das Weiße zwischen den Worten und immer reden diese Worte von den Nebensachen, die wir eigentlich nicht meinen. Unser Anliegen, das eigentliche, läßt sich bestenfalls umschreiben, und das heißt ganz wörtlich: man schreibt darum herum. Man umstellt es. Man gibt Aussagen, die nie unser eigentliches Erlebnis enthalten, das unsagbar bleibt; sie können es nur umgrenzen, möglichst nahe und genau, und das Eigentliche, das Unsagbare, erscheint bestenfalls als Spannung zwischen diesen Aussagen. Unser Streben geht vermutlich dahin, alles auszusprechen, was sagbar ist; die Sprache ist wie ein Meißel, der alles weghaut, was nicht Geheimnis ist […] (Tgb. I, 39)[10]

Die **Spannung zwischen den Aussagen** macht auch den Reiz der Wüsten-Beschreibung aus. Offener noch als in der Akrokorinth-Szene tritt hier das Prinzip der Erlebnisvermittlung durch vordergründige Erlebnisabwehr zutage: Faber versucht den Erlebniswert der Bilder durch Negation aufzuheben. Aber sogar in dem, was Faber zugegebenermaßen an realen Tatbeständen wahrnimmt, sind Existenzsymbole enthalten: **Was ich sehe, das sind Agaven, eine Pflanze, die ein einzigesmal blüht und dann abstirbt** [...] **Ich sehe, was ich sehe, die üblichen Formen der Erosion, dazu meinen langen Schatten** (28/29) [24]. Auch die Feststellung: **Ich höre gar nichts, ausgenommen das Rieseln von Sand nach jedem Schritt** (29) [25] ist keineswegs dazu angetan, die Vorstellung des metaphysischen Nichts auszuschließen.

Das Prinzip der Spannung beherrscht in einer neuen Variation die Habana-Szene (225/226) [180/181]; die Pole dieses Magnetfeldes heißen: Leben und Tod. Während im Wüstenerlebnis die Spannung ungelöst bis zum Ende erhalten bleibt, verschmelzen in der Bewegtheit der Habana-Szene die Gegensätze zu einer momentanen coincidentia oppositorum. Bilder des Lebens und der Lebensfreude mischen sich mit Todessymbolik: **Ich singe** [...] **ich schaukle und lache** [...] **ich schaukle und singe** [...] **mein Spaß dabei, meine Wollust** usw. – **zuckendes und sterbendes Licht** [...] **alles will fliehen** [...] **das Schaukeln der leeren Sessel neben mir** usw.

Hier zum ersten Mal akzeptiert Faber **in der Euphorie des Moribunden** (DER SCHRIFTSTELLER UND SEIN VERHÄLTNIS ZUR SPRACHE, 80) den Tod als notwendigen Bestandteil und Stimulans des Lebens.

5   Raum und Landschaft

5.1   Bedeutung der Schauplätze und des Schauplatzwechsels

Vergleicht man sämtliche epischen Werke FRISCHS auf ihren Gehalt an Landschaftsdarstellung hin, so lässt sich eine deutliche Entwicklung konstatieren: Die frühen Werke sind überaus reich an Landschaft, seit dem STILLER tritt sie zurück, im GANTENBEIN spielt sie keine nennenswerte Rolle mehr.

Äußerlich kommt die Bedeutung des Landschaftlichen für die früheren Werke schon in den jeweiligen Untertiteln zum Ausdruck: **Roman aus Dalmatien** (zu JÜRG REINHART, 1934), **Erzählung aus den Bergen** (zu ANTWORT AUS DER STILLE, 1937), **Die Reise nach Peking** (zu BIN, 1945).

Auch in einigen Dramen spielt Landschaft eine für ein Bühnenstück fast zu große Rolle: in SANTA CRUZ und GRAF ÖDERLAND (Erstfassung).

Bis zu den SCHWIERIGEN einschließlich ist das Geschehen im Wesentlichen auf einen einzigen landschaftlichen Raum beschränkt. Im STILLER gibt es zwei landschaftliche Pole: das reale Hier (die Schweiz) und das imaginierte Dort (die Neue Welt), das sich dabei in eine Reihe eigenwertiger Landschaften gliedert (Wüste, Paricutin, Kalifornien, New York, Höhlenwelt in Texas).

Von allen anderen Werken unterscheidet sich der HOMO FABER durch den wiederholten abrupten Wechsel der realen Szenerie: New York – mexikanische Wüste – Dschungel von Guatemala – New York – Paris – Italien – Griechenland – New York – Guatemala – Habana – Düsseldorf – Athen.[11]

Der extreme Kontrast zwischen New York und dem Dschungel, der alle anderen Landschaftsantithesen überspannt, spiegelt die innere Spannungssituation Fabers zwischen den Polen der technischen Ratio einerseits und des elementaren Lebens andererseits. Zugleich entspricht die Globalität der Schauplätze der Globalität des Typus HOMO FABER. Er ist auf der ganzen Welt zu Hause, d. h. er ist nirgends zu Hause – es sei denn hinter dem Steuer seines Studebaker oder im Flugzeug. Der ihm angemessene Wohnsitz (sofern man davon sprechen kann) ist logischerweise New York. Dass er sich in seinem Hochhaus-Appartement heimisch fühlt, kann man allerdings nicht behaupten. Schließlich verliert er sogar den Schlüssel zur eigenen Wohnung (vgl. 3.3.1).

Der schroffe Wechsel der Räume und Zonen lässt einen Einklang Mensch – Natur unmöglich erscheinen. Bedingt wird der jähe Wechsel durch das Lebenstempo Fabers (über die **Verdünnung der Welt durch Tempo**, s. 5.4.1). Die Übergangslosigkeit im Raum entspricht der Diskontinuität der Zeit (s. 5.1.2).[12]

Die Schauplätze lassen sich aufs Ganze gesehen in zwei Gruppen einteilen: einmal in Plätze, an denen Faber auf dem sicheren Boden der Technik steht oder zu stehen glaubt, zum andern in Elementarlandschaften, die Faber mit den eigentlichen menschlichen Wirklichkeiten – Leben und Tod – konfrontieren.

Zur ersten Gruppe rechnen: das Flugzeug, New York, das Schiff (in gewisser Hinsicht), Paris und wiederum New York. Zur zweiten Gruppe gehören: Wüste, Dschungel, die Gräberlandschaft an der Via Appia, der griechische Strand, zum zweiten Mal Dschungel, Habana und die nur kurz als *Schau*-Platz (während des letzten Fluges) auftauchende Alpenlandschaft.

Es ist bemerkenswert, dass im HOMO FABER die Stadt-Landschaft New York (im Gegensatz zu STILLER) in keiner Weise Gestalt gewinnt. Auch von den Innenräumen, in denen Faber sich dort jeweils aufhält, sehen wir so gut wie nichts. Der einzige Innenraum, der im Verlaufe des gesamten Romans einigermaßen sichtbar wird, ist Hannas und Sabeths Wohnung in Athen. Es drängt sich der Eindruck auf, dass Faber – im Gegensatz zu Hanna und Sabeth – überhaupt nicht wohnen kann, da er **weltlos** (212) [169] lebt, also auch keinen eigenen Ort in der Welt haben kann. Ebenso wenig akzeptiert er ja *seine* Zeit, indem er die Einmaligkeit und Unwiederholbarkeit der menschlichen Existenz zu ignorieren versucht.

Die Naturlandschaften, in die Faber verschlagen wird (teils durch Versagen der Technik, teils durch eigene Entschlüsse, die aus dem Unbewussten, der weiblichen Seelenschicht, auftauchen), werden als feindliches Terrain viel intensiver erlebt als die Stadtlandschaft:

Die erste Elementarlandschaft, mit der Faber konfrontiert wird, ist die Wüste. (Über die landschaftliche Todessymbolik s. 3.3.4 u. 4.4.2). Ihre öde Starrheit spiegelt Fabers inneren Zustand.[13]

Der Dschungel hat mit der Wüste die Todeskomponente und die Starre gemeinsam (**reglos** ist ein sprachliches Leitmotiv der Dschungelszene). Jedoch tritt der Tod hier nicht isoliert in den Vordergrund wie in der Wüstenlandschaft, sondern in der natürlichen Verbindung mit dem kreatürlichen Leben.

Die griechische Landschaft enthält im Gegensatz zur Wüste und zum Dschungel keine Todesvorstellungen, es sei denn, dass man Details des nächtlichen Akrokorinth-Erlebnisses in dieser Richtung deuten will (**Wir hören das Echo unserer Schritte an den türkischen Mauern, sonst Totenstille, sobald wir stehen [...] Eine letzte schwarze Zypresse [...]** (185/186) [151]. Sie ist realiter Ort des Todes (für Sabeth und für Walter Faber).)

Ihre Menschenleere, die Nähe zum Meer und ihre Lichterfülltheit bilden in der Darstellung ihre wesentlichen Charakteristika. Sie erinnert stark an Santorin in *GRAF ÖDERLAND;* Santorin wirkt ebenfalls als Ort existenzieller Klarheit:

> **ein erloschener Krater im Meer, Felsen wie Blut und Kohle so schwarz, so rot. Und hoch über der rauschenden Brandung die Stadt. Hoch über der schäumenden Brandung. Eine Stadt wie aus Kreide, so weiß, so grell, emporgetürmt in den Wind und ins Licht, einsam und frei, trotzig, heiter und kühn, emporgetürmt in einen Himmel ohne Dunst, ohne Dämmerung, ohne Hoffnung auf Jenseits, ringsum das Meer, nichts als die blaue Finsternis des Meeres (*GRAF ÖDERLAND,* 55/56).**

Auch im *HOMO FABER* tritt in der griechischen Landschaft die wahre Existenzsituation des Menschen Walter Faber aus dem Nebel öderländischer Dämmerung ins Licht. Die wesentlichen Elemente von Santorin finden sich in Akrokorinth wieder: die Gipfelhaftigkeit, das umgebende Meer, der scharfe Kontrast von Licht und Dunkel (*HOMO FABER:* **weiß wie Kreide,** 185 [151], *ÖDERLAND:* **weiß wie Gips;** *HOMO FABER:* **die schwarzen Felsen über uns: wie Kohle** (185) [151], *ÖDERLAND:* **Felsen wie Blut und Kohle**). Beide Schauplätze sind Orte der Freude vor dem Hintergrund des Todes (*HOMO FABER:* **[...] sie sei glücklich [...] Sabeth sing,** 187, [152], *ÖDERLAND:* **Hier sind unsere Götter geboren [...] Kinder der Freude, Kinder des Lichts,** 56).

Die Bedeutung der griechischen Landschaft als idealisierter Existenzlandschaft ist erhellt aus den Anklängen an die **Verfügung für den Todesfall: Auf der Welt sein: im Licht sein [...] standhalten dem Licht, der Freude (wie unser Kind, als es sang) im Wissen, daß ich erlösche im Licht über Ginster, Asphalt und Meer** (274) [199] – Licht (und die griechische Landschaft ist in FRISCHS Sicht eine Lichtlandschaft) symbolisiert bei FRISCH immer Existenzbewusstsein.

Darüber hinaus erscheint Hellas im *HOMO FABER* als Ursprungsland der abendländischen Weltauffassung. Walter Faber, der Repräsentant einer Zivilisation, die von Hellas aus ihren Anfang genommen hat, findet seine letzte Lebensstation in eben diesem Mutterland der abendländischen Welt- und Lebensauffassung (vgl. G. Hillen: *REISEMOTIVE,* pass.).

5.2 Starre und Bewegung

Walter Faber selbst pflegt sich per Flugzeug und Auto über große Entfernungen hin sehr schnell fortzubewegen (vgl. 5.4.1). Trotzdem erscheint er vorwiegend als unbewegt: sitzend, liegend, wartend. Körperliche Fortbewegung wird – außer in der Akrokorinthszene – selten ausführlicher als durch ein blasses: ich ging wiedergegeben.

Auch im Landschaftserlebnis kommt es nur ausnahmsweise (Notlandung, (23/24) [20], Akrokorinth (184 ff.) [150 ff.]) zu einer Art von Bewegung, und sei es auch nur durch optischen Ablauf. Immer wieder jedoch begegnen Bilder der Bewegungslosigkeit: wir warteten […] die Vibration in der stehenden Maschine […] (7) [7]. Der Start selbst wird so dargestellt, dass das eigentliche Bewegungselement in einen Nebensatz zurücktritt, während der Hauptsatz die statische Beobachtung enthält:

Kaum hatte sich unser Fahrgestell von der weißen Piste gehoben, war von den gelben Bodenlichtern nichts mehr zu sehen, kein Schimmer, später nicht einmal ein Schimmer von Manhattan, so schneite es […] Ich sah nur das grüne Blinklicht an unserer Tragfläche, die heftig schwankte, zeitweise wippte (8) [7].

Selbst der Flug bringt keine Bewegung ins Bild: ebenso glänzten die Tragflächen, starr im leeren Raum, nichts von Schwingungen, wir lagen reglos in einem wolkenlosen Himmel (10) [9].

Die Starre der Landschaft wird unterstrichen durch die Metall-Vergleiche: wie Messing oder Bronze, wie Lametta, wie Staniol (9, 20, 21) [8, 18]. Lediglich der Vorgang der Notlandung durchbricht die Bewegungslosigkeit – aber nur vorübergehend. Nach der Landung in der Wüste überwiegen wieder die statischen Bilder, z. B. (24) [21] (unmittelbar nach der Notlandung): Niemand rührte sich, wir hingen vornüber in unseren Gurten. ›Go on‹, sagte der Captain, ›go on‹. Niemand rührte sich. (25) [21]: (nach dem Aussteigen) Die vier Propellerkreuze glänzten im knallblauen Himmel, ebenso die drei Schwanzsteuer. Niemand rührte sich […].

Die Starrheit der nächtlichen Wüstenlandschaft spiegelt sich in einer Reihe von Vergleichen: wie versteinerte Engel usw. (28/29) [24].

Die Menschen werden in die Todesstarre der Wüstenlandschaft einbezogen:

Zweiundvierzig Passagiere in einer Super-Constellation, die nicht fliegt, sondern in der Wüste steht […] die Passagiere genauso wie wenn man fliegt, in ihren Sesseln schlafend mit schrägen Köpfen und meist offenen Mündern, aber dazu Totenstille, draußen die vier Propellerkreuze […] alles reglos (31) [26].

Noch auffälliger als in der leeren und daher von Natur aus bewegungs-
armen Wüstenlandschaft wirkt die Bewegungslosigkeit im Dschungel:

> Schließlich wischt man sich den Schweiß nicht mehr ab, sondern sitzt mit ge-
> schlossenen Augen und atmet mit geschlossenem Mund, Kopf an eine Mauer
> gelehnt, die Beine von sich gestreckt (40) [34].
> Stille mit Wetterleuchten, ein Büffel stand auf dem schnurgeraden Gleis vor
> uns, nichts weiter. Er stand wie ausgestopft (43) [36],
> das faule Blinken der Sonne, ein Himmel voll Gemüse, wenn man rücklings im
> Wasser lag und hinaufblickte, Wedel mit meterlangen Blättern, reglos, dazw-
> ischen Akazienfiligran, Flechten, Luftwurzeln, reglos, ab und zu ein roter
> Vogel, der über den Fluß flog, sonst Totenstille (63) [52].

In der New-York-Szene wird Statik in der Art von Standfotos erzielt;
das Vorgängige klammert der Erzähler weitgehend aus. So kommt es zu
Abschnittsanfängen wie den folgenden:

> Man saß in unserem Studebaker, und Ivy steuerte zu meiner Wohnung (70) [58].
> Eine Stunde später saß man nebeneinander [...] (75) [62]
> Eine Stunde später saß ich in einer Bar (76) [64].

Am stärksten fällt die statuarische Starrheit der Personen (79) [65] ins
Auge:

> Als wir mit unseren halbvollen Gläsern anstießen, wünschte mir Ivy (sie stand)
> eine glückliche Reise [...] Wir tranken im Stehen [...] So standen wir und
> nahmen Abschied [...] Sie stand wie eine Kleiderpuppe.

Erst in der Habana-Szene zerbricht mit Fabers innerer und äußerer
Starre die Erstarrung der Landschaft. Im Gegensatz zu der leitmotivi-
schen **Totenstille**, die weder in der Wüste (31) [26] noch im Dschungel
(63) [52], noch in der Beschreibung von Akrokorinth (186) [151]
fehlte, wird die Landschaft nun auch akustisch im Übermaß lebendig:
**das Wellblech, sein Hall durch Mark und Bein [...] in ihren Blättern
tönt es wie Messerwetzen [...] die Gußeisenlaterne, die zu flöten beginnt** usw. (225) [181]. – Die Dynamik erfasst selbst so unbewegliche
Gegenstände wie eine Gusseisenlaterne.

Die Bewegung ist Bewegung auf der Stelle, sie führt zu keinem Ziel,
aber sie weist in eine Richtung: **hinaus zum Meer** (225) [181] – zum
Elementaren, Offenen, Ungeheuren (parallel zur Richtung von Fabers
innerem Aufbruch).

Fabers Bewegtheit, sein neues Lebensgefühl äußert sich in seiner
körperlichen Eigenbewegung: **ich schaukle** (siebenmal wiederholt in
der **letzten Nacht auf Habana**). Die Schaukelbewegung – in sich ruhend
und doch dynamisch bewegt – ist die räumliche Entsprechung der
neuen positiven Existenzerfahrung, polar wie das Leben in seiner Koin-
zidenz von Leben und Tod.[14]

Schon am ersten Abend im Habana klingt das Motiv des Schaukelns an (**Ich schaukle und lache** […] **ich schaukle und fröstle** […] **Das Schaukeln der leeren Sessel neben mir** (218) [175]. Dort wird durch die Verbindung der unmittelbar aufeinander folgenden Aussagen: **Wie ich schaukle und schaue –Meine Lust, jetzt und hier zu sein** (218) [174] – der Existenzbezug der Bewegung deutlich.

Der räumlichen Bewegung auf der Stelle entspricht darüber hinaus das Zeiterlebnis der **Ewigkeit im Augenblick** (247) [199] – einer subjektiven Ewigkeit, in die das Bewusstsein der **Vergängnis** miteingeschlossen ist.

Die innere Bewegtheit findet ihren sprachlichen Niederschlag in einer gewissen Rhythmisierung der Passage. Ein gleichmäßiges Schwingen geht vor allem von dem siebenmal wiederkehrenden **Ich schaukle und** […] (**[…] und schwitze,** […] **und lache,** […] **und trinke,** […] **und singe**) aus. Die doppelgipflige Schaukelbewegung spiegelt sich in der rhythmischen Doppelgipfligkeit dieser Kola wieder: **Ich schaukle und schaue,** die trotz der verschiedenen inhaltlichen Füllung des jeweils zweiten Gliedes im rhythmischen Schema alle identisch sind. Die Wirkung wird verstärkt durch den wiegenden Dreiertakt: **schaukle und** […]. Hinzu kommt im ersten Kolon **Ich schaukle und schaue** als klangliche Stütze die Alliteration.

Doppelgipfligkeit beherrscht stilistisch die gesamte Passage: Schon der einleitende Rahmensatz **verlassen** […] **aber nicht vergessen** […] enthält eine antithetische (also doppelgipflige) Figur. Die folgenden Kola bestehen vorwiegend aus zwei nominalen Gliedern, die meist durch Präposition verbunden sind: **die Arkade in der Nacht, die spanische Fassade mit ihren gelben Vorhängen** […] **durch Mark und Bein** […] **Wind ohne Wolken** […] **Donner im Boden** […] **Salz auf den Lippen** usw.

Eine beträchtliche Anzahl dieser Fügungen hat ein gemeinsames rhythmisches Muster (zwei Hebungen umrahmen zwei Senkungen), das dem Schaukelmotiv entspricht.

Zwiegliedrigkeit findet sich darüber hinaus in einigen anderen Mustern, z. B. in paarigen Reihungen: **ihr zuckendes und sterbendes Licht** […] **der heiße und trockene Staub** usw., ferner in anaphorischen Wiederholungen: **nichts als** […] **nichts als,** […] **die grüne Jalousie** […] **die grüne Jalousie,** sowie in der rhythmischen Struktur eingeschobener Kurzsätze: **alles will fliehen** […] **kein Tropfen will fallen** […] **ich kann ja nicht singen** […] **ich preise das Leben.**[15]

5.3 Blickführung und Perspektive

Im Folgenden soll weniger von Landschaften als von Raumstruktur schlechthin die Rede sein. Mit *Blickführung* ist die Richtung der Aufmerksamkeit des erlebenden bzw. erzählenden Subjekts – ohne spezielle Einschränkung auf optische Wahrnehmungen – gemeint.

Wesen und Dinge im Raum erscheinen im *HOMO FABER* nie als für sich seiend, sondern immer als Wahrnehmungen eines Ichs. Das darf man bei einem Roman in der Ich-Form ohnehin erwarten; jedoch wirkt die Art der Subjektbezogenheit eigentümlich. Man könnte bei einem Beobachter vom Typus des Rationalisten Walter Faber vermuten, dass er in seinem Bericht einen jeweils übersichtlich gegliederten dreidimensionalen Raum entstehen ließe. Eben das ist nicht der Fall, im Gegenteil, den Landschaften und Stadtlandschaften fehlt jegliches architektonische Skelett.

Allerdings findet man einige Landschaftsbilder, die eine gewisse Ganzheit bilden, jedoch nicht im Sinne eines dreidimensionalen Systems, sondern als erlebnisbedingte Wahrnehmungseinheit (z. B. die Akrokorinth-Szene):

> Das Meer, das zusehends dunkler wird, blauer, violett, das Meer von Korinth und das andere, das attische Meer, die rote Farbe der Äcker, die Oliven grünspanig, ihre langen Morgenschatten auf der roten Erde, die erste Wärme und Sabeth, die mich umarmt, als habe ich ihr alles geschenkt, das Meer, die Sonne und alles (187) [153].

Die Ortlosigkeit der Details zeigt ihre Unselbstständigkeit an, den Einbezug in das allumfassende subjektive Erleben. (Die Gebärde des Umarmens schließt **das Meer und die Sonne und alles** ein.)

Gleiches gilt für die **letzte Nacht in Habana.** Das Ineinander der Impressionen spiegelt sich sprachlich in der Häufigkeit der Präposition **in,** die zusammen mit dem ähnlichen **mit** gut die Hälfte aller hier überhaupt vorkommenden Präpositionen stellt. Auch hier bildet eine Bündelung von Impressionen den Kulminationspunkt: **das Himbeerlicht im Staub über der weißen Stadt in der Nacht, die Hitze, die Fahne von Cuba – ich schaukle und singe** [...] (226) [181].

Wenn überhaupt eine der drei räumlichen Dimensionen deutlich erlebt wird, dann vorzugsweise die Vertikale.

Aus der Distanz nach unten richtet sich der Blick während der beiden Flüge am Anfang und Schluss (9, 20, 21, 22, 23, 242–244) [8/9, 18, 20, 195–197]. Im Sinne des *TAGEBUCHS* (s. o.) dürfte diese unnatürliche Situation (durch den Gefühlston der Ferne und des Darüber) die Entfremdung vom Natürlichen anzeigen. Beim letzten Flug kommt sie Faber schmerzlich zu Bewusstsein: **Wunsch, auf der Erde zu gehen** [...] **Nie wieder fliegen** [...] **Alles geht vorbei wie im Film** usw. (242) [195].

Fabers unnatürliche, technisch hergestellte *Überlegenheit* findet ihr Pendant in seiner (häufigeren) räumlichen *Unterlegenheit:*

Wir lagen rücklings im Wasser [...] **ich blieb im Wasser, obwohl es mich plötzlich ekelte** [...] **das faule Blinken der Sonne, ein Himmel voll Gemüse, wenn man rücklings im Wasser lag und hinaufblickte** [...] (63) [52]. Symptomatisch ist in dieser Szene die allgemeine Reglosigkeit (**reglos** wird zweimal leitmotivisch wiederholt) der Natur und die Willenlosigkeit des in sie eingebetteten Ichs – betont durch die Lage im Wasser (**trübes und warmes Wasser, das stank**, 63 [52]).

Eine vergleichbare Situation entsteht in Hannas Wohnung: **Ich weiß nicht, wie lange ich in jenem Bad gelegen habe** [...] **Die Badewanne als Sarkophag** usw. (167/8) [136]. Die Erinnerung an die Via Appia schließt eine hinsichtlich der Perspektive ähnliche Situation ein: **Wie Sabeth über mir steht, beziehungsweise neben mir: Ihre Espadrilles, dann ihre bloßen Waden, ihre Schenkel, die noch in der Verkürzung sehr schlank sind: So stand sie, während ich auf der Erde lag, im Wind. Schlank und senkrecht, dabei sprachlos wie eine Statue** (141) [114–115].

Gemeinsam ist allen Passagen mit Vertikalblick (nach oben) die Starrheit, der immanente Todesbezug. Auch Sabeth wird gesehen wie eine Tote: **blaß wie Marmor, sprachlos wie eine Statue.** Die erste weibliche Gestalt, die im Roman überhaupt auftaucht, wird schon in ähnlicher Perspektive gesehen: **Als ich wieder zu mir kam, kniete die dicke Negerin neben mir, Putzerin, die ich vorher nicht bemerkt hatte, jetzt in nächster Nähe, ich sah ihr Riesenmaul mit den schwarzen Lippen, das Rosa ihres Zahnfleisches** [...] (12) [11].

Bei der Begegnung mit Hanna liegt Faber in einem Hospitalbett (154) [125].

Der Blick vertikal nach oben verbindet sich mit einem Gefühl des Zeitstillstandes –

Plötzlich das Motorengeräusch! Ich stand gelähmt. Meine DC-4 nach Mexiko, sie flog gerade über uns hinweg, dann Kurve aufs offene Meer hinaus, wo sie im heißen Himmel sich sozusagen auflöste wie in einer blauen Säure – Ich sagte nichts.
Ich weiß nicht, wie jener Tag verging (42) [35]. (Vgl. auch: Ich weiß nicht, wie lange ich in jenem Bad gelegen habe (167) [136].)

Fast scheint es, als ob sich beim nicht *normalen* Blick in die Vertikale auch die Zeit *senkrecht* zum *normalen* Fluss stelle.

Der Vertikalblick verhindert im Allgemeinen ein Erlebnis der beiden anderen räumlichen Dimensionen, sodass der Eindruck von Raumhaftigkeit nicht entstehen kann. Vor allem der Blick aus großer Distanz nach unten macht die Landschaft flächig (z. B. 21) [18]. Doch ergibt sich ein ähnlicher Effekt auch bei umgekehrter Blickrichtung und ausgesprochener Nahdistanz: **Ihr Haar im knallblauen Himmel** (141) [114/115] [...] **Man hätte meinen können, es werde sich im Geäst der schwarzen Pinie verfangen** [...] **Lippen, darüber schon die Wimpern** (141) [115].

Enträumlichung bewirkt nicht allein der Vertikalblick. Eine Staffelung der Dinge nach ihrer Nähe oder Ferne, wodurch sich erst Tiefenschärfe ergeben könnte, findet auch bei Normalblick so gut wie nie statt. Dementsprechend überwiegen in der Landschaftsdarstellung die Präpositionen **in, mit, über** bei weitem gegenüber **vor** oder **hinter**. Wenn diese überhaupt vorkommen, so staffeln sie meist nicht Dinge im Raum, sondern verbinden Dinge mit Lichteindrücken oder Lichteindrücke miteinander. Dabei wird eher Scherenschnittwirkung als Raumtiefe erzielt: **die gezackten Felsen schwarz vor dem Schein des Mondes** (28) [24] oder **Wetterleuchten hinter einem Geflecht von schwarzen Bäumen** (42) [35]. Ebenso wenig schafft ein Bild wie **Sonne hinter Milchglas** eine Vordergrund-Hintergrund-Beziehung.

Hingegen wird gerade in der Dschungellandschaft dem Fernen der Charakter des Fernen genommen: **während die Sonne bereits in den grünen Tabak sank** [...] (64) [53], **Als der Mond endlich in den Tabak sank** (65) [54]. **Die Sonne geht eigentlich nicht unter, sondern ermattet im Dunst** (45) [38]. Die stehenden Epitheta **schleimig** und **klebrig** rücken die Himmelskörper in den taktilen Nahbereich. Ähnlich wirkt: **der Himmel voll Gemüse** (63) [52] bzw. **Milchglashimmel** (52) [43].

Ein weiteres wesentliches Element der subjektiven Perspektive bilden die Details, an denen der Blick festhakt und die dann gleichsam in Nahaufnahme dastehen, übergroß in der Proportion zum räumlichen Zusammenhang, desorientierend in der Gesamtwirkung, – z. B.: **Ich sah ihr Riesenmaul mit den schwarzen Lippen, das Rosa ihres Zahnfleischs** (12) [11]. **Ihr Riesenmaul, ihr Kruselhaar, ihre weißen und schwarzen Augen, Großaufnahme aus Afrika** (13) [12]. (14) [12] verfängt sich der Blick an den Hantierungen des Barmixers, der einen Martini herstellt, S. (10) [9] ist es das Apfelschälen wie S. (93) [76], S. (22) [19] und (23) [20] der Lunch auf den Knien: **das Übliche: Juice, ein schneeweißes Sandwich mit grünem Salat** [...]

Immer hat der Detailblick eine negative Komponente: Er bewirkt Nicht-Überblick in Bezug auf das Ganze, da er das Blickfeld auf einen winzigen Ausschnitt einengt. Eine Kompensation durch vor- oder nachgeschalteten Gesamtüberblick fehlt meist. Vereinzelt wird sogar ein Mangel an Überblick ausdrücklich vermerkt: **die dicke Negerin neben mir, Putzerin, die ich vorher** *nicht bemerkt* **hatte, jetzt in nächster Nähe** (12) [11].

Insgesamt lässt sich der desorientierende Detailblick als eine optische Entsprechung eines zentralen Motivs betrachten: des Motivs *Nichtwissen* bzw. *Vergessen.*

Da das Ich vorwiegend als unbewegt erscheint, da Bewegung im Wahrnehmungsraum eher die Ausnahme als die Regel ist, müsste der Eindruck einer überwältigenden Statik entstehen, wenn diese nicht in unregelmäßigen, aber meist dicht aufeinander folgenden Abständen von ruckartigen Bewegungen durchbrochen würde, die durch die sprunghaften Änderungen der Blickeinstellung hervorgerufen werden. Im Allgemeinen gilt die jeweilige Einstellung für die Dauer eines Kurzabschnitts bzw. eines isolierten Kurzsatzes.

Der Blickwechsel hat z. T. die Form eines alternierenden Hin und Her, etwa zwischen einer dritten Person und dem Ich (10, 75, 144/145, 155, 156) [9, 63, 117/118, 126, 127], oft in Verbindung mit Wechselrede oder einseitigem Dialog. Vorherrschend jedoch ist ein regelloser Wechsel zwischen disparaten Wahrnehmungsobjekten – z. B. gleich auf der zweiten Textseite (8) [7/8]:

Abschnitt 1: Blick von drinnen nach draußen
Kurzsatz 1: Ein (wahrscheinlich akustisches) Detail im
Innenraum
Abschnitt 2: Der Passagier aus Düsseldorf
Kurzsatz 2: Gefühlswahrnehmung, die sich auf den Flug bezieht
Abschnitt 3: erster Kontakt mit dem Düsseldorfer (dieser Abschnitt
enthält ausnahmsweise – 9 [8] oben – einen Blickwechsel).

In der 2. Station folgen die Blickwechsel im Text noch dichter aufeinander (z. B. in der Habanaszene 215 ff., [172 ff.]). Die Knappheit der Darstellung bei wechselnder Blickrichtung führt im Extremfall zu möglichen Missverständnissen in der Beziehung von Personal- und Possessivpronomen:

Ihre [Juanas] Unbefangenheit.

Sie hat Cuba noch nie verlassen –

Das ist erst mein dritter Abend hier, aber alles schon vertraut: die grüne Dämmerung mit Neon, Reklame darin, die Eisverkäufer, die gescheckte Rinde der Platanen, die Vögel mit ihrem Zwitschern und das Schattennetz auf dem Boden, die rote Blume ihrer Münder. Ihr Lebensziel: New York!

Der Vogelmist von oben –

Ihre Unbefangenheit. (223/224) [179]

Ihre Unbefangenheit und **Ihr Lebensziel** meint Juana, **ihre Münder** bezieht sich auf die Kubaner(innen) allgemein (und nicht, wie es die Syntax streng genommen verlangt, auf die **Vögel**).

Der Wechsel von statischem Verharren und sprunghafter Veränderung, der verfremdete Vertikalblick, der weit gehende Ausfall der dritten Dimension, der Wechsel von Distanz- und Detailblick, schließlich auch das abrupte Hin und Her zwischen extremen Schauplätzen vermitteln das Raumgefühl der Desorientiertheit, das als Ausdruck der inneren Verfassung zu sehen ist.

6   Zeit- und Erzählstruktur

6.1   Chronologie und Erzählfolge

6.1.1   Die Chronologie als Erzählproblem

War für die nachromantische deutsche Epik des neunzehnten Jahrhunderts weitgehend der chronologisch-historisch angelegte Roman charakteristisch, so gilt als Kennzeichen moderner Epik die Aufhebung der Chronologie und die Problematisierung der Zeit überhaupt. Gewiss hat schon Homer in der Ilias durch Rahmenbau und epische Rückblenden die Chronologie durchbrochen, gewiss gab es im Mittelalter neben dem *ordo naturalis (natürliche Zeitfolge)* den *ordo artificialis (künstliche Zeitfolge)* – aber nie als notwendigen Ausdruck innerer Befindlichkeit, sondern als Kunstgriff, der zur Auflockerung des Stoffs und zur Erzeugung von Spannung diente.

MUSIL erklärt im MANN OHNE EIGENSCHAFTEN die Not der modernen Erzähler mit der Chronologie:

[…] Das Gesetz des Lebens, nach dem man sich sehnt, überlastet und von Einfalt träumend […] [ist] kein anderes als das der erzählerischen Ordnung. Es ist die einfache Reihenfolge alles dessen, was in Raum und Zeit geschehen ist […] Wohl dem, der sagen kann *als, ehe, nachdem*. Es mag ihm Schlechtes widerfahren sein, oder er mag sich in Schmerzen gewunden haben: sobald er imstande ist, die Ereignisse in der Reihenfolge ihres zeitlichen Ablaufs wiederzugeben, wird ihm so wohl, als schiene ihm die Sonne auf den Magen (MANN OHNE EIGENSCHAFTEN, 650).

Auch FRISCH ist (zumindest seit dem STILLER) das *als, ehe, nachdem* abhanden gekommen. Allerdings muss das nicht die gleichen Ursachen haben wie bei MUSIL. Für MUSIL ist es das **Weltchaos**, das ein **ordentliches Nacheinander** unmöglich macht, da sich **die Welt in einer unendlich verwobenen Fläche** ausbreitet (a.a.O., 665).

Der Zerfall der Chronologie erfolgt bei FRISCH in zwei Phasen: Die erste Phase ist gekennzeichnet durch eine gleichsam poetische Verwandlung des Nacheinander in eine lyrisch getönte subjektive Gleichzeitigkeit im Sinne des TAGEBUCHS I:

Die Zeit? Sie wäre damit nur ein Zaubermittel, das unser Wesen auseinanderzieht und sichtbar macht, indem sie das Leben, das eine Allgegenwart alles Möglichen ist, in ein Nacheinander zerlegt; allein dadurch erscheint es als Verwandlung, und darum drängt es uns immer wieder zur Vermutung, daß die Zeit, das Nacheinander, nicht wesentlich ist, sondern scheinbar ein Hilfsmittel

unserer Vorstellung, eine Abwicklung, die uns nacheinander zeigt, was eigentlich ein Ineinander ist, ein Zugleich, das wir allerdings als solches nicht wahr-
nehmen können, so wenig wie die Farben des Lichts, wenn sein Strahl nicht gebrochen und zerlegt ist.
Unser Bewußtsein als das brechende Prisma, das unser Leben in ein Nacheinander zerlegt, und der Traum als die andere Linse, die es wieder in sein Urgan-
zes sammelt; der Traum und die Dichtung, die ihm in diesem Sinne nachzu-
kommen sucht. –[16] (Tgb. I, 20).

Diese traumhafte Überführung des Nacheinander in Allgegenwart bestimmt z. B. das Zeitgefühl und die Zeitstruktur in SANTA CRUZ und in
BIN.

In der Endfassung des STILLER (– der übrigens in seiner nicht fertig
gestellten Erstfassung chronologisch angelegt war –) erscheint die
Chronologie radikal annulliert, und zwar nicht mehr im Sinne einer lyrischen Omnipräsenz, sondern als erzählerische Konsequenz des Iden-
titätsverlusts. Im GANTENBEIN setzt sich dieser Auflösungsprozess weiter fort: Das *Ich* wird prismatisch in eine Vielzahl von *Rollen* gebrochen,
die Geschichte zerfällt in Geschichten ohne erkennbaren zeitlichen Zusammenhalt. Während für MUSIL der Zerfall der Chronologie im **Weltchaos** begründet liegt, so scheint er bei FRISCH mehr durch die Problematik des *Ich* begründet zu sein.

6.1.2 Sukzessions- und Kontinuitätsbrechung in der Makrostruktur des »Homo faber«

Der *HOMO FABER* nimmt hinsichtlich der Zeitstruktur unter den Werken FRISCHS eine gewisse Sonderstellung ein: Im Gegensatz zu allen anderen Werken wird im *HOMO FABER* besonderer Wert auf exakte Zeitangaben in Form von Daten gelegt. Alle wesentlichen Ereignisse des
entscheidenden Zeitraums vom 1. 4. 1957 bis Ende August 1957 werden
mit Daten belegt. Fabers letzte Nacht wird sogar in Stunden und Minuten gemessen.

Dieses Bemühen des *Berichterstatters* Walter Faber kann als Versuch
verstanden werden sich im Sinne MUSILS an einen äußeren Orientie-
rungsrahmen zu klammern. Aber da die verschiedenen Zeitebenen der
Aufzeichnungs- und der Erlebniszeit so vielfältig ineinander verkeilt
sind, verschärft sich eben durch das Chaos der Daten der allgemeine
Eindruck der Desorientiertheit. Der kurzschrittige Wechsel der Zeitebenen führt beispielsweise dazu, dass auf S. (214) [172] der Tod des
Professors O. mitgeteilt wird, auf S. (240) [193] Professor O. jedoch
wieder auf der Szene erscheint. Auf den Leser wirkt das wie eine Zeitumkehrung. In diesem Fall ist die Zeitumkehrung durch den Wechsel

der Ebenen motiviert, in einem anderen Fall findet sie sogar innerhalb einer Ebene statt (83–115) [68–94] und (151–194) [123–158]. In allen Fällen betrifft die Zeitumkehrung in der Erzählfolge die Darstellung besonders unangenehmer und verhängnisvoller Ereignisse: Die Rückfahrt durch den tropischen Dschungel (83) [68/69], das Bild des toten Freundes (102) [84], die Inzestnacht (151–153) [123/124], die Zeit vom Augenblick des Unfalls bis zu Sabeths Einlieferung ins Krankenhaus (156–160) [126–130], den Hergang des Unfalls (192–194) [156–158].

Es scheint, als ob die Erinnerung immer wieder die schlimmsten Erlebnisse überspringen wolle um dann doch zwanghaft zu ihnen zurückzukehren. Am augenfälligsten wird das in der Unfalldarstellung: Sie erfolgt in drei Rückblenden aus eintägigem Erlebnisabstand. Im Gegensatz zur chronologischen Reihenfolge wird dabei das zentrale Ereignis ganz auf den Schluss verdrängt. Diese psychologisch motivierte Erzählfolge bildet zugleich eine Klimax. Außerdem wird so die Darstellung der Katastrophe in engste erzählerische Beziehung zur Wiedergabe des äußersten Glücksmoments (– Sonnenaufgang auf Akrokorinth –) gebracht. Durch diese Verdichtung gelingt es, die Ambivalenz des Lebens auf suggestive Art spürbar zu machen.

Selbst die stark gerafften Nachholberichte über Hannas Jugend und ihr Schicksal nach der Trennung von Walter Faber sind chronologisch ungeordnet. Die zeitlich am weitesten zurückliegenden Ereignisse werden z. B. an vorletzter Stelle (227) [182] mitgeteilt.

Entscheidend für die Reihenfolge ist in der Regel nicht die Chronologie des Geschehens, sondern der psychische Prozess – sei es der Verdrängung oder aber der Erinnerungs-Assoziation: So veranlassen z. B. Herberts Mitteilungen über Hanna und Joachim Faber zu Erinnerungen an seine Zeit mit Hanna (39) [33]. Erinnerungen bestimmen in ihrer assoziativen Abfolge nicht nur die Erzählfolge, sondern z. T. auch Fabers Handlungen. Die Reise zu Joachim lässt erkennen, dass Faber hier seinen Erinnerungen nachgeht – ebenso die spätere zweite Reise in den Dschungel. Als Faber auf dem Schiff Sabeth kennen lernt, ist er innerlich schon auf dem Rückweg zu Hanna:

Wäre Hanna auf Deck gewesen, kein Zweifel, ich hätte sie sofort erkannt. Ich dachte: Vielleicht ist sie auf Deck! und erhob mich, schlenderte zwischen den Decksesseln hin und her, ohne im Ernst zu glauben, daß Hanna wirklich auf Deck ist. Zeitvertreib! Immerhin (ich gebe es zu) hatte ich Angst, es könnte sein […] (96) [78/79].

Sabeth weckt in ihm Erinnerungen an Hanna, und indem er diesen nachgeht, verirrt er sich zu Sabeth.

Die Aufhebung der Chronologie geht zusammen mit einer außerordentlichen Sprunghaftigkeit in der Erzählfolge. Der Erzähler springt gewissermaßen von Plateau zu Plateau ohne den zeitlichen Zwischenraum erzählend aufzufüllen. Das gilt für die Makrostruktur (was sich an den Daten ablesen lässt) wie für die temporale Mikrostruktur (vgl. 5.3). Diese Sprunghaftigkeit ist im HOMO FABER nicht nur ein Charakteristikum der Erzählfolge, sondern auch der Ereignisstruktur und der Persönlichkeit des Helden: Wenn z. B. Faber trotz der retrospektiven Gesamthaltung des **Berichts** über sein Leben vor dem 24. 3. 57 mit Ausnahme einiger summarischer Angaben über die Zeit mit Hanna so gut wie nichts mitteilt, hat der Leser unwillkürlich den Eindruck, dass Faber in dieser Zeit nichts erlebt hat, weil er zum *Leben* im Sinne der *Verfügung für den Todesfall* noch nicht gekommen ist. Erst Fabers Todesbewusstsein schafft die Bedingung des existenziellen Lebens (vgl. 2.6 und 3.3.4). In dem Maß, in dem das Todesbewusstsein wächst, intensiviert sich auch das Zeiterleben. Das kommt in den Zeitangaben der letzten Nacht deutlich zum Ausdruck: Während die Datierung im Bericht zum Teil zeitliche Lücken von Wochen überspringt, misst Faber angesichts des Endes seine Lebenszeit nach Stunden und Minuten.

6.2 Handlungseinheiten – integrative Erzählelemente

Sieht man von der Vielzahl der mikrostrukturellen Zeitsprünge einmal ab, so lassen sich aufs Ganze gesehen fünf (allerdings ungleichwertige und z. T. nur fragmentarisch ausgebildete) Ebenen der Zeit und der Erzählung unterscheiden:

1. *Die Zeit vor dem 24. 3. 57:* Sie wird nur in stark gerafften Rückwendungen berichtet.

2. *Die Ebene der Erzählergegenwart in der 1. Station* (= Hotelaufenthalt in Caracas, 21. 6. bis 8. 7. 57). Vorgänge in dieser Ebene werden nicht erzählt. Sie ist erzählerisch nur indirekt nachweisbar: Erzählerreflexionen, Rückwendungen und Vorausdeutungen des Erzählers geschehen von dieser Ebene aus.

3. *Vergangenheit des Erzählers* (vom zeitlichen Standpunkt der 1. Erzählergegenwart – Caracas – aus), die den Erlebniszeitraum 24. 3. bis 4. 6. 1957 umfasst.

4. *Erzählergegenwart der 2. Station:* Aufenthalt im Athener Krankenhaus vom 19. 7. 57 bis zum Operationstag (und vermutlichen Todestag) irgendwann Ende August 57. Im Gegensatz zur Erzählergegenwart der 1. Station ist die der 2. Station direkt erzählerisch ausgestaltet. Ein Teil der kursiv gedruckten Passagen bezieht sich auf sie. Der Rest der kursiv gedruckten Passagen enthält Rückwendungen auf Ebene 1.

5. *Erzählervergangenheit der 2. Station:* Sie umfasst den Erlebniszeitraum vom 8. 6. bis zum 16. 7. 57. Sie schließt also auch noch die letzten beiden Wochen vor Beginn der Aufzeichnungen in Caracas und die Zeit in Caracas – als Vergangenheit – ein.

Unter dem Aspekt des Aktionsreichtums kann man die Ebenen 3 und 5 gewissermaßen als *Haupthandlung* zusammenfassen. Abgesehen von den Rückwendungen auf Hannas Vergangenheit hat der Roman nur einen einzigen Handlungsstrang, der allerdings vielfach gebrochen oder verschlungen erscheint. Die Haupthandlung (24. 3.–16. 7. 57) lässt sich in 3 Phasen aufgliedern:

1. *Phase:* S. 7–83 [7–68] / Reisen in Amerika (New York–Mexiko–Guatemala–New York) / vorherrschende Thematik: Antagonismus Mann-Technik kontra Weib-Natur auf der äußeren Ebene / Abschluss dieser Phase: Trennung von Ivy.

2. *Phase:* S. 84–197 [69–160] / Europareise (Schiffsaufenthalt–Paris–Italien–Griechenland) / Thematik: Begegnung mit Sabeth – Vorbereitung des inneren Umbruchs / Abschluss der Phase: Sabeths Tod.

3. *Phase:* S. 201–246 [161–198] / 2. Amerikareise und endgültige Rückkehr nach Europa (New York – Caracas – Guatemala – Cuba – Düsseldorf – Zürich – Athen) / Thematik: Innerer und äußerer Zusammenbruch der Faber-Existenz – Hinwendung zu einer neuen Lebensauffassung angesichts des Todes / Ende der Phase: Fabers Tod.

Die Aufsplitterung der Handlung in verschiedene Erzählebenen, Rückwendungen, Vorwegnahmen bzw. Vorausdeutungen hat paradoxerweise auch einen integrativen Aspekt: Zwar wird die Chronologie zerstört, aber gerade dadurch wird eine umso stärkere perspektivische Verklammerung der Einzelelemente möglich. Im Folgenden soll das Geflecht der Vorausdeutungen und Rückwendungen in seiner textkonstituierenden Funktion aufgezeigt werden. Dabei wird die 1. Phase detailliert analysiert, die 2. und die 3. Phase werden nur summarisch abgehandelt.

Der 1. Handlungsabschnitt der 1. Phase – Start und Flug bis zur Notlandung (7–25) [7–21] – enthält vorwiegend kurzschrittige, z. T. relativ bestimmte Vorausdeutungen, die sich zunächst auf das zentrale Ereignis dieses Abschnittes, die einmontierte Schlagzeile: **First Pictures Of World's Greatest Air Crash In Nevada** (7) [7] beziehen, Hinweis auf die Gefahr eben durch das Dementi: **There is no danger at all** (18) [16]. Das punktuelle Versagen der Technik kann wiederum als Vorausdeutung auf das Versagen der technischen Lebenskonzeption insgesamt aufgefasst werden. Dieser Eindruck verdichtet sich allerdings erst, wenn zu diesem ersten Versagen weitere Fälle hinzukommen, die in die gleiche Richtung weisen.

Neben diesem Vorausdeutungskomplex enthält der erste Abschnitt atmosphärisch unbestimmte Andeutungen, die weiter in Vergangenheit und Zukunft ausgreifen: das auffällige, weil vorläufig unerklärliche Interesse für den an sich ganz unauffälligen Deutschen (der sich später als Bruder des Jugendfreundes Joachim Hencke entpuppt) und das Bündel kaleidoskopisch ungeordneter Trauminhalte (17/18) [15, 16]. Die hierin enthaltenen Motive (Nacktheit, Verbindung zu dem Düsseldorfer und Prof. O.) kann der Leser zunächst noch nicht in ihrer Bedeutung durchschauen, obwohl er das Gefühl hat, dass ihnen eine Bedeutung zukommt. Lediglich der Zahnausfall – ein allgemein verständliches Symbolmotiv – wird vom Leser hier schon – in Zusammenhang mit dem Ohnmachtsanfall in Houston (12) [11] auf Krankheit und Tod bezogen. Eine weitere sehr unbestimmte Vorausdeutung liegt in dem unerklärlichen Verhalten Fabers, der seinen Flug zu versäumen versucht, aber von der Stewardess **verhaftet** wird. Der Vergleich **ich ging wie einer, der vom Gefängnis zum Gericht geführt wird** (16) [14] deutet an, unter welchem Aspekt das kommende Geschehen zu betrachten ist.

Dieser Eindruck wird durch die Haltung bestärkt, die Faber in der Reflexion einnimmt, die den 2. Handlungsabschnitt (Aufenthalt in der Wüste (25–39) [22–33]) einleitet: Das **ich gebe zu** (25) [22] verrät, dass Faber sich als Angeklagter fühlt. Insgesamt bringt dieser 2. Abschnitt eine Reihe detaillierter Rückwendungen und deutlicherer Verweise auf die Zukunft, ohne dass allerdings die entscheidenden Zusammenhänge klar werden. Durch die Bekanntschaft mit Herbert Hencke kommt die Rede auf Joachim Hencke und Hanna. Durch Fabers Reaktion wird ersichtlich, dass Hanna ihm viel bedeutet. Der Traum **Hanna als Krankenschwester zu Pferde** (35 [29] deutet auf eine spätere Situation hin: Hanna am Krankenbett Fabers (**Hanna in Weiß** – (227) [182]). Die groteske Zuordnung Hannas zum Pferd zeigt an, dass Faber unbewusst Hanna zum nicht-technischen kreatürlichen Bereich in Beziehung setzt (während sich Faber immer technischer Vehikel bedient). Ja, wenn man C. G. Jung folgt, gehört das **Pferd, welches schon im platonischen Gleichnis die Ungebärdigkeit der Leidenschaftsnatur ausdrückt** (C. G. Jung: *Bewusstes und Unbewusstes*. Fischer TB 175, 45), zu den archetypischen Traumbildern des unbewussten Lebens, d. h. der Anima. Diese Bedeutung kann, wie sich im Verlauf des **Berichts** herausstellt, dem Bild auch in diesem Text zukommen.

Zu Beginn des 2. Handlungsabschnitts fällt auch zum ersten Mal der Name Sabeth: man erfährt, dass sie sterben wird und dass dieser Tod in irgendeinem ursächlichen Zusammenhang mit Fabers Verhalten stehen muss.

Der 3. Abschnitt der 1. Phase – die Dschungelreise – enthält eine Reihe von Todesvorausdeutungen (vgl. 3.3.4), die einmal auf den Tod Joachims bezogen werden können, zum andern aber auch – ebenso wie Joachims Ende – auf Fabers Schicksal hindeuten. In die Dschungelszene ist die ausführlichste Rückblende des ganzen Romans eingeschaltet (55–59) [45–49]. Sie bezieht sich auf die Zeit mit Hanna vor 21 Jahren, und zwar vor allem auf die Situation, da Hanna Walter Faber mitteilt, dass sie schwanger ist. Ein weiterer Nachtrag (68/69) [56/57] bezieht sich auf die Standesamtsszene und Hannas Ehe mit Joachim.

Hier ist ein kurzer Exkurs über die Funktion der Hencke-Handlung notwendig: Beide Henckes gehören dem gleichen Typus an wie die Hauptfigur – beide haben eine rational-technische Lebenseinstellung. Joachim ist zur Abtreibung bereit wie Faber. Das Unternehmen, im Dschungel eine Plantage anzulegen, ähnelt Fabers Entwicklungshilfe-Projekten. Schließlich spielen beide – wie Faber – mit Vorliebe ein Intellektuellen-Spiel: Schach. Beide scheitern im Kampf gegen die Natur. Joachims Selbstmord erscheint dabei als tragische Variante, Herberts Verwilderung hat eher groteske Züge. Joachims Tod geht Walter Faber sehr nahe. Immer wieder überfällt ihn die Erinnerung an das Bild des Erhängten. Herbert hat nicht das Format seines Bruders. Die anfängliche Antipathie Fabers gegen ihn ist daraus zu erklären, dass Faber in ihm unbewusst ein Zerrbild seines eigenen Typus sieht: Die Flachheit seiner klischeehaften nationalistischen Vorstellungen erinnert an die Flachheit der technoiden Weltvorstellung Fabers in variierter Form. Seine Lebensperspektive: **Die Zukunft der deutschen Zigarre** (17) [15] entspricht Fabers allgemeiner Zukunftsorientiertheit: **gewohnt, voraus zu denken, nicht rückwärts zu denken, sondern zu planen** (111) [91]. Herbert unterwirft sich dem Dschungel. Faber versucht diese Kapitulation durch allerhand Hilfsmaßnahmen rückgängig zu machen (vgl. 3.3.4), jedoch ohne Erfolg.

Insgesamt betrachtet bilden die beiden Hencke-Geschichten präfigurierende Parallelfälle zu Fabers Schicksal. Trotzdem wachsen sie sich nicht zu epischen Digressionen im Stile der *STILLER*-Geschichten aus, sondern bleiben eng an die Haupthandlung gebunden.

Die bisher behandelten drei Abschnitte sind – nicht nur von der äußeren Handlung her – relativ eng mit dem folgenden Abschnitt, dem Aufenthalt in New York, verbunden. Die Verklammerung besteht unter anderem in der weiblichen Bezugsperson Ivy, mit der sich Faber in dieser ersten Phase immer wieder auseinandersetzt (1. Hinweis schon auf der ersten Seite des Berichts, Abschiedsbrief aus der Wüste, Begegnung und endgültiger Abschied in New York). Die aus Fabers Perspektive vorhandene Beziehung der Gestalt Ivys zur Dschungelnatur kommt in symbolischen Andeutungen zum Ausdruck. Der Anblick der tropischen Sümpfe veranlasst Faber zu der Bemerkung: **wässerig, wie die Augen von Ivy** (21) [18] und **Lippenstiftrot** (20) [18]. Wie sich aus dem weiteren Kontext ergibt, ist die Farbe Rot speziell Ivy zugeordnet. Ivy ihrerseits erinnert durch ihr **Kolibri-Hütchen** (82) [68] rückwirkend an den Dschungel und die indianische Wirtin (**Ihre Haare erinnern an Gefieder: schwarz mit einem bläulich-grünen Glanz darin,** 48 [40]). Die Verklammerung wird schließlich auch erzähltechnisch verstärkt. Indem Faber die Rückkehr aus dem Dschungel zunächst ausspart, sie dann nach der Ivy-Szene bringt, wird die Ivy-Handlung gleichsam in die Dschungelszene einbezogen.

Innerhalb der Ivy-Handlung gibt es nur zwei Vorausdeutungen: zum einen den komisch-ernsten Hinweis auf Fabers **kurze Lebenslinie** (74) [61] und zum andern – als Mitteilung aus der Ebene der Erzählergegenwart – die Information, dass die Person namens Sabeth, deren Tod schon angekündigt worden war, Fabers Tochter ist (– was Faber innerhalb der Ebene der erzählten Zeit noch nicht weiß).

Mit der Trennung von Ivy ist die erste Phase, die Walter Faber noch völlig im Zustand der technoiden Natur- und Selbstentfremdung zeigt, beendet.

Die 2. Phase steht im Zeichen der Begegnung mit Sabeth; sie umfasst vier Handlungsabschnitte:
1. Schiffsreise (84–117) [69–96]
2. Parisaufenthalt (117–130) [96–106]
3. Italienreise einschließlich Avignonszene (130–153) [106–125]
4. Handlung in Griechenland (153–197 [125–160]
Während sich in den ersten drei der genannten Abschnitte die Reihe der Vorausdeutungen mit zunehmender Eindringlichkeit fortsetzt (Komet – 110 [90], Begegnung mit Williams – 117 [96], Spiegelszene – 120 [98], Prof. O. – 125 [102], Erinnye – 136 [111], Grabmal – 139 [113], Mondfinsternis am 13. 5. – 152 [123/124]), ist der 4. Abschnitt frei davon: Er bringt die Katastrophe; der Erzähler hat hier nicht so viel inneren Spielraum um Assoziationen zu entwickeln, die über dieses Ereignis hinausführen. Die innere Erschütterung des Erzählers macht sich zudem in der chaotischen Zeitstruktur dieses Handlungsabschnitts bemerkbar (vgl. 6.1.2).

Die 3. Phase der Haupthandlung umfasst die gesamte Erzählervergangenheit der 2. Station. Hier verdichten sich – entsprechend der realen Situation Fabers – die Vorausdeutungen auf den baldigen Tod Fabers (vgl. 3.3.4). Außer durch diese Vorausdeutungen ist die 3. Phase durch Rückwendungen gekennzeichnet, die sich (mit Ausnahme der letzten – 249 ff.) [200 ff.] jetzt nicht mehr auf weit zurückliegende Zeiten, sondern auf die Zeit vom 1. 4. 57 an – und hier besonders auf die 2. Phase – beziehen.

Hinzu kommt, dass die Handlung an sich weit gehend eine Hinwendung zur Vergangenheit darstellt (vgl. 6.4.2). Die Filmvorführung in Düsseldorf (230–238 [185–191] bildet eine zusammenfassende bildhafte Rückblende auf die wesentlichen Stationen auf Fabers Leidensweg seit Beginn der Haupthandlung im März 57. Die einzige nicht vorwiegend rückwärts gewandte Passage in der 3. Phase der Haupthandlung ist die Habana-Szene (215–227) [172–182], der vom Inhalt (Hinwendung zum bewussten Leben) und von der angesprochenen zeitlichen Orientierung her eine herausragende Stellung zukommt.

6.3   Die zeitliche Mikrostruktur

6.3.1   *Asyndetische Kurzsätze*

Die Sprunghaftigkeit der Erzählfolge im Bereich der Mikrostruktur spiegelt sich schon äußerlich in dem ungewöhnlich zerklüfteten Druckbild. Lediglich die stark gerafften Nachholberichte, die sich auf das Geschehen vor 20 Jahren beziehen, und die wenigen Passagen der **2. Station,** die sich auf die Erzählergegenwart beziehen, sind davon ausgenommen.

In der Hauptebene hingegen ist der Text in eine ungeordnete Folge von Kurzabschnitten, isolierten kurzen Einzelsätzen und satzlosen Nominalfügungen aufgesplittert.[17]

Vor allem die isolierten Kurzsätze, die von Attributen und Adverbialen fast frei sind und weder durch Konjunktionen noch durch verbindende deiktische Adverbien oder Pronomina mit dem Kontext in Verbindung stehen, fallen ins Auge. Geulen (a.a.O., 89) hat versucht ihre Funktion vom Inhalt her zu erfassen. Er behauptet, wenn man diese Kurzsätze aus dem Kontext löse und aneinander reihe, ergebe sich eine Inhaltsangabe des Romans im Telegrammstil. Dass dem nicht so ist, lässt sich leicht nachprüfen. Der Sinn eines solchen Telegrammromans im Roman wäre auch schwerlich einzusehen. In Wirklichkeit haben die Kurzsätze keine inhaltlich definierbare Gemeinsamkeit, sondern eine gemeinsame strukturelle Funktion: Sie wirken als Unterbrechung des Zeit- und Erzählflusses. Durch den frei bleibenden Zeilenraum, der sie umgibt, werden Pausen geschaffen – besonders spürbar, wenn ein Gedankenstrich statt eines Punkts am Satzende steht. In diesen Pausen schwingt Unausgesprochenes und Unaussprechbares weiter – z. B. in der Filmszene (235–238) [189–191]:

Die gleiche Wirkung geht auch von Kurzsätzen mit abschließendem

Punkt aus. In der Pause hinter dem letzten Satz der erwähnten Film-szene z. B. – **Nur die Filme ließ ich zurück** (238) [191] folgt statt einer Erklärung des **Warum?** ein sprechendes Schweigen. In vielen Fällen suggeriert die Pause das Gefühl der nur zähflüssig vergehenden oder geradezu stehenden Zeit.

Der nach der jeweiligen Pause folgende Text wirkt in zeitlicher Hinsicht als Neuansatz. So entsteht der Eindruck der zeitlichen Diskontinuität. Mit dem Neuansatz ist oft eine Änderung der Blickrichtung (oder allgemeiner: der Aufmerksamkeitsrichtung) verbunden. Dadurch wird der Eindruck der Unstetigkeit verstärkt.

6.3.2 *Asyndetische Abschnittsanfänge*

Die mit den Kurzsätzen korrespondierenden Kurzabschnitte – Satzkonglomerate z. T. von chaotischer syntaktischer Struktur – werden ebenfalls asyndetisch eingeführt. Bis zur Seite 50 [42] beginnen insgesamt nur sechsmal Abschnitte mit Konjunktionen oder Adverbien, die eine zeitliche Sukzession ausdrücken (**dann** u. Ä.). Weitere sieben Zeitadverbien signalisieren einen Zeitsprung (z. B. **später**), zweimal wird Dauer angezeigt (**tagelang, stundenlang**). Einleitende Gliedsätze oder andere Formen der logischen Verknüpfung fehlen fast völlig am Abschnittsanfang. Meist beginnen die Kurzsätze und die Kurzabschnitte stereotyp mit einem Hauptsatz-Subjekt.

Nur wenige Passagen der zeitlichen Hauptebene sind nicht in Kurz-sätze und Kurzabschnitte aufgesplittert, es handelt sich um bildhafte Szenen, die als Einheit empfunden werden; z. B. Nacht und Morgen auf Akrokorinth (184–187) [150–152], die letzte Nacht auf Kuba (225/226) [180/181] u. Ä.[18]

6.3.3 *Zeitliche Funktion der syntaktischen Komplexität*

Die Binnenstruktur der Kurzabschnitte weist ebenfalls charakteristische Merkmale auf. Sie sind syntaktisch komplexe Gebilde, die der Interpunktion des Autors zufolge oft aus einem einzigen langen Satz bestehen, der grammatisch betrachtet eine Reihe von Haupt- und Gliedsätzen enthält, in die dazu syntaktisch nicht zu klassifizierende Fügungen eingelagert sind (vgl. 4.2.3).

Die Syntax korrespondiert mit der Zeitstruktur: Innerhalb der Kurz-abschnitte herrscht Simultaneität vor. Ein besonders deutliches Beispiel dafür bietet die Wiedergabe des Traumes (17/18) [15/16]. Das Simultaneitätsschema findet sich aber durchaus auch in weniger wichtigen Passagen, z. B. wenn Faber den Barmixer beobachtet: [...] **mit dem Daumen hält er das Sieb vor dem silbernen Mischbecher, damit kein Eis ins**

Glas plumpst, und ich legte meine Note hin, draußen rollte eine Super-Constellation vorbei (14) [12]. Daraus resultiert ein Zug zur zeitlichen Statik innerhalb des Abschnitts. Manchmal wird ein wesentlicher Vorgang in einen Nebensatz abgedrängt, dem ein Hauptsatz zuständlichen Inhalts übergeordnet wird; statt zu sagen: Plötzlich setzte der linke Motor aus, formuliert der Erzähler: **Es war der Motor links, der die Panne hatte** (18) [16].

Ähnlich die Darstellung des zweiten Motordefekts: **Als kurz darauf, wir erhielten gerade unseren Lunch, mein Düsseldorfer und ich, das Übliche: Juice, ein schneeweißes Sandwich mit grünem Salat – plötzlich ein zweiter Motor aussetzte, war die Panik natürlich da, unvermeidlich, trotz Lunch auf dem Knie** (22) [19].

Die Tendenz des Vorgangs zur Sukzession wird übrigens hier durch doppelte Gleichzeitigkeit (Motorausfall – Lunch, Motorausfall – Panik) kompensiert.

Die Notlandung wird folgendermaßen eingeleitet: **Plötzlich war unser Fahrgestell neuerdings ausgeschwenkt** (24) [20] – statt: wurde ausgeschwenkt!

Derartige Abschnittsanfänge, die gleich den Zustand voraussetzen und nicht den Vorgang wiedergeben, der diesen Zustand zur Folge hat, sind nicht selten. Auffällig z. B. (154) [125]: **Plötzlich liege ich mit offenen Augen** (statt etwa: Plötzlich erwachte ich).

Öfter wird der Vorgangscharakter einer Szene abgeschwächt, indem das Wesentliche der Handlung titelartig vorweggenommen wird: **Es war mein erster Heiratsantrag** (108) [88].[19]

Vor allem wird Statik erreicht durch Unterdrückung oder Zurückdrängen des Zeitworts als des primären Ausdrucksträgers aller Zeitbewegung.

Die Kurzabschnitte sind relativ arm an verbalen und reich an nominalen Bestandteilen.

Appositionen, nachgestellte Attribute oder Ortsadverbien lassen das Vorgängige des Prädikats (an zweiter Satzstelle) vergessen und den Satz (zeitlich) offen ausklingen. Hinzu kommt, dass sehr oft Zustandsverben bzw. Hilfsverben oder verba sentiendi an der Bildung des Prädikats beteiligt sind.

Der Bezug der nominalen Elemente zum Prädikat lockert sich:

[…] hier ist alles unverändert: Die klebrige Luft – Geruch von Fisch und Ananas – Die mageren Hunde – Die toten Hunde, die niemand bestattet, die Zopilote auf den Dächern über dem Markt, die Hitze, der flaue Gestank vom Meer, die filzige Sonne über dem Meer, über dem Land blitzte es aus schwarzem Gewölk bläulich-weiß wie das zuckende Licht einer Quarzlampe (206) [165].

Man kann die Impressionen als satzlos auffassen oder als Wiederaufnahme des Subjekts **alles**. Besonders in der 2. Station entfallen selbst solche angedeuteten syntaktischen Rahmen völlig, z. B. (225/226) [180/181].

Zum Teil wird das Verb nominal und satzfrei verwendet und damit entzeitlicht: (209) [167]: **Sein Grinsen** – (208) [168]: **Sein Grinsen im Bart** – (235) [188]: **Ihr Lachen, aber stumm** –

Die untergeordnete Rolle des Zeitworts wird in einem Satz-Muster sehr deutlich, das vor allem in der Filmszene auftaucht: Statt des Hauptsatzes steht eine Nominalfügung; der Handlungsanteil wird in den Nebensatz abgeschoben, der von diesem Nomen abhängig ist: **Sabeth, wie sie ihre Haare kämmt** (236) [189]. **Der junge Landstreicher mit dem Hummer, der sich bewegt** (238) [191]. **Mein Gesicht im Spiegel, während ich minutenlang die Hände wasche, dann trockne** (10) [9].

6.3.4 Tempus: Präteritum und Präsens

Der HOMO FABER ist z. T. im Präteritum, z. T. im Präsens gehalten. In der 1. Station herrscht Präteritum vor, in der 2. Station dominiert eher das Präsens. In beiden Stationen wechselt das Tempus häufig, z. T. sogar innerhalb eines einzigen Satzes.

Die Verwendung des Präteritums als konventioneller Erzählzeit bedarf keiner besonderen Untersuchung. Das Präsens hingegen verlangt eine differenzierte Bestandsaufnahme und Interpretation.

Am einfachsten ist das Präsens in den Reflexionspassagen zu verstehen. Reflexionen beanspruchen Allgemeingültigkeit und sind insofern dem Zeitfluss enthoben; ebendies signalisiert das zeitlose Präsens.

In den kursiv gedruckten *(handschriftlichen)* Passagen der 2. Station drückt das Präsens die Erzählergegenwart aus; z. T. mag auch schon in der 1. Station das Präsens der Reflexionspassagen als Hinweis auf die Gegenwart des Erzählers aufgefasst werden, denn Faber reflektiert ja nicht von der Ebene der erzählten Zeit, sondern von dem Standort seiner Gegenwart aus.

Generell kann Präsens als Tempus der Beschreibung dienen, sofern der Sprecher das Objekt der Beschreibung ohne Rücksicht auf seinen Zeitbezug oder als ein überzeitlich Seiendes betrachtet. Dies gilt etwa für präsentische Landschaftsbeschreibungen bei Stifter. Beschreibendes Präsens kommt im HOMO FABER häufig vor, in der 2. Station dominiert es geradezu. Aber im Unterschied zu dem erwähnten objektiven Deskriptionspräsens steht es hier in subjektiv präsenten Erinnerungsbildern. Nicht ihre überzeitliche Gegenständlichkeit enthebt diese Bilder der Vergängnis, sondern die subjektive Erinnerung. Der subjektive

Charakter dieser präsentischen Bilder wird z. T. durch Einleitungsformeln wie **Ich werde nie vergessen** [...] oder **Ich sehe** [...] usw. unterstrichen.

In der ersten Hälfte des **Berichts** umfasst das Bildpräsens meist nur einige Zeilen und ist mit dem Handlungskontext durch ein Rahmenprädikat im Präteritum verbunden: **Zweiundvierzig Passagiere in einer Super-Constellation, die nicht fliegt, sondern in der Wüste steht, ein Flugzeug mit Wolldecken um die Motoren [...], die Passagiere genau so, wie wenn man fliegt [...] es war ein komischer Anblick** (31) [26].

In der zweiten Hälfte werden die Bildpräsenspassagen umfangreicher, sie verselbstständigen sich, umgreifen auch Handlungselemente, die sich den Bildelementen unterordnen, indem sie z. B. deren Tempus übernehmen. In der **2. Station** schließlich dominiert das Bildpräsens in der Erzähl-Hauptebene derart, dass gelegentliche Einschübe im Präteritum auffällig wirken; sie beziehen sich lediglich auf ausgesprochen handlungshafte Details, z. B.: **Ich ruderte weit hinaus** [...], **Ich las meine Briefe an Dick und zerriß sie** (221) [117].

In der Häufigkeit des Bildpräsens spiegelt sich die (im Verlauf des **Berichts** wachsende) Bedeutung des Schauens für Faber. Schauen wird schließlich zu seiner Grundhaltung: **Vier Tage nichts als Schauen** (215) [172].

Mit dem Bildpräsens steht ein anderes temporales Phänomen in Zusammenhang, das in der Sekundärliteratur als Indiz für stilisierte Sprachpfuscherei angesprochen worden ist: falsche Zeitform im Gliedsatz (vgl. Henze: a.a.O., 279). Der Tempusmissbrauch beschränkt sich fast ausschließlich auf ein bestimmtes Muster: Präteritum im Hauptsatz, Präsens im Gliedsatz. Auf den ersten 150 [127] Seiten zählt man 75 Fälle.

Bei näherer Aufschlüsselung ergibt sich, dass das falsche Präsens entweder in Objektsätzen nach einem verbum sentiendi bzw. dicendi oder in einem Attributsatz steht. Vereinzelt findet sich das falsche Präsens außerdem in Adverbialsätzen mit betonter Gleichzeitigkeit zum Hauptsatz. Das Präsens nach Wahrnehmungsverben ist mit dem Bildpräsens eng verwandt – gewissermaßen eine Miniaturausgabe des Bildpräsens: **Ich beobachtete die drei Scheiben, die manchmal zu stocken scheinen** (21) [18]. Das Präsens nach Verben des Sagens oder Denkens lässt sich am einfachsten als eine Art Schwebezustand zwischen direkter und indirekter Rede verstehen; es hat eine im Ansatz ähnliche Stilwirkung wie der episierte Dialog (vgl. 4.2.4).

Es fällt ferner auf, dass der präsentische Gliedsatz fast immer Zustand oder Wiederholung zum Inhalt hat. Er steht zum Hauptsatz meist im temporalen Verhältnis der Gleichzeitigkeit (z. B. Hauptsatz = Wahrnehmungsakt, Gliedsatz = Wahrnehmungsinhalt). Die Gegenprobe zeigt übrigens, dass das beschriebene Tempusschema nicht in allen einschlägigen Satzgefügen benutzt wird, eine bewusste sprachliche Stilisierung scheint also nicht vorzuliegen. Eher dürfte sich in dem unregelmäßigen Tempuswechsel auf engstem Raum der Widerstreit zwischen distanzierender Berichthaltung und bildhaft aktualisierender Erinnerung spiegeln.

6.4 Zeiterlebnis und Zeitsymbolik

6.4.1 Fabers Lebenstempo

Den Schlüssel zum Verständnis des Faber'schen Zeiterlebens gibt Hannas Äußerung: **Manie des Technikers, die Schöpfung nutzbar zu machen, weil er sie als Partner nicht aushält, nichts mit ihr anfangen kann; Technik als Kniff, die Welt als Widerstand aus der Welt zu schaffen, beispielsweise durch Tempo zu verdünnen, damit wir sie nicht erleben müssen.** (211/212) [169/170] Mittel der Weltverdünnung bildet für Faber vor allem das Flugzeug. Nach einem Flug notiert Frisch schon 1946:

> [...] sie (die Kräfte der Technik) bringen uns in Lagen und in ein Tempo, das die Natur uns nicht zudachte, und wenigstens bisher sehen wir kein Anzeichen, daß unsere Natur sich wesentlich anpaßt; die bekannte Leere bei unseren Ankünften; weil unser Erleben, wenn ein gewisses Tempo überschritten wird, nicht mehr folgen kann; es wird dünn und dünner. Zwar nennen wir es noch lange Erlebnis, wo es bloß noch Kitzel ist, ein Abenteuer der Leere, ein Rausch, sich selber aufzuheben, eine Art von Wollust, daß man sich so weit verdünnen kann, bis man ohne jedes Erlebnis durch einen ganzen Erdteil kommt (Tgb. I, 53/54).

Fabers Bericht setzt dort ein, wo zum ersten Mal das erlebnisaufhebende Lebenstempo jäh abgebremst wird: Nach der einleitenden Startverzögerung durch Schneefall folgt alsbald die Notlandung und der Zwangsaufenthalt in der Wüste, **total 85 Stunden** (26) [22], wie Faber buchhalterisch genau konstatiert.

In der Folge sehen wir immer wieder, wie das für den Techniker Faber übliche Lebenstempo bis zur absoluten Bewegungslosigkeit heruntergemindert wird: im Dschungel von Guatemala, während der Schiffsreise, am eindrucksvollsten in der Katastrophenszene; hier erlebt Faber die **Welt als Widerstand: Ich war schon außer Atem, bevor ich die Straße erreicht hatte, die Verunglückte auf den Armen, das Stapfen im weichen Sand [...] dann weiter auf dieser Straße mit gekiestem Teer, erst Laufschritt, dann langsamer und immer langsamer, ich war barfuß** (157) [128].

Faber selbst wird schließlich stationär – erst für drei Wochen im Hotel in Caracas, dann endgültig im Athener Krankenhaus. Dementsprechend werden die beiden Teile des **Berichts** als **Stationen** bezeichnet.

6.4.2 *Verlust der Chronometer-Zeit und Zeitumkehrung*

Während der Fahrt mit der ohnmächtigen Sabeth zum Krankenhaus, die Faber **zur Ewigkeit** (157) [128] wird, gibt Faber seine Omega-Uhr weg. Er erhält sie nie wieder. In Hannas Wohnung, die im Übrigen modern eingerichtet ist, bemerkt Faber eine **archaische Wanduhr mit zersprungenen Zifferblättern** (165) [134]. Beide Details wirken symbolisch – zumal in Verbindung mit Fabers Äußerungen **Es war tatsächlich, als stehe die Zeit** (180) [147] und **Vor vierundzwanzig Stunden (Es kam mir wie eine Jugenderinnerung vor)** […] (184) [150]. Offensichtlich ist Faber der quantitativ-technische Zeitbegriff abhanden gekommen. Übrigens besteht in dieser Szene die stärkste Diskrepanz zwischen Chronologie und tatsächlicher Erzählfolge. Auch das dürfte auf den Ausfall der Normalzeit hindeuten.

Von nun an, so scheint es, ist für Faber ein lineares zukunftsbezogenes Weiterleben, wie früher üblich (**weil ich in Gedanken schon weiter bin, gewohnt, voraus zu denken, nicht rückwärts** – 111 [91]), nicht mehr möglich. Er erinnert damit an Hinkelmann (in DIE SCHWIERIGEN), dem auch in dem Moment, da er vom Leben aus seiner geradlinigen Laufbahn geworfen wird, die Zeit stehen bleibt (**ohne ein Ziel in der Welt** […] **hatte der Unglückliche keine Zeit beachtet, da es für ihn ja auch keine Zeit mehr gab** – a.a.O., 39).

Faber gerät in ein zwanghaftes Kreisen. Er fährt mit Hanna zur Unfallstelle zurück ohne zu wissen, warum: **Ich weiß nicht, warum ich ihr alles zeigen wollte** (191) [156]. **Es war wieder Mittag** […] **Alles wie gestern** (191) [155] […]. **Nur vierundzwanzig Stunden später** (192) [156] […] **Wieder die blaue Hitze über dem Meer** […] **wie gestern um diese Zeit, Mittag** (195).

Zwar unternimmt Faber einen Versuch in der gewohnten Richtung zu denken: **Irgendeine Zukunft gibt es immer** […] **Das Leben geht weiter** (195) [158/159]. Aber auf Hannas Antwort hin – **Ja, aber vielleicht ohne uns** – verstummt er: **Hanna hatte recht, irgend etwas vergaß ich stets** (195) [159]. Faber wünscht sich eine Uhr, die rückwärts läuft, um die Vergangenheit wieder lebendig zu machen: **Ich redete über meine Uhr, die ich dem Lastwagenfahrer vermacht hatte, und über die Zeit ganz allgemein; über Uhren, die imstande wären, die Zeit rückwärts laufen zu lassen** (191) [155].

Wie sehr Faber von der unbewussten Vorstellung der Zeitumkehrung beherrscht ist, zeigt seine unmotivierte zweite Reise in den Dschungel. Sie ist Ausdruck des symbolischen Versuchs, auf den eigenen Spuren, räumlich und zeitlich in die Vergangenheit zurückzukehren bzw. vor der Zeit als je einmaliger Gegenwart in die imaginäre Repetition zu fliehen: **Überall mein müßiger Gedanke: Wäre es doch damals! nur zwei Monate zurück, die hier nichts verändert haben,** (207) [165] [...] **Auf dem kleinen Bahnhof [...] kommt mir alles, was seit dem letzten Warten auf diesen Zug geschehen ist, wie eine Halluzination vor – hier ist alles unverändert** (206) [165].

Erst nach dieser Phase der imaginären Repetition kommt Faber – in seinem Habana-Erlebnis – zur Bejahung der Gegenwart und der Einmaligkeit der menschlichen Existenz – im Augenblick des Abschieds.[20]

Unterrichtshilfen

1 Didaktische Aspekte

Die Auswahl eines Romans von literarischem Rang zur Erstlektüre in der Sekundarstufe II bringt eine Reihe didaktischer Probleme mit sich:

1. Es muss ein Roman ausgewählt werden, der vom Thema her im Interessehorizont des Schülers liegt. Seine Thematik darf also nicht allzu esoterischer Natur sein. Eine gewisse Aktualität des Stoffes ist zur stärkeren Motivierung der Schüler wünschenswert. Schon aus diesem Grund sollte man ein Werk des 20. Jahrhunderts wählen.

2. Sprache und Gedankenwelt des Romans dürfen keine umfangreichen historischen oder fachwissenschaftlichen Voraussetzungen (z. B. in Philosophie, Musik- oder Kunsttheorie) erfordern. Eine alltagsnahe Sprache wird den ersten Zugang erleichtern.

3. Der Roman muss vom Umfang her überschaubar sein, sonst wird der Unterrichtsfortgang dadurch blockiert, dass der zu interpretierende Stoff nicht in allen Teilen jederzeit hinreichend präsent ist. Daher ist auch ein Roman mit mehreren parallelen Handlungssträngen ungünstig.

4. Andererseits muss, sofern das Ziel der Reihe – Hinführung zum Verständnis fiktionaler Literatur – erreicht werden soll, ein hinreichend komplexes ästhetisches Gebilde zum Unterrichtsgegenstand gemacht werden. Insofern ist eine vielschichtige innere Struktur wünschenswert.

5. Das Werk sollte eine Fülle von Themen und Aufgabenstellungen erlauben. Nach Möglichkeit sollte man einen Roman wählen, von dem aus sich leicht thematische und strukturelle Querverbindungen zu anderen Werken ziehen lassen, die dem Schüler eine Erweiterung des Verstehenshorizonts ermöglichen.

6. Eine triviale, aber wichtige Voraussetzung: Der Roman muss in einer preiswerten Taschenbuchausgabe vorliegen, damit ihn alle Schüler selbst erwerben können. An Leihbüchern lässt sich literaturwissenschaftliche Arbeitsmethode (Unterstreichen, Randbemerkungen, Querverweise usw. anbringen) nicht üben.

Der *Homo faber* entspricht all diesen Anforderungen.

1. Seine Thematik ist aktuell, ohne dass die Gefahr modischer Kurzlebigkeit bestünde.

2. Die Sprache setzt dem ersten, vorläufigen Verständnis des Textes kaum Schwierigkeiten entgegen. Ihre Hintergründigkeit lässt sich im Verlauf der Unterrichtsreihe aufzeigen.

   Der fiktive Erzähler des **Berichts,** ein Techniker, setzt beim Leser keinen umfassenden kulturellen *background* voraus.

3. Der Roman hat einen relativ geringen Umfang. Die Schüler können jederzeit über die Fakten hinreichend verfügen, die zur Interpretation vo-

rauszusetzen sind. Andererseits verlangt der Roman HOMO FABER aber auch genaues Lesen (Auflösung der Chronologie!)

4. Der Roman ist ein äußerst differenziert strukturiertes Gebilde. Die Fiktion des Dokumentarischen (**Ein Bericht**) fordert dazu auf, die wesentlichen Elemente der Fiktionalität deutlich herauszuarbeiten.

5. Der HOMO FABER bietet wegen seiner kleinräumigen Gliederung einerseits und seiner hohen strukturellen Dichte andererseits eine Fülle möglicher Textausschnitte zur Analyse und Interpretation (auch in Form von Einzel- oder Gruppenreferaten).

   Querverbindungen zu anderen Werken Frischs bieten sich infolge der engen thematischen Verwandtschaft geradezu an.

6. Der HOMO FABER liegt in einer preiswerten Taschenbuchausgabe vor.

Im Vorgriff auf die später vorgeschlagene Unterrichtssequenz sei hier kurz auf einige generelle Einsatzmöglichkeiten verwiesen:

Wird der HOMO FABER in Jahrgangsstufe 11 als erstes größeres episches Werk behandelt, so sollte ein wesentliches didaktisches Ziel darin bestehen, die Schüler mit der Besonderheit des fiktionalen Textes (Multivalenz, innere Bezogenheit aller Teile bzw. Strukturschichten aufeinander) vertraut zu machen.

Im Leistungskurs können darüber hinaus Ausblicke auf das Gesamtwerk des Autors ermöglicht werden. Dadurch erhalten die Schüler einen Eindruck davon, dass ein einzelnes Werk erst aus dem größeren Kontext besonderes Profil gewinnt. Es wäre daher empfehlenswert, wenn die Leistungskurs-Teilnehmer vor oder während der HOMO FABER-Reihe DON JUAN, STILLER und zumindest in Auszügen TAGEBUCH und GANTENBEIN lesen würden.

Eine literaturgeschichtliche Einordnung oder ein Vergleich mit anderen Werken der Moderne ist allenfalls bei Durchnahme in Jahrgangsstufe 12 möglich. Spezielle thematische Vergleichsmöglichkeiten ergeben sich zu Thomas Mann DER TOD IN VENEDIG, Hermann Hesse, KLEIN UND WAGNER oder STEPPENWOLF, eventuell zu Robert Musil, GRIGIA. Auch ein motivgeschichtlicher Vergleich ÖDIPUS – HOMO FABER liegt im Bereich des Möglichen.

Unter gegebenen Unterrichtsbedingungen könnte der HOMO FABER im Rahmen einer Reihe von tiefenpsychologischen Werkuntersuchungen nach Kategorien von Freud oder Jung analysiert werden. In diesem Fall wäre u. a. C. G. Jung, BEWUSSTES UND UNBEWUSSTES sowie Freuds Analyse von Jensens GRAVIDA heranzuziehen.

In methodischer Hinsicht ergibt sich Gelegenheit mit verschiedenen instrumentalen Operationen bekannt zu machen – etwa: statistische Erfassung und Auswertung semantischer oder syntaktischer Phänomene, Analyse syntaktischer Strukturen als Interpretationsansatz, Untersuchung des Verhältnisses von Erzählzeit und erzählter Zeit. Selbstverständlich werden darüber hinaus die elementaren Techniken des sinnvollen Zitierens, des Referierens und Protokollierens usw. immer wieder geübt.

2 Umgang mit Sekundärliteratur im Unterricht

Der kritische Umgang mit Sekundärliteratur erfordert Anleitung im Unterricht. Werke der Sekundärliteratur sollten grundsätzlich erst nach dem eigenen Analyseversuch zurate gezogen werden; denn dann erst ist dem Schüler eine selbstständige gedankliche Auseinandersetzung möglich. Im Unterricht können relativ kurze Abschnitte aus einzelnen Werken der Sekundärliteratur von einem Schüler referiert werden. Er sollte dabei die wesentlichen Gesichtspunkte thesenhaft zusammenfassen. Auf jeden Fall muss anschließend im Plenum die Stringenz der Interpretation am Primärtext überprüft werden. Eine kritische Auseinandersetzung wird erleichtert, wenn zwei divergierende Deutungen vorliegen.

Nicht zuletzt sollte man stichprobenartig untersuchen, ob eine Abhandlung handwerklich seriös gemacht ist (z. B. Zitiertechnik, Verarbeitung anderer Sekundärliteratur) und ob sie in Aufbau, Gedankengang und Sprache akzeptabel ist (Übersichtlichkeit der Gliederung, Satzbau, semantische Eindeutigkeit, Logik, Fachsprache oder Imponiervokabular usw.).

Leicht zugänglich und daher für die kritische Untersuchung geeignet sind die im Literaturverzeichnis aufgeführten Werke von Bänziger, Stäuble, Geißler und die in den beiden Suhrkamp-Bänden gesammelten Aufsätze von Franzen, Roisch, Schenker (*ÜBER MAX FRISCH I*, 69–76, 84–109, 287–299), Kaiser und Franz (*ÜBER MAX FRISCH II*, 266–280, 234–244).

3 Unterrichtsreihen

Der Aspektreichtum des Romans ermöglicht vielseitige Reihenbezüge. Hier seien nur einige denkbare Verbindungslinien gezeigt:

1. Eine problemorientierte Reihe zum Thema *Der moderne Mensch zwischen Fremdbestimmung und Identitätsfindung* könnte drei epische Texte des 20. Jahrhunderts umfassen:
   a) H. Hesse: *KLEIN UND WAGNER* (Novelle)
   b) A. Andersch: *SANSIBAR ODER DER LETZTE GRUND* (Roman)
   c) M. Frisch: *HOMO FABER* (Roman)
   Es handelt sich in allen drei Fällen um Texte des 20. Jahrhunderts, die wegen ihrer thematischen Zugänglichkeit, ihres relativ geringen Umfangs und ihrer Repräsentativität (in inhaltlicher und struktureller Hinsicht) schon in 11,2 behandelt werden können.

2. Die Verknüpfung der existenziellen Motive *Liebe und Tod* könnte im Zentrum folgender Sequenz stehen:
   a) A. Schnitzler: *STERBEN* (Novelle)
   b) Th. Mann: *DER TOD IN VENEDIG*
   c) M. Frisch: *HOMO FABER*
   Auch diese Reihe kombiniert (wie die erste) epische Texte, die exemplarische Ausprägungen modernen Erzählens darstellen.

3. Eine gattungsübergreifende, primär problemorientierte Reihe *Mensch und Technik im 20. Jahrhundert* könnte z. B. folgende Texte umfassen:

a) H. Kipphardt: *DER FALL OPPENHEIMER* (Bühnenstück)
b) F. Dürrenmatt: *Die PHYSIKER* (Bühnenstück)
c) M. Frisch: *HOMO FABER* (Roman)
d) Chr. Wolf: *STÖRFALL* (Erzählung)

Diese Reihe thematisiert in erster Linie die Frage: Wie verhält sich der Mensch angesichts der globalen Bedrohung durch die Technik?

Darüber hinaus lässt sich untersuchen: Mit welchen spezifischen Darstellungsmitteln geht der Dichter das Menschheitsproblem an?

4   Unterrichtssequenz

Etwa zwei bis drei Wochen vor Beginn der Unterrichtsreihe wird häusliche Erstlektüre aufgegeben.

Dabei Nachschlagen unbekannter Begriffe, z. B. *Homo faber*, Erinnye u. Ä., geografische Verifizierung der Reiserouten Fabers.

–   Schriftliches Fixieren von Arbeitsfragen für die gemeinsame Interpretation.
–   Einige Tage vor Beginn der Reihe Einsammeln der Interpretationsfragen durch den Lehrer. Erstellen eines Arbeitsplans unter Berücksichtigung der Schülerfragen.

Stunden	Thema	Didaktische Aspekte (Inhalte/Ziele)	Methodische Realisierung/ Verlauf
1./2.	Faber und die Technik	Faber als Exponent einer technizistisch-männlichen Lebens- und Weltanschauung	1. Fabers technische Lebensform 2. Mensch und Maschine 3. Die Antwort des Technikers auf ethische Grundfragen (z. B.: Abtreibung) 4. Bedeutung der Wahrscheinlichkeitsrechnung für Faber 5. Marcels Gegenposition (LK)

– Aushändigung des vervielfältigten Chronologie-Papiers (= Mat. 1) an die Schüler. Dieses Papier erspart den Schülern die mühselige und für die fachliche Bildung unergiebige Datensammlung. Die Chronologie-Übersicht erleichtert die inhaltliche Orientierung während der Unterrichtsreihe und ermöglicht Einblicke in die Erzählstruktur.

Der folgende Vorschlag für eine Unterrichtssequenz ist als anregendes Beispiel für eigene Planungsarbeit gedacht, ersetzt sie aber nicht. Die Grundkurssequenz umfasst etwa 14 Stunden, zusammen mit dem Additum für den Leistungskurs ergeben sich etwa 24 Stunden.

Verwendete Abkürzungen:

GA	= Gruppenarbeit	LV	= Lehrervortrag
GK	= Grundkurs	Ref	= Referat
HA	= Hausaufgabe	SV	= Schülervortrag
KRef	= Kurzreferat	UG	= Unterrichtsgespräch
LK	= Leistungskurs		

Hausaufgabe

---

zu:

1'. Bedeutung der Namengebung: symbolische Bedeutung von Beruf und Wohnort, Fortbewegungsmittel, Lebenstempo

2'. Auswertung der Kernstelle (75): Mensch und Roboter.
Ferner einschlägige Aussagen (86 f., 92 f., 122, 171)

3'. Kernstelle (105–107): Fabers Einstellung zur Abtreibung: Aussageinhalt und Argumentationsgang

4'. Bei welchen Anlässen bemüht Faber die Mathematik bzw. Statistik? (22, 130, 164)

5'. Kernstelle (50): Marcels Auffassung vom Techniker: Inwiefern lassen sich seine Aussagen auf Faber beziehen? (LK) Wie steht Faber zu Marcels Philosophie? Vgl. dazu (175–177) (LK)
Die Punkte 2–4 können arbeitsteilig auch in GA behandelt werden

a) Einzelarbeit: Stundenprotokoll

b) Fabers Aussagen über sein Verhältnis zu Frauen (30 f., 91–94, 99 f.)
Ref:

c) Die symbolische Bedeutung des Filmens und Frischs Auffassung vom *Bildnis* (s. Mat. 2)
Einsatz in der 9./10. Stunde

d) Das Motiv des Fliegens in *HOMO FABER* und Frischs Tagebuchaufzeichnung anlässlich eines Fluges über die Alpen (s. Mat. 3)
Einsatz in der 9./10. Stunde

e) Inhaltsangabe zu *DON JUAN ODER DIE LIEBE ZUR GEOMETRIE* (LK). Einsatz in der 19./20. Stunde

f) Frischs Einstellung zu Amerika in *UNSERE ARROGANZ GEGENÜBER AMERIKA* (In: Frisch, Max: *ÖFFENTLICHKEIT ALS PARTNER*. Frankfurt: Suhrkamp 1967, ed. suhrkamp 209, 25–36) (LK) Einsatz in der 21./22. Stunde

g) Zum Amerika-Bild in *STILLER:* Sibylles und Rolfs Erfahrungen im Umgang mit Amerikanern
Einsatz in der 21./22. Stunde

Stunden	Thema	Didaktische Aspekte (Inhalte/Ziele)	Methodische Realisierung/ Verlauf
3./4.	Faber und die Frauen	Fabers vereinfachende Sicht: totale Polarität	1. Hausaufgabenauswertung 2. Erarbeitung der verschiedenen Polaritätsaspekte 3. Hanna und das Frauenbild Fabers
5./6.	Faber und die Natur	Fabers Abscheu vor der Dschungelnatur – verstehbar als Angst die eigene Existenzwirklichkeit anzuerkennen	1. Hausaufgabenauswertung 2. Erlebnis der Dschungelnatur 3. Marcels Erklärung als Schlüssel zum psychologischen Verständnis

zu:
1'. und 2'. Auszuwertende Textstellen:
(30 f., 57–61, 91–94, 99 f.)
3'. a) 45–48, 56 f., 183 f.
b) 125 f., 133/134, 139/140, 142
Stillarbeit (arbeitsteilig):
a) Die Beziehung Faber/Hanna vor zwanzig Jahren: Was bedeutet
das Kind für beide Partner?
Entspricht die Beziehung Fabers Klischeebild vom Verhältnis der
Geschlechter?
b) Hanna in Athen
Wie sieht Faber Hanna: äußere Beschreibung, Gefühlseinstellung?
Wie wird Hannas Lebens- und Wohnstil dargestellt?
Was bedeutet der Beruf der Archäologie für Hanna?
Entspricht Hanna dem Bild der Frau, das unter Punkt 2 erarbeitet
worden ist?

Was an Sabeth
zieht Faber an?
Wie steht sie zu
ihm?
(Textstellen
70–73, 78–80, 87 f.,
95 f., 108–110,
124 f.

zu:
2'. Arbeitsteilige GA:
Welche körperlichen und seelischen Gefühle erweckt die Begeg-
nung mit der tropischen Natur in Faber?
Gruppe 1) Untersuchen Sie (34–40)
Gruppe 2) Untersuchen Sie (41–45): Sicht der Naturmenschen
Gruppe 3) Untersuchen Sie (48–55)
Nach inhaltlicher Auswertung Frage nach Besonderheiten des
sprachlichen Ausdrucks in der Naturschilderung
(= Organmetaphorik bzw. Vergleiche)
3'. Kernstelle (68):
Was bedeutet Marcels französischer Ausspruch? Wie erlebt Faber
die nächtliche Dschungelnatur? Welche Bildfelder dominieren in
Fabers Vergleichen innerhalb der Naturschilderung? – Ihr Aus-
druckswert?

Zeigen Sie den
Zusammenhang
zwischen Fabers
hygienischen
Zwangshandlun-
gen: Rasieren bzw.
Rasierversuche in
der Wüste, Wa-
schen und Du-
schen in der New
Yorker Wohnung
(Wüste: 9 f., 27, 31,
34, 63, 134, 152,
170, 172; New York:
38, 58, 63, 152)

Stunden	Thema	Didaktische Aspekte (Inhalte/Ziele)	Methodische Realisierung/ Verlauf
7.	Zufall – Schicksal – Schuld	Fabers Negierung der Existenzschuld. Widerlegung durch Hanna	1. Fabers Einstellung 2. Hannas Position: Fabers Schuld und Hannas Schuld
8.	Untersuchung von Leitmotiven und Vorausdeutungen	Symbolische Aussage und erzähltechnische Funktion von Leitmotiven bzw. Vorausdeutungen	1. Besprechung der Hausaufgaben 2. Arbeitsteilige GA: a) Vorausdeutungen auf Katastrophe bzw. Tod b) Das Spiegelmotiv c) Professor O.
9./10.	Fabers Abkehr von der Technik	Fabers Absage an die Ersatzexistenz der Technik und seine neu gewonnene Offenheit für die Lebenswirklichkeit	1. Die Unzulänglichkeiten der Technik als Symbol 2. Fabers innere Wandlung, aufgezeigt an den Leitmotiven des Fliegens und Filmens 3. Fabers Wandlung vom Blinden zum Sehenden (LK)

zu:

1'. Wie nimmt Faber Stellung zu dem Problem?
Was meint er mit **mystisch**? (22)
Stillarbeit: Stellen Sie die Zufälle zusammen, die Faber als Bestätigung seiner Auffassung anführen könnte. (GA, quantitative Arbeitsteilung je nach Gruppengröße)
2'. Erläutern Sie Hannas Gegenposition (169 f.)
Vergleichen Sie damit Frischs Tagebuchaufzeichnung (vgl. Mat. 4).
Lässt sich Hannas Deutung (**Repetition**) am Text verifizieren?

Wie reagiert Faber auf die Angebote des Zufalls? Untersuchen Sie genau, wie seine folgenträchtigen Entscheidungen zustande kommen. Z. B.: Abschiedsbrief an Ivy (30), Entschluss zur 1. Dschungelreise (33 ff.), Entscheidung für die Schiffsreise (60), Fabers Heiratsantrag (95), Inzest (124)

zu:

2'. a) Untersuchung beschränkt sich aus Umfangsgründen auf Wüsten- und Dschungelszene (7–57)
b) Textstellen (11, 98, 170 f.)
c) Textstellen (15, 102–104 oben, 172, 193 f.)
Auswertung: Zunächst symbolische Aussage untersuchen, dann Frage nach der Erzählfunktion:
Bedeutung für die Lenkung des Leserinteresses bzw. der Lesererwartung?
Bedeutung für den inneren Zusammenhalt des Werkes.

Vom *Sehen* zum *Schauen*: Fabers unterschiedliche Art der Wahrnehmung von Welt und Ich in der nächtlichen Wüste (24 f.) und auf Kuba (172–181)

zu:

1'. Welche Folge hat das Versagen von Apparaten bzw. der medizinischen Diagnosetechnik?
Welche Symbolbedeutung liegt in Versagen, Verlust oder Entzug technischer Hilfsmittel: z. B. Rasierapparat, Omega-Uhr, Wohnungsschlüssel bzw. Wohnung im Wolkenkratzer, Studebaker, Schreibmaschine?
2'. Einsatz der Referate der 1. Doppelstunde, anschließend Besprechung und eventuelle Ergänzung (denkbar z. B., dass die Filmvorführung in Düsseldorf im Referat noch nicht ausgeschöpft ist: Vertauschung der Spulen, die **Repetition**, Sabeths Widerwille gegen das Gefilmtwerden)
3'. Zunächst Referat aus der 1. Doppelstunde: Motiv der Blindheit/des Nichtwissens (LK), anschließend Auswertung der Hausaufgabe

Welchen Einfluss hat Sabeth auf Fabers *Welt-Sicht*? Gehen Sie aus von Fabers **Verfügung für den Todesfall** (199). Ferner: (107–110, 124)

Stunden	Thema	Didaktische Aspekte (Inhalte/Ziele)	Methodische Realisierung/ Verlauf
9./10.			
11./12.	Fabers letzte Nacht in Habana (180 f.)	Das Landschaftserlebnis als Ausdruck der gewandelten Einstellung zur Existenzwirklichkeit	1. Hausaufgabenbesprechung 2. Äußere und innere Situation Fabers 3. Symbolik 4. Sprache (LK)
13./14.	Sprache und Erzählform	Das Ineinander von Berichtstil und Erinnerungsstil	1. Die wesentlichen Kommunikationsfaktoren 2. Stilistischer Vergleich zweier motivgleicher Textstellen 3. Typische sprachliche Formeln des berichtenden Technikers 4. Wesentliche Stilelemente der vergegenwärtigenden Erinnerung 5. Chronologie und Erzählstruktur des Erinnerungsstils (LK)

Ergänzungsfragen (LK):
Welche Wirkung auf den Leser ergibt sich dadurch, dass Faber einerseits behauptet, nicht zu wissen, **was die Leute eigentlich meinen, wenn sie von Erlebnis reden** (24), andererseits eine Fülle von emotional getönten eigenen Wahrnehmungen wiedergibt um sie zu dementieren?
Welche Existenzsymbolik liegt selbst in den Dingen, die Faber zugegebenermaßen sieht? Z. B.: **Was ich sehe, das sind Agaven, eine Pflanze, die ein einziges Mal blüht und dann abstirbt.** (24) Zeigen Sie weitere Indizien für Fabers emotionale Betroffenheit auf.

zu:	Zusammenfassung
2′. Knappe Einordnung in den Handlungskontext.	der Ergebnisse von
Innere Situation: Bedeutung des umrahmenden Kontexts?	3. und gegebenen-
Z. B.: **Meine letzte Nacht. Keine Zeit auf Erden. Ich wußte, daß**	falls 4.

ich alles, was ich sehe, verlassen werde (180).
Motiv der letzten Stunde, Motiv des Filmens (182).
3′. Bedeutung der allumfassenden Bewegung: Sturm, Bewegung der toten Dinge, der Natur, des schaukelnden Ichs
Bedeutung des Singens: vgl. Marcel und Sabeth
Bedeutung des Meeres und der Inselsituation: evtl. Bezugnahme auf SANTA CRUZ, GRAF ÖDERLAND
4′. Wortwahl: Lebens- und Todesmetaphorik (LK)
Satzbau: Bedeutung des weit ausholenden Satzgebildes, der ungrammatischen Syntax, des Präsens (LK)
Besondere Funktion der rhythmisch wiederkehrenden Kola: **ich schaukle und schwitze [...], ich schaukle und trinke [...], ich schaukle und schaue [...], ich schaukle und singe.** Gliederungsfunktion (LK)
Symbolischer Bezug der Rhythmisierung: Zweipolige Betonungsmuster – Zweipoligkeit der Existenz (LK)

zu:
1′. In welcher Situation, aus welchem Anlass, in welcher Intention, für welchen Adressaten schreibt Faber seinen **Bericht** (Untertitel)?
2′. Textstellen (55–56 M. und 83 u. 85 f.)
Beide Textstellen behandeln die Entdeckung des toten Freundes Joachim Hencke.
Stillarbeit:
Stellen Sie gegensätzliche Stilmerkmale heraus und erklären Sie sie aus der – bewussten oder unbewussten – Intention des Schreibenden: Stichwort *Bericht* (55) – **Einmal [...]** *erzählte* ich (83 u.)
Gesichtspunkte u. a.: Druckbild – zeitlicher und kausaler Zusammenhang – Perspektive – Distanz/innere Nähe – entsprechende Wortwahl – Ausdruckswert des Satzbaus und der Satzverbindungen

Stunden	Thema	Didaktische Aspekte (Inhalte/Ziele)	Methodische Realisierung/ Verlauf
13./14.			
15./16. (LK)	Perspektive und Blickführung	Fabers Sehweise als Ausdruck seiner Existenzweise	1. Kontinuität und Diskontinuität der visuellen Wahrnehmung 2. Wirkung der Vertikalperspektive 3. Bedeutung von Distanz/Starre einerseits und Nähe/Bewegung andererseits. 4. Zusammenfassende Auswertung der Befunde
17./18. (LK)	Besonderheiten des epischen Dialogs in *Homo Faber*	Zusammenhang zwischen der Dialogform und Fabers mitmenschlichen Beziehungen	1. Der *einseitige* Dialog 2. Aneinander-vorbei-Reden 3. Ref.: Verändert sich Fabers Sprache im Laufe des Romans?

3'. Arbeitsteilige GA:
In welchen Zusammenhängen und in welcher Absicht verwendet der *Berichterstatter* Faber Wendungen wie **wie üblich** (7–20 als exemplarische Stelle, eventuell auch Parisszene (96–99), hier in Verbindung mit der Formel **it's okay, nichts weiter,** z. B. (11, 25, 92), **ich bin gewohnt,** z. B. (75, 91, 98 f.)?

4'. Zeigen Sie die Stilelemente der vergegenwärtigenden Erinnerung in der Darstellung der Düsseldorfer Filmvorführung (187–191) oder der zweiten Dschungelreise (165–169) auf.

5'. Untersuchen Sie die Abweichungen der Erzählfolge von der Chronologie (120–160). Erklären Sie sie ausgehend von den Ergebnissen von 2. und 4.
(Dieser Punkt kann bei Zeitknappheit als Hausaufgabe behandelt werden.)

---

zu: Ergebnisprotokoll

1'. Untersuchen Sie folgende Stellen (arbeitsteilig) unter dem Aspekt Kontinuität und Diskontinuität der Blickführung:
a) Erster Flug und Wüstenaufenthalt (7–28)
b) Erster Dschungelaufenthalt (34–54)
c) Erster Aufenthalt in New York (58–86)

2'. Zeigen Sie auf, inwiefern die Vertikalperspektive als Ausdruck von Fabers existenzieller Grundeinstellung gedeutet werden kann:
Vertikalperspektive von oben nach unten: (8 f., 18, 20, 195–197)
Vertikalperspektive von unten nach oben: (11, 18, 35, 52, 114, 115, 136)

3'. Untersuchen Sie Blickführung und Perspektive unter den Kategorien: Distanz und Starre – Nähe und Bewegung.
Ziehen Sie Parallelen zu Fabers Lebenseinstellung. Passagen: Fabers erster und letzter Flug, Wüstenerlebnis, Dschungelszene, Kubaszene

---

zu: Fassen Sie Fabers

1'. Was sagt der *einseitige* Dialog (im weitesten Sinne, unter Einbezug von Telefonat und Brief) über Fabers Beziehungen zu anderen Menschen aus? Textstellen z. B.: (16 f., 138–148, 170, 176)

2'. Arbeitsgleiche GA:
Stellen Sie Besonderheiten des Dialogs Faber–Hencke (25–32) fest und interpretieren Sie den Befund. Vergleichen Sie dazu den Dialog Faber–Sabeth (116–118).

und Marcels Zivilisationskritik thesenhaft zusammen (Vorbereitung für die folgende Unterrichtsstunde).

Stunden	Thema	Didaktische Aspekte (Inhalte/Ziele)	Methodische Realisierung/ Verlauf
19./20. (LK)	Zivilisationskritik Frischs in *Homo faber* und *Don Juan*	Faber und Don Juan als Repräsentanten des abendländischen Technikers: Technik als Gegenpol des Lebens	1. Auswertung der Hausaufgabe 2. Referat: Inhaltsangabe zu *Don Juan oder Die Liebe zur Geometrie* 3. *Nachträgliches zu Don Juan* (vgl. Mat. 5) 4. Vergleich der Figurenkonzeption: Faber – Don Juan
21./22. (LK)	Frischs Amerika-Bild	Komplementäre Züge in Frischs Amerika-Bild	1. Ref.: Unsere Arroganz gegenüber Amerika 2. Ref.: zu *Stiller:* Sibylles und Rolfs Erfahrungen im Umgang mit Amerikanern 3. Textanalyse zu einem Textausschnitt aus *Stiller:* Blick auf Manhattan (314–316) (vgl. Mat. 6)
23./24. (LK)	Stilvergleich	Zusammenhang von Persönlichkeitsstil und poetologischer Position	1. Vergleich von a) *Homo faber* (68) b) Thomas Mann: *Der Tod in Venedig* (9, 2. Abschnitt: vgl. Mat. 7) 2. Zuordnung von Textausschnitten aus Frischs *Tagebuch 1946–1949* und Thomas Manns *Tonio Kröger* (vgl. Mat. 8)

zu:

3'. Stillarbeit: Fassen Sie Frischs Interpretation des *Don Juan* zusammen:

Don Juans Verhältnis zu:

a) Frauen – Natur

b) Beruf – Geometrie – Männer

c) Kind – Vaterschaft – Tod

4'. Vergleichen Sie Don Juan und Faber.

(Falls von der Lektüre her die Voraussetzung gegeben ist, bietet sich ein weiter gehender Vergleich an: Das Bild des Naturwissenschaftlers in der modernen Literatur, z. B. Dürrenmatt: *Die Physiker*, Kipphardt: *In Sachen Robert Oppenheimer*)

---

zu:

3'. Mögliche Untersuchungsaspekte:

– Erlebnis- und Gefühlslage des Betrachters

– Gegensätzlichkeit und Paradoxie im Bild der Stadt

– Ästhetische Wertungen

– Sprachliche Entsprechungen: Satzbau, Metaphorik

Vergleichen Sie Frischs Großstadtbild mit einer Ihnen bekannten Großstadtdarstellung eines anderen Autors.

---

zu:

1'. Vorinformation zu Thomas Mann

Lebensdaten: 1875 (Lübeck) – 1955 (Zürich)

Werke (Auswahl): *Die Buddenbrooks* (1901), *Tonio Kröger* (1903), *Der Tod in Venedig* (1912), *Der Zauberberg* (1924), *Doktor Faustus* (1947)

Kontext der ausgewählten Textstelle:

Der Schriftsteller Gustav von Aschenbach hat bei einem Spaziergang vor den Toren Münchens plötzlich eine Halluzination, durch die er im weiteren Verlauf der Handlung zu einer Venedigreise animiert wird. Sie endet mit seinem Tod.

Untersuchungsauftrag (arbeitsgleiche Stillarbeit):

Vergleichen Sie die beiden Textausschnitte: Motiv, Einstellung des Erlebenden zur Natur, sprachliche Gestaltung

2'. Freies UG: Welchem Autor (Frisch/Th. Mann) würden Sie die beiden Textstellen zuordnen? Begründen Sie Ihre Entscheidung vom Sprachstil her. Ziehen Sie dazu auch die beiden Zitate zur Schaffensweise des Dichters heran.

Auflösung: Text 1 stammt aus M. Frisch, *Tagebuch 1946–1949*, Text 2 aus Th. Mann, *Mario und der Zauberer* (s. Mat. 8)

5   Klausurvorschläge

Grundkurs

1. Aufgabe: Textanalyse und Erörterung
   Textstelle (105, Z. 13–107, Z. 10)
   a) Geben Sie Fabers Ausführungen zum Thema Schwangerschaftsabbruch nach Thesen geordnet wieder.
   b) Überprüfen Sie seine Argumentationsweise.
   c) Entwerfen Sie eine mögliche Gegenposition.
2. Aufgabe: Analyse einer literarischen Charakteristik
   Textstellen (7–10 und 166–169)
   a) Vergleichen Sie die Charakteristik Herbert Henckes ((7–10) und (166–169)) inhaltlich.
   b) Untersuchen Sie die von Frisch verwendeten Mittel der literarischen Charakteristik.
3. Aufgabe: Textanalyse
   Textstelle (24, Z. 9–25, Z. 10)
   Wie stellt Faber das Erlebnis der nächtlichen Wüste dar? Unterscheiden Sie in seiner Darstellung
   a) rationale Ebene
   b) Ausdruck des Unterbewussten.
   Gehen Sie dabei auf sprachliche Auffälligkeiten und symbolische Elemente ein.
4. Aufgabe: Textanalyse
   Textstelle (150, Z. 10–152, Z. 23)
   a) Kurze Einordnung in den Handlungs- und Erzählzusammenhang
   b) Bedeutung der Situation für das Paar. Auswirkung auf das Landschaftserlebnis
   c) Funktion und Verlauf des *Spiels*
   d) Symbolik und sprachliche Gestaltung des Sonnenaufgangerlebnisses

Leistungskurs

1. Aufgabe und Textstellen: Grundkurs 2.
   c) Erläutern Sie die Funktion der Brüder Hencke innerhalb der gesamten Figurenkonstellation des Romans.
2. Aufgabe und Textstellen: Grundkurs 3. Dazu als textübergreifende Zusatzaufgabe, ausgehend von Mat. 9:
   c) Worin unterscheidet sich Stillers Sicht der Wüste von derjenigen Fabers?
3. Aufgabe und Textstellen: Grundkurs 4. Ausgehend von Mat. 10:
   e) Zeigen Sie den Zusammenhang zwischen dieser Tagebucheintragung und der besonderen sprachlichen Gestaltung der Akrokorinth-Szene auf.

4. Aufgabe: Textanalyse
   Textstelle (180, Z. 32–181, Z. 30)
   a) Äußere und innere Situation des Ich
   b) Symbolik
   c) Besondere sprachliche Stilelemente: Sprachbildlichkeit, Syntax, Rhythmisierung.

6 Materialien

Chronologie der Ereignisse (nach der Taschenbuchfassung)

Material 1

(27)	Dritter Tag in der Wüste von Tamaulipas = 27. 3. 1957, also Abflug von New York: 24. 3. 1957 abends
(21/22)	26. 3.–28. 3.: Aufenthalt in der Wüste
(34)	29. 3.: (vermutlich!) Fahrt nach Campeche
	30. 3.: Abfahrt nach Palenque
	31. 3.: Ankunft in Palenque
(49)	5. 4.: Beginn der Autofahrt zu J. Henckes Plantage
(54)	9. 4.: Ankunft auf der Plantage
	10. 4.: (vermutlich!) Beginn der Rückfahrt
(57)	19./20. 4.: In Caracas (Venezuela)
	21. 4.: Rückflug nach New York zu Ivy
(63/67)	22. 4.: Beginn der Schiffsreise nach Europa
(90)	29. 4.: Fünfzigster Geburtstag, letzter Abend an Bord, Heiratsantrag an Sabeth
(95)	30. 4.: Ankunft in Le Havre, Fahrt nach Paris
(124)	13. 5.: erste Übernachtung, Mondfinsternis, erstes intimes Zusammensein
(150)	26./27. 5.: Nacht in Akrokorinth
(156)	27. 5. mittags: Sabeths Unfall am Strand von Theodohori
(125)	27. 5.: 14 Uhr Wiedersehen mit Hanna, Übernachtung in Hannas Wohnung
(150/158)	28. 5.: morgens–mittags: Fahrt nach Theodohori
(160)	28. 5.: 14 Uhr Tod Sabeths durch Hirnblutung
(161)	1. 6.: Ankunft in New York
(165)	2. 6.: Flugreise nach Merida, Weiterfahrt nach Campeche und Palenque. Besuch bei Herbert Hencke auf der Plantage
(170)	20. 6.: Ankunft in Caracas
	21. 6.–8. 7.: Hotelaufenthalt in Caracas. Abfassung der **1. Station** des Berichts.
(172)	8. 7.–13. 7.: Aufenthalt in Habana (Kuba)
(185)	15. 7.: Filmvorführung in Düsseldorf
(193)	16. 7.: Zwischenlandung in Zürich, Ankunft in Athen
(191)	19. 7.: Beginn der z. T. handschriftlichen Aufzeichnungen im Krankenhaus: **2. Station**
(198)	Ende August: vermutlicher Tod Fabers am Operationstag

Material	Du sollst dir kein Bildnis machen
2	

Du sollst dir kein Bildnis machen

Es ist bemerkenswert, daß wir gerade von dem Menschen, den wir lieben, am mindesten aussagen können, wie er sei. Wir lieben ihn einfach. Eben darin besteht ja die Liebe, das Wunderbare an der Liebe, daß sie uns in der Schwebe des Lebendigen hält, in der Bereitschaft, einem Menschen zu folgen in allen seinen möglichen Entfaltungen. Wir wissen, daß jeder Mensch, wenn man ihn liebt, sich wie verwandelt fühlt, wie entfaltet, und daß auch dem Liebenden sich alles entfaltet, das Nächste, das lange Bekannte. Vieles sieht er wie zum ersten Male. Die Liebe befreit es aus jeglichem Bildnis. Das ist das Erregende, das Abenteuerliche, das eigentlich Spannende, daß wir mit den Menschen, die wir lieben, nicht fertig werden: weil wir sie lieben; solange wir sie lieben. Man höre bloß die Dichter, wenn sie lieben; sie tappen nach Vergleichen, als wären sie betrunken, sie greifen nach allen Dingen im All, nach Blumen und Tieren, nach Wolken, nach Sternen und Meeren. Warum? So wie das All, wie Gottes unerschöpfliche Geräumigkeit, schrankenlos, alles Möglichen voll, aller Geheimnisse voll, unfaßbar ist der Mensch, den man liebt – (…)

Du sollst dir kein Bildnis machen, heißt es, von Gott. Es dürfte auch in diesem Sinne gelten: Gott als das Lebendige in jedem Menschen, das, was nicht erfaßbar ist. Es ist eine Versündigung, die wir, so wie sie an uns begangen wird, fast ohne Unterlaß wieder begehen –

Ausgenommen wenn wir lieben.

(aus: Max Frisch: Tagebuch 1946–1949. Frankfurt 1950,
Bibliothek Suhrkamp 1973, 31, 37)

Material	Nach einem Flug
3a	

Nach einem Flug

Ein Flug über die Alpen, der nach einem anfänglichen Kitzel eine gewisse Leere hinterließ, beschäftigt mich doch immer wieder. (…) (50)

(…)

Es ist herrlich!

Aber etwas bleibt luziferisch.

Über einem Städtchen, das wie unsere architektonischen Modelle anzusehen ist, entdecke ich unwillkürlich, daß ich durchaus imstande wäre, Bomben abzuwerfen. Es braucht nicht einmal eine vaterländische Wut, nicht einmal eine jahrelange Verhetzung; es genügt ein Bahnhöflein, eine Fabrik mit vielen Schloten, ein Dampferchen am Steg; es juckt einen, eine Reihe von schwarzen und braunen Fontänen hineinzustreuen, und schon ist man weg; man sieht, wie sich das Dampferchen zur Seite legt, die Straße ist wie ein Ameisenhaufen, wenn man mit einem Zweiglein hineinsticht, und vielleicht sieht man auch noch die Schlote, wie sie gerade ins Knie brechen und in eine Staubwolke versinken; man sieht kein Blut, hört kein Röcheln, alles ganz sauber, alles aus einem ganz unmenschlichen Abstand, fast lustig. Nicht ohne eigene Gefahr; das meine ich nicht, daß es harmlos sei; ich denke auch die weißen Wölkchen, die jetzt ringsum aufplatzen, eine Staffel von Jägern, die hinter uns auftauchen und größer werden mit jedem Atemzug, lautlos, dann das erste Splittern in einer Scheibe (…) (52 f.)

(…)

Zum Bewußtsein kommt, wie gering eigentlich die Zone ist, die den Menschen ernährt und gestaltet; schon kommen die letzten Matten, schon beginnt die Vereisung. Zweitausend oder dreitausend Meter genügen, und unsere Weltgeschichte ist aus. Gewisse Kessel, die wir sehen, könnten auch auf dem Mond sein. Die vielleicht einzig vorkommende Gunst von Umständen, die irgendwo im Weltall ein menschliches Geschlecht ermöglicht hat, liegt als ein ganz dünner Hauch in den Mulden, und es genügt die geringste Schwankung der Umstände; eine Vermehrung des Wassers, eine Verdünnung der Luft, eine Veränderung der Wärme. Unser Spielraum ist nicht groß. Wir nisten in einem Zufall, dessen empfindliche Zuspitzung, wenn sie uns manchmal zum Bewußtsein kommt, beklemmend wird, zugleich begeisternd. Die Menschheit als Witz oder als Wunder; die paar Jahrtausende, die sie haben mag, sind nichts gegenüber der Unzeit, die sie umgibt, und dennoch mehr als diese Unzeit. Was es heißt, diesem Augenblick anzugehören –. (54)

Wir sind eine Gruppe von Malern und Schriftstellern; jeder darf einmal in die Laterne, wo der Pilot sitzt. Einmal fliegen wir ganz nahe an den Gipfel des Finsteraarhornes. Die Entfernung zwischen dem Felsen und unserem Flügel, sagt der Pilot, habe keine dreißig Meter betragen. Jedenfalls wird das Gestein wieder greifbar. Die plötzliche Lust zum Klettern, überhaupt die Gier, den Dingen wieder näherzukommen. Nicht aus Angst vor dem Schweben; wir fühlen uns ja, wie gesagt, unverschämt sicher in unserem Polster, und der Gedanke, dort drüben auf dem schwärzlichen Grat zu stehen, gibt erst wieder ein Gefühl von Gefahr, aber auch von Wirklichkeit. Es geht gegen sieben Uhr abends, eine Stunde, wo ich noch nie auf einem solchen Gipfel war; es ist wunderbar für das Auge, aber vermischt mit der Unruhe eines verspäteten Kletterers; die Täler im Schatten, violett, die letzte Sonne auf einer Gwächte; grünlich durchschimmert, erst durch den unwillkürlichen Kniff, daß man sich in die Lage eines Kletterers versetzt, wird alles wieder ernsthaft und erlebbar (…) (54 f.)

(aus: Max Frisch: Tagebuch 1946–1949. Frankfurt 1950,
Bibliothek Suhrkamp 1973, 50–55)

Überhaupt sind die Augenblicke, wenn plötzlich ein Grat oder ein Firn zu uns emporkommt, durchaus stärker als die Viertelstunden, da man einfach schwebt; plötzlich sieht man die Körnung im Schnee, die bekannten Spuren von kleinen Rutschen und von Steinschlag; man ist froh darum, jedesmal, wie um ein Erwachen. Leider zwingen die Wolken, daß wir uns wieder aus dem Aletschkessel heben; Jungfrau und Eiger rauchen wie Vulkane, über dem Lötschtal ballt sich ein kommendes Gewitter –

›Das ist der Märjelensee!‹

›Die Sphinx!‹

›Der Staubbach –‹

›Die Grimselmauer –‹.

Auch unser fast schülerhaftes Bedürfnis, sich immerfort die Namen aufzuschlagen, deute ich mir als ein Bedürfnis, das zerrissene Verhältnis wieder herzustellen, zurückzukehren in einen erlebbaren Maßstab. Jeder Name bedeutet: Das ist wirklich, da bin ich schon einmal gewesen, das gibt es, diesen Firn habe ich einmal erlebt, er ist sechs Stunden lang. (…) (55)

(…)

Material 3b

Es ist ganz offenbar, daß das menschliche Erleben, auch wenn wir uns außermenschliche Leistungen entlehnen können, mehr oder minder an den Bereich gebunden bleibt, den wir mit eignen Kräften bewältigen können. Oder mit den Kräften eines anderen natürlichen Körpers; beispielsweise eines Pferdes. Auch das Segeln bleibt noch im erlebbaren Verhältnis; der Wind ist eine außermenschliche Kraft, die wir aber nicht selbst entfesseln, und gehört zu unsrer natürlichen Umwelt, die unsere körperliche Eigenschaft bildet: im Gegensatz zu den Kräften, die wir aus schweigenden Naturstoffen umsetzen, speichern und nach unsrer Willkür entfesseln. Sie erst bringen uns in Lagen und in ein Tempo, das die Natur uns nicht zudachte, und wenigstens bisher sehen wir kein Anzeichen, daß unsere Natur sich wesentlich anpaßt; die bekannte Leere bei unseren Ankünften; weil unser Erleben, wenn ein gewisses Tempo überschritten wird, nicht mehr folgen kann; es wird dünn und dünner. Zwar nennen wir es noch lange Erlebnis, wo es bloß noch Kitzel ist, ein Abenteuer der Leere, ein Rausch, sich selber aufzuheben (…)

Es ist das luziferische Versprechen, das uns immer weiter in die Leere lockt. Auch der Düsenjäger wird unser Herz nicht einholen. Es gibt, so scheint es, einen menschlichen Maßstab, den wir nicht verändern, sondern nur verlieren können. Daß er verloren ist, steht außer Frage; es fragt sich nur, ob wir ihn noch einmal gewinnen können und wie? (56 f.)

(aus: Max Frisch: Tagebuch 1946–1949. Frankfurt 1950,
Bibliothek Suhrkamp 1973, S. 55–57)

Material 4   Café Odeon

Der Zufall ganz allgemein: was uns zufällt ohne unsere Voraussicht, ohne unseren bewußten Willen. Schon der Zufall, wie zwei Menschen sich kennenlernen, wird oft als Fügung empfunden; dabei, man weiß es, kann dieser Zufall ganz lächerlich sein: Ein Mann hat seinen Hut verwechselt, geht in die Garderobe zurück und obendrein, infolge seiner kleinen Verwirrung, tritt er auch noch einer jungen Dame auf die Füße, was beiden leid tut, so leid, daß sie miteinander ins Gespräch kommen, und die Folge ist eine Ehe mit drei oder fünf Kindern. Eines Tages denkt jedes von ihnen: Was wäre aus meinem Leben geworden ohne jene Verwechslung der Hüte?

Der Fall ist vielleicht für die meisten, die sonst nichts glauben können, die einzige Art von Wunder, dem sie sich unterwerfen. Auch wer ein Tagebuch schreibt, glaubt er nicht an den Zufall, der ihm die Fragen stellt, die Bilder liefert, und jeder Mensch, der im Gespräch erzählt, was ihm über den Weg gekommen ist, glaubt er im Grunde nicht, daß es in einem Zusammenhang stehe, was immer ihm begegnet? Dabei wäre es kaum nötig, daß wir, um die Macht des Zufalls zu deuten und dadurch erträglich zu machen, schon den lieben Gott bemühen; es genügte die Vorstellung, daß immer und überall, wo wir leben, alles vorhanden ist: für mich aber, wo immer ich gehe und stehe, ist es nicht das vorhandene Alles, was mein Verhalten bestimmt, sondern das Mögliche, jener Teil des Vorhandenen, den ich sehen und hören kann. An allem übrigen, und wenn es noch so vorhanden ist, leben wir vorbei. Wir haben keine Antenne dafür; jedenfalls jetzt nicht; vielleicht später. Das Verblüffende, das Erregende jedes Zufalls besteht darin, daß wir unser eigenes Gesicht erkennen; der Zufall zeigt mir, wofür ich zur Zeit ein Auge habe, und ich höre, wofür ich eine Antenne habe. Ohne dieses einfache Vertrauen, daß uns nichts erreicht, was uns nichts angeht, und daß uns nichts verwandeln kann, wenn wir uns nicht verwandelt haben, wie könnte man über die Straße gehen, ohne in den Irrsinn zu wandeln? Natürlich läßt sich denken, daß wir unser mögliches Gesicht, unser mögliches Gehör nicht immer offen haben, will sagen, daß es noch manche Zufälle gäbe, die wir übersehen und überhören, obschon sie zu uns gehören; aber wir erleben keine, die nicht zu uns gehören. Am Ende ist es immer das Fälligste, was uns zufällt.

(aus: Max Frisch: Tagebuch 1946–1949. Frankfurt 1950,
Bibliothek Suhrkamp 1973, 463/464)

In bezug auf die Untreue, die bekannteste Etikette jedes Don Juan, würde das heißen: Es reißt ihn nicht von Wollust zu Wollust, aber es stößt ihn ab, was nicht stimmt. Und nicht weil er die Frauen liebt, sondern weil er etwas anderes (beispielsweise die Geometrie) mehr liebt als die Frau, muß er sie immer wieder verlassen. Seine Untreue ist nicht übergroße Triebhaftigkeit, sondern Angst, sich selbst zu täuschen, sich selbst zu verlieren – seine wache Angst vor dem Weiblichen in sich selbst. (94)

Material 5

Don Juan ist ein Narziß, kein Zweifel; im Grunde liebt er nur sich selbst. Die legendäre Zahl seiner Lieben (1003) ist nur darum nicht abstoßend, weil sie komisch ist, und komisch ist sie, weil sie zählt, wo es nichts zu zählen gibt; in Worte übersetzt, heißt diese Zahl: Don Juan bleibt ohne Du.
Kein Liebender also.

Liebe, wie Don Juan sie erlebt, muß das Unheimlich-Widerliche der Tropen haben, etwas wie feuchte Sonne über einem Sumpf voll blühender Verwesung, panisch, wie die klebrige Stille voll mörderischer Überfruchtung, die sich selbst auffrißt, voll Schlinggewächs – ein Dickicht, wo man ohne blanke Klinge nicht vorwärtskommt; wo man Angst hat zu verweilen.

Don Juan bleibt ohne Du auch unter Männern. Da ist immer nur ein Catalinon, ein Scanarelle, ein Leporello, nie ein Horatio. Und wenn der Jugendfreund einmal verloren ist, den er noch aus der Geschwisterlichkeit der Jugendjahre hat, kommt es zu keiner Freundschaft mehr; die Männer meiden ihn. Don Juan ist ein unbrüderlicher Mensch; schon weil er sich selbst, unter Männer gestellt, weiblich vorkäme.

Man könnte es sich so denken:
Wie die meisten von uns, erzogen von der Poesie, geht er als Jüngling davon aus, daß die Liebe, die ihn eines schönen Morgens erfaßt, sich durchaus auf eine Person beziehe, eindeutig, auf Donna Anna, die diese Liebe in ihm ausgelöst hat. Die bloße Ahnung schon, wie groß der Anteil des Gattungshaften daran ist, geschweige denn die blanke Erfahrung, wie vertauschbar der Gegenstand seines jugendlichen Verlangens ist, muß den Jüngling, der eben erst zur Person erwacht ist, gründlich erschrecken und verwirren. Er kommt sich als ein Stück der Natur vor, blind, lächerlich, vom Himmel verhöhnt als Geist-Person. Aus dieser Verwunderung heraus kommt sein wildes Bedürfnis, den Himmel zu verhöhnen, herauszufordern durch Spott und Frevel – womit er immerhin einen Himmel voraussetzt. Ein Nihilist? (…) (95)

Warum erscheint Don Juan stets als Hochstapler? Er führt ein Leben, das kein Mensch sich leisten kann, nämlich das Leben eines Nur-Mannes, womit er der Schöpfung unweigerlich etwas schuldig bleibt. Sein wirtschaftlicher Bankrott, wie besonders Molière ihn betont, steht ja für einen ganz anderen, einen totalen Bankrott. Ohne das Weib, dessen Forderungen er nicht anzuerkennen gewillt ist, wäre er selber nicht in der Welt. Als Parasit in der Schöpfung (Don Juan ist immer kinderlos) bleibt ihm früher oder später keine andere Wahl: Tod oder Kapitulation, Tragödie oder Komödie. Immer ist die Don-Juan-Existenz eine unmögliche, selbst wenn es weit und breit keine nennenswerte Gesellschaft gibt – Don Juan ist kein Revolutionär. Sein Widersacher ist die Schöpfung selbst. Don Juan ist ein Spanier: ein Anarchist.

Don Juan ist kinderlos, meine ich, und wenn es 1003 Kinder gäbe! Er hat sie nicht, sowenig, wie er ein Du hat. Indem er Vater wird – indem er es annimmt, Vater zu sein –, ist er nicht mehr Don Juan. Das ist seine Kapitulation, seine erste Bewegung zur Reife. Warum gibt es denn keinen alten Don Juan? (…) (97) Ein Don Juan, der nicht tötet, ist nicht denkbar, nicht einmal innerhalb einer Komödie; das Tödliche gehört zu ihm wie das Kind zu einer Frau. Wir rechnen ihm ja auch seine Morde nicht an, erstaunlicherweise, weniger noch als einem General. Und seine nicht unbeträchtlichen Verbrechen, deren jedes ordentliche Gericht (also auch das verehrte Publikum) ihn verklagen müßte, entziehen sich irgendwie unsrer Empörung. (99)

Lebte er in unseren Tagen, würde Don Juan (wie ich ihn sehe) sich wahrscheinlich mit Kernphysik befassen: um zu erfahren, was stimmt. Und der Konflikt mit dem Weiblichen, mit dem unbedingten Willen nämlich, das Leben zu erhalten, bliebe der gleiche; auch als Atomforscher steht er früher oder später vor der Wahl: Tod oder Kapitulation – Kapitulation jenes männlichen Geistes, der offenbar, bleibt er selbstherrlich, die Schöpfung in die Luft sprengt, sobald er die technische Möglichkeit dazu hat. (100)

(aus: Max Frisch: Nachträgliches zu »Don Juan«.
In: Max Frisch: Don Juan oder Die Liebe zur Geometrie)

Material 6

›Babylon!‹, meint Rolf, der immer wieder hinunterschauen mußte in dieses Netz von flimmernden Perlenschnüren, in diesen Knäuel von Licht, in dieses unabsehbare Beet von elektrischen Blumen. Man wundert sich, daß in dieser Tiefe da unten, deren Gerausch nicht mehr zu hören ist, in diesem Labyrinth aus quadratischen Finsternissen und gleißenden Kanälen dazwischen, das sich ohne Unterschied wiederholt, nicht jede Minute ein Mensch verlorengeht; daß dieses rollende Irgendwoher-Irgendwohin nicht eine Minute aussetzt oder sich plötzlich zum rettungslosen Chaos staut. Da und dort staut es sich zu Teichen von Weißglut, Times-Square zum Beispiel. Schwarz ragen die Wolkenkratzer ringsum, senkrecht, jedoch von der Perspektive auseinandergespreizt wie ein Bund von Kristallen, von größeren und kleineren, von dicken und schlanken. Manchmal jagen Schwaden mit buntem Nebel vorbei, als sitze man auf einem Berggipfel, und eine Weile lang gibt es kein Neuyork mehr; der Atlantik hat es überschwemmt. Dann ist es noch einmal da, halb Ordnung wie auf einem Schachbrett, halb Wirrwarr, als wäre die Milchstraße vom Himmel gestürzt. Sibylle zeigte ihm die Bezirke, deren Namen er kannte: Brooklyn hinter einem

Gehänge von Brücken, Staten Island, Harlem. Später wird alles noch farbiger; die Wolkenkratzer ragen nicht mehr als schwarze Türme vor der gelben Dämmerung, nun hat die Nacht gleichsam ihre Körper verschluckt, und was bleibt, sind die Lichter darin, die hunderttausend Glühbirnen, ein Raster von weißlichen und gelblichen Fenstern, nichts weiter, so ragen oder schweben sie über dem bunten Dunst, der etwa die Farbe von Aprikosen hat, und in den Straßen, wie in Schluchten, rinnt es wie glitzerndes Quecksilber. Rolf kam nicht aus dem Staunen heraus: Die spiegelnden Fähren auf dem Hudson, die Girlanden der Brücken, die Sterne über einer Sintflut von Neon-Limonade, von Süßigkeit, von Kitsch, der ins Grandiose übergeht; Vanille und Himbeer, dazwischen die violette Blässe von Herbstzeitlosen, das Grün von Gletschern, ein Grün, wie es in Retorten vorkommt, dazwischen Milch von Löwenzahn, Firlefanz und Vision, ja, und Schönheit, ach, eine feenhafte Schönheit, ein Kaleidoskop aus Kindertagen, ein Mosaik aus bunten Scherben, aber bewegt, dabei leblos und kalt wie Glas, dann wieder bengalische Dämpfe einer Walpurgisnacht auf dem Theater, ein himmlischer Regenbogen, der in tausend Splitter zerfallen und über die Erde zerstreut ist, eine Orgie der Disharmonie, der Harmonie, eine Orgie von Alltag, technisch und merkantil über alles, zugleich denkt man an Tausendundeine Nacht, an Teppiche, die aber glühen, an schnöde Edelsteine, an kindliches Feuerwerk, das auf den Boden gefallen ist und weiterglimmt, alles hat man schon gesehen, irgendwo, vielleicht hinter geschlossenen Augenliedern bei Fieber, da und dort ist es auch rot, nicht rot wie Blut, dünner, rot wie die Spiegellichter in einem Glas voll roten Weines, wenn die Sonne hineinscheint, rot und auch gelb, aber nicht gelb wie Honig, dünner, gelb wie Whisky, grünlich-gelb wie Schwefel und gewisse Pilze, seltsam, aber alles von einer Schönheit, die, wenn sie tönte, Gesang der Sirenen wäre, ja, so ungefähr ist es, sinnlich und leblos zugleich, geistig und albern und gewaltig, ein Bau von Menschen oder Termiten, Sinfonie und Limonade, man muß es gesehen haben, um es sich vorstellen zu können, aber mit Augen gesehen, nicht bloß mit Urteil, gesehen haben als ein Verwirrter, ein Betörter, ein Erschrockener, ein Seliger, ein Ungläubiger, ein Hingerissener, ein Fremder auf Erden, nicht nur fremd in Amerika, es ist genau so, daß man darüber lächeln kann, jauchzen kann, weinen kann. Und weit draußen, im Osten, steigt der bronzene Mond empor, eine gehämmerte Scheibe, ein Gong, der schweigt ...

(aus: Max Frisch: Stiller. Frankfurt 1954, 9. Auflage, Suhrkamp TB 105, 314–316)

Es war Reiselust, nichts weiter; aber wahrhaft als Anfall auftretend und ins Leidenschaftliche, ja bis zur Sinnestäuschung gesteigert. Seine Begierde ward sehend, seine Einbildungskraft, noch nicht zur Ruhe gekommen seit den Stunden der Arbeit, schuf sich ein Beispiel für alle Wunder und Schrecken der mannigfaltigen Erde, die sie auf einmal sich vorzustellen bestrebt war: er sah, sah eine Landschaft, ein tropisches Sumpfgebiet unter dickdunstigem Himmel, feucht, üppig und ungeheuer, eine Art Urweltwildnis aus Inseln, Morästen und Schlamm führenden Wasserarmen, – sah aus geilem Farrengewucher, aus Gründen von fettem, gequollenem und abenteuerlich blühendem Pflanzenwerk haarige Palmenschäfte nah und fern emporstreben, sah wunderlich ungestalte Bäume ihre Wurzeln durch die Luft in den Boden, in stockende, grünschattig spiegelnde Fluten versenken, wo zwischen schwimmenden Blumen, die milch-

**Material
7**

weiß und groß wie Schüsseln waren, Vögel von fremder Art, hochschultrig, mit unförmigen Schnäbeln, im Seichten standen und unbeweglich zur Seite blickten, sah zwischen den knotigen Rohrstämmen des Bambusdickichts die Lichter eines kauernden Tigers funkeln – und fühlte sein Herz pochen vor Entsetzen und rätselhaftem Verlangen. Dann wich das Gesicht; und mit einem Kopfschütteln nahm Aschenbach seine Promenade an den Zäunen der Grabsteinmetzereien wieder auf.

(aus: Thomas Mann: Der Tod in Venedig. Frankfurt 1954, Fischer TB 54, 9)

Material 8

Text 1:
Ein Fischkutter bringt seine Wochenbeute. Kistchen von Tintenfisch, alles triefend, das grüne und violette Glimmern, schleimig wie der Glanz von Eingeweide. Das Hin und Her der kleinen Barken – mindestens eine ist immer unterwegs …

Text 2:
Oft, um die Stunde, wenn die Sonne, müde ihrer gewaltigen Arbeit, ins Meer sank und den Schaum der vordringenden Brandung rötlich vergoldete, waren wir heimkehrend auf bloßbeinige Fischergruppen gestoßen, die in Reihen stemmend und ziehend, unter gedehnten Rufen ihre Netze eingeholt und ihren meist dürftigen Fang an Frutti di mare in triefende Körbe geklaubt hatten.

Als mögliche Hilfe kann je eine Äußerung von Frisch und Th. Mann zur Schriftstellerei gegeben werden:

Frisch: Man hält die Feder hin wie eine Nadel in der Erdbebenwarte, und eigentlich sind nicht wir es, die schreiben, sondern wir werden geschrieben.

(aus: Max Frisch: Tagebuch 1946–1949. Frankfurt 1950, Bibliothek Suhrkamp 1973, 19)

Th. Mann: Denn das, was man sagt, darf ja niemals die Hauptsache sein, sondern nur das Material, aus dem das ästhetische Gebilde (…) in gelassener Überlegenheit zusammenzusetzen ist.

(aus: Thomas Mann: Tonio Kröger, Mario und der Zauberer. Frankfurt 1963, Fischer TB 1973, 29)

(Auflösung S. 100, 23./24. Std.)

Ich sitze in meiner Zelle, Blick gegen die Mauer, und sehe die Wüste. Beispielsweise die Wüste von Chihuahua. Ich sehe ihre große Öde voll blühender Farben,
wo sonst nichts anderes mehr blüht, Farben des glühenden Mittags, Farben der
Dämmerung, Farben der unsäglichen Nacht. Ich liebe die Wüste. Kein Vogel in
der Luft, kein Wasser, das rinnt, kein Insekt, ringsum nichts als Stille, ringsum
nichts als Sand und Sand und wieder Sand, der nicht glatt ist, sondern vom
Winde gekämmt und gewellt, in der Sonne wie mattes Gold oder auch wie Kno-
chenmehl, Mulden voll Schatten dazwischen, die bläulich sind wie diese Tinte,
ja wie mit Tinte gefüllt und nie eine Wolke, nie auch nur ein Dunst, nie das
Geräusch eines fliehenden Tieres, nur da und dort die vereinzelten Kakteen,
senkrecht, etwas wie Orgelpfeifen oder siebenarmige Leuchter, aber haushoch,
Pflanzen, aber starr und reglos wie Architektur, nicht eigentlich grün, eher
bräunlich wie Bernstein, solange die Sonne scheint, und schwarz wie Scheren-
schnitte vor blauer Nacht – all dies sehe ich mit offenen Augen, wenn ich es auch
nie werde schildern können, traumlos und wach und wie jedesmal, wenn ich es
sehe, betroffen von der Unwahrscheinlichkeit unseres Daseins. Wieviel Wüste es
gibt auf diesem Gestirn, dessen Gäste wir sind, ich habe es nie vorher gewußt,
nur gelesen; nie erfahren, wie sehr doch alles, wovon wir leben, Geschenk einer
schmalen Oase ist, unwahrscheinlich wie die Gnade. Einmal, irgendwo unter
der mörderischen Glut eines Mittags ohne jeglichen Wind, hielten wir an; es war
die erste Zisterne seit Tagen, und die erste Oase auf jener Fahrt. Ein paar Indianer kamen heran, um unser Vehikel zu besichtigen, wortlos und schüchtern. Wieder
Kakteen, dazu ein paar verdörrte Agaven, ein paar serbelnde Palmen, das war
die Oase. Man fragt sich, was die Menschen hier machen. Man fragt sich
schlechthin, was der Mensch auf dieser Erde eigentlich macht, und ist froh, sich
um einen heißen Motor kümmern zu müssen. Ein Esel stand im Schatten unter
einem verrosteten Wellblech, Abfall einer fernen und kaum noch vorstellbaren
Zivilisation, und um die fünf Hütten aus ungebranntem Lehm, fensterlos wie
vor tausend oder zweitausend Jahren, wimmelte es natürlich von Kindern. Gele-
gentlich fuhren wir weiter. In der Ferne sahen wir die roten Gebirge, doch kamen sie nicht näher, und oft, wiewohl man den kochenden Motor hörte, konnte
ich einfach nicht unterscheiden, ob man eigentlich fährt oder nicht fährt. Es
war, als gäbe es keinen Raum mehr; daß wir noch lebten, zeigte uns nur noch der
Wechsel der Tageszeit. Gegen Abend streckten sich die Schatten der haushohen
Kakteen, auch unsere Schatten; sie flitzten neben uns her mit Hundertmeter-
länge auf dem Sand, der nun die Farbe von Honig hatte, und das Tageslicht
wurde dünner und dünner, ein durchsichtiger Schleier vor dem leeren All. Aber
noch schien die Sonne. Und in der gleichen Farbe wie die Kuppen von Sand, die
von der letzten Sonne gestreift wurden, erschien der übergroße Mond aus einer
violetten Dämmerung ohne Dunst. Wir fuhren, was unser Jeep herausholte, und
dabei nicht ohne jenes feierliche Bewußtsein, daß unsere Augen durchaus die
einzigen sind, die all dies sehen; ohne sie, unsere sterblichen Menschenau-
gen, die durch diese Wüste fuhren, gab es keine Sonne, nur eine Unsumme blinder Energie, ohne sie keinen Mond; ohne sie kein Ende, überhaupt keine Welt,
kein Bewußtsein der Schöpfung. Es erfüllte uns, ich erinnere mich, ein feierli-
cher Übermut; kurz darauf platzte der hintere Pneu.
Ich werde die Wüste nie vergessen!

(aus: Max Frisch: Stiller. Frankfurt 1977, Suhrkamp TB 105, 26/27)

Anhang

Anmerkungen

[1] Frischs Vorstellungen vom Antagonismus des weiblichen und des männlichen Prinzips berühren sich in vielem mit C. G. Jungs Auffassungen. Eine direkte Beeinflussung ist denkbar; Frisch hat als Student Vorlesungen von C. G. Jung besucht. Er bezieht sich in STILLER und MONTAUK namentlich auf Jung.

[2] Die Frau, die durch irrationales Wissen – bis hin zum zweiten Gesicht – den unwissenden rationalistischen Mann verblüfft, tritt schon in den SCHWIERIGEN auf: Yvonne weiß z. B. mehr über Hinkelmanns persönliche Geschichte als dieser selbst.

[3] Möglicherweise ist Frisch zu dieser Bildnis-Auffassung durch die völlig entgegengesetzte Sicht Brechts in seiner bekannten Keuner-Geschichte WENN HERR K. EINEN MENSCHEN LIEBTE angeregt worden: ›Was tun Sie‹, wurde Herr K. gefragt, ›wenn Sie einen Menschen lieben?‹ – ›Ich mache einen Entwurf von ihm‹, sagte Herr K., ›und sorge, daß er ihm ähnlich wird.‹ – ›Wer? Der Entwurf?‹ – ›Nein‹, sagte Herr K., ›der Mensch‹. (Werkausgabe ed. suhrkamp, Bd. 12)

[4] Frischs Definition des Zufalls deckt sich fast mit der C. G. Jungs. Jung, in ZUR THEORIE DER SYNCHRONIZITÄT: Das Wort ›Zufall‹ ist wie ›Einfall‹ ungemein bezeichnend: Es ist das, was sich auf jemanden zubewegt, wie wenn es von ihm angezogen wäre (Ges. Werke, Bd. 8, 481).

[5] Zur Schuldfrage vgl. Geulen, a.a.O., 97 und Geißler, a.a.O., 195.

[6] Aus der Sicht der Jung'schen Psychologie lässt sich der Inzest noch in anderer Hinsicht als symbolischer Akt deuten: Der zunächst in abendländisch-männlicher Isolation verharrende Animus begegnet seiner Anima. Die psychische Zusammengehörigkeit von Animus und Anima käme dann in der (zunächst verborgenen) physischen Verwandtschaft zum Ausdruck. Die sexuelle Vereinigung entspräche dem psychischen Integrationsprozess, den Jung als einen äußerst dramatischen Vorgang schildert; erst nach dem katastrophalen Zusammenbruch der autarken Ratio entsteht nach Jungs Auffassung schließlich der Archetypus des Lebenssinns.
In der Studie MAX FRISCH. DIE IDENTITÄTSPROBLEME IN SEINEM WERK IN PSYCHOANALYTISCHER SICHT, Stuttgart 1976, versucht Gunda Lusser-Mertelsmann das Inzestmotiv nach Freud'schem Muster als Ausdruck einer überstarken Mutterbindung des Autors Frisch zu erklären; der unbewältigte Inzestwunsch führe zu einer tabubedingten Ablehnung der Sexualität schlechthin und zu den Identitätsproblemen aller Frisch-Gestalten. Das geheime Ideal der Mutter-Frau führe zur Ausbildung der literarischen Figur der unerreichbaren Frau (– z. B. im Falle Sabeths unerreichbar durch das Inzest-Tabu). Methodisch scheint mir das Vorgehen von Gunda Lusser-Mertelsmann mehr als fragwürdig: Der Autor wird als Patient betrachtet. Seine Krankheitsgeschichte wird aber lediglich aus seinen fiktionalen Werken erschlossen, die reale Person des Autors und ihre reale Biografie werden hingegen überhaupt nicht berücksichtigt. Diese naive Verwechslung von Realität und Fiktion führt im Einzelnen zu manchmal absurden Umdeutungen.

[7] In diesem Sinne missdeutet Kiesler die Intention des HOMO FABER.

[8] (So wird in BIN die Erinnerung als eigentliche seelische Wirklichkeit apostrophiert:) Jemand sagte mir, daß die Dinge, die wir für Erinnerung halten, Gegenwart sind. Es überzeugt. Dann wieder verwirrt es. Denn es nimmt den Dingen, die uns begegnen, die Zeit, und oft weiß ich nicht mehr, wo in meinem Leben ich mich eigentlich befinde (BIN, 78) (...) Wenn wir nicht wissen, wie die Dinge zusammenhängen, so sagen wir immer: zuerst, dann, später. Der Ort am Kalender! Ein anderes wäre natürlich der Ort in unserem Herzen (...) (36) Man müßte erzählen können, so wie man wirklich erlebt. – Und wie erlebt man? – Du hast es selber gesagt: daß Dinge, die wir für Erinnerung halten, Gegenwart sind. Ich hatte noch nie darüber gedacht, ich fühlte nur öfter und öfter, daß die Zeit, die unser Erleben nach Stunden erfaßt, nicht stimmt; sie ist eine ordnende Täuschung des Verstandes, ein zwanghaftes Bild, dem durchaus keine seelische Wirklichkeit entspricht (36/37).
Selbst schon in Frischs erstem Roman, dem JÜRG REINHART, bildet die Erinnerung als

Wirklichkeit schaffende Kraft ein zentrales Motiv.

9 Die Besonderheit dieser Stelle hat mehrere Interpreten zu Deutungen veranlasst. Vgl. Bänziger, a.a.O., 91, Geulen, a.a.O., 44, Brigitte Weidmann: WIRKLICHKEIT UND ERINNERUNG IN M. FRISCHS »HOMO FABER«, In: *Schweizer Monatshefte 44* (1964), S. 445–456.

10 Im GANTENBEIN wird die Form des umkreisenden Sagens zum beherrschenden Erzählprinzip: Die ›Geschichten‹ umkreisen die ›Erfahrung‹ wie laut TAGEBUCH die ›Worte‹ das ›Unsagbare‹. Auch in Details wird im GANTENBEIN die Methode angewendet, das ›Eigentliche‹ auszusparen, aber durch die umkreisenden Worte hindurch spürbar zu machen. ›Anschaulichkeit‹ im herkömmlichen Sinne entsteht dabei nicht. Als Beispiel hier die Beschreibung einer Frau: »Sie tanzen, die Dame, die Lila sein könnte, und der junge Ingenieur. Ihr Gesicht über seiner Schulter – das ich umsonst zu beschreiben versuche: – ein Senken ihrer Lider genügt, ein Wechsel ihres Blicks auf Nähe oder Ferne, eine Hand, die ihre Haare hinters Ohr streicht, im Profil, und dann wieder ihr Lachen von vorne, eine Drehung, ein Lichtwechsel, ein Wechsel vom Lachen ins Schweigen, ein Stirnrunzeln genügt, daß alle Beiwörter, die ich gesammelt habe, einfach abfallen von ihrem Gesicht« (GANTENBEIN 444).

Von der ›Bildnis‹-Philosophie des TAGEBUCHS I (28–31) aus gewinnt diese stilistische Methode eine gleichsam moralische Rechtfertigung – jedenfalls für die Personenbeschreibung: Ein direktes ›Bildnis‹ eines Menschen zu entwerfen erscheint als Sünde wider alles Lebendige im Menschen. Daher ist auch die Beschreibung Julikas durch Stiller als unerlaubte Fixierung zu verstehen. Anlässlich dieser Beschreibung urteilt z. B. der Staatsanwalt: »Ich hatte plötzlich das ungeheure Gefühl, Stiller hätte sie vor allem Anfang an nur als Tote gesehen, zum erstenmal das tiefe, unbedingte, von keinem menschlichen Wort zu tilgende Bewußtsein seiner Versündigung« (STILLER, 423).

11 Trotz aller äußerlichen Globalität wirkt die Welt des HOMO FABER eng – im Gegensatz zu der des STILLER. Dieses Gefühl resultiert aus der schmalen Perspektive des Ich-Erzählers.

12 Zum Schauplatzwechsel vgl. Geulen, a.a.O., 39.

13 Vgl. dagegen Geulen, a.a.O., 40/41.

14 Die Sicht des Todes als Lebensstimulans ist schon im frühen Werk Frischs zu finden. Hier eine charakteristische Stelle aus dem

TAGEBUCH I: »Die Götter, von keinem Ende bedroht, und die Molche, die auf dem Bauch liegen und atmen, ich möchte weder mit den Göttern noch mit den Molchen tauschen. Das Bewußtsein unserer Sterblichkeit ist ein köstliches Geschenk, nicht die Sterblichkeit allein, die wir mit den Molchen teilen, sondern das Bewußtsein davon; das macht unser Dasein erst menschlich, macht es zum Abenteuer und bewahrt es vor der vollkommenen Langeweile der Götter (…)« (Tgb. I, 331)

15 Eine verwandte Landschaftsbeschreibung bildet die New-York-Szene im STILLER. Wie in der Habana-Szene handelt es sich um ein rauschhaftes Existenzerlebnis. Gemeinsamkeiten bestehen in der inneren Situation: Wendepunkt im Leben des Helden (bzw. einer Heldin), Verlust früherer fixierter Verhaltensweisen, Aufbruch in eine wesentliche Existenz. Die äußere Situation weist auch verwandte Züge auf: Nacht über der Stadt, Nähe des Meeres, quasi insulare Position. In der New-York-Szene liegt die Spannung aber mehr im Ästhetischen: »Kitsch, der ins Grandiose übergeht« (305).

16 Die konsequente Subjektivierung der Zeit ist wie für Frisch so auch für C. G. Jung charakteristisch. Jung: »An sich bestehen Raum und Zeit aus Nichts. Sie gehen als hypostasierte Begriffe erst aus der diskriminierenden Tätigkeit des Bewußtseins hervor (…) Sie sind daher wesentlich psychischen Ursprungs« (Ges. W., Bd. 8, 495) »(…) Daraus ergibt sich der Schluß, daß entweder die Psyche räumlich nicht lokalisierbar oder daß der Raum psychisch relativ ist. Dasselbe gilt auch für die zeitliche Bestimmung der Psyche oder für die Zeit« (a.a.O., 500).

17 Nur 42 [34] der insgesamt 242 [196] Textseiten werden von insgesamt 30 längeren zusammenhängenden Passagen ohne Kurzabschnitte eingenommen. Davon entfallen 16 [13] Seiten auf ›Nachholberichte‹, 7 [6] auf Reflexionen, 19 [16] auf Bericht oder Beschreibung innerhalb der Hauptebene. In den ›Nachholberichten‹ wie in den Reflexionen finden sich überhaupt keine Kurzabschnitte.

18 Das Prinzip der mikrostrukturellen Kontinuitätsbrechung hat seine Parallele in der Struktur der Bühnendialoge bei Frisch. Frisch bevorzugt, vor allem in seinen späteren Dramen, z. B. in ANDORRA, entschieden den raschen, knappen Wortwechsel. Die Technik der Kurzabschnitte in Verbindung mit isolierten Kurzsätzen findet sich im GANTENBEIN vereinzelt, im STILLER so gut wie überhaupt nicht. Am ehesten noch stößt man in den SCHWIERIGEN auf umrahmende Kurzsätze. Die Abschnitte sind je-

doch in der Regel viel länger als im *HOMO FABER*. Ihre Anfänge weisen nicht die gleiche Abruptheit des Einsatzes auf, einleitende, verbindende Konjunktionen, Adverbien oder Gliedsätze sind wesentlich häufiger.

[19] Die Unterordnung des zeitlichen Vorgangs unter ein statisches Bild führt schon in den *SCHWIERIGEN* zu einem eigentümlichen syntaktischen Rollentausch: »Tropfen eines milden Lichts, einer nach dem andern, reihten sich auf, jeder mit einem Goldsaum wie welkender Herbst. Am Ende war es ein ganzer Leuchter, ein altertümliches Ding. Unschlüssig, wohin er nun das Unding zu stellen hätte, stand der Diener mit immer vertrauteren Zügen seines aufwärts erhellten Gesichts vor ihr« (177). – Hier wird der Vorgang des Erkennens in den Komparativ eines attributiven Adjektivs innerhalb eines Adverbiales abgedrängt!

Die Tendenz zur Synchronisierung zeigt sich in den *SCHWIERIGEN* im manieristischen Gebrauch präpositionaler Adverbialien, z. B.: »Es war ein köstlicher Abend mit blitzenden und lohenden Fenstern an den steinernen Ufern voll Stadt.« (142) Diese Tendenz verbindet sich mit der Unterordnung von Vorgang unter Statik: »Er saß (...) fröstelnd bei offenem Fenster und einbrechender Dämmerung mit steigenden Nebeln« (37) [31].

[20] Bei Frisch scheinen solche erfüllten Augenblicke nur im Abschied möglich zu sein. Die aus dem Abschiedsbewusstsein resultierende Gefühlsintensität gibt diesem Augenblick die zeitliche Tiefendimension. Die subjektive ›Ewigkeit‹ des Augenblicks liegt in einer anderen Wirklichkeitsebene als die der ›Normalzeit‹. Sie ist nur im Raum der ›Er-Innerung‹ möglich. Daher erklärt sich der zunächst merkwürdige ›Vorzeitigkeitsinfinitiv‹ der bedeutsamen Abschlussformel in Fabers ›Verfügung für den Todesfall‹: Ewig sein: gewesen sein (247) [199].

Literaturverzeichnis

Zur Primärliteratur: Eine vollständige Bibliografie aller Veröffentlichungen Max Frischs enthält der Sammelband: *Über Max Frisch II*, hrsg. von W. Schmitz. Hier soll nur zur Erleichterung des Überblicks eine Zeittafel der wichtigsten Erstveröffentlichungen bzw. Uraufführungen geboten werden. Die Werkzitate in diesem Bändchen beziehen sich auf die jeweils letzte Fassung der einzelnen Werke. Aus Gründen der Praktikabilität wird nicht nach der Gesamtausgabe, sondern nach den augenblicklich am ehesten greifbaren Einzelausgaben zitiert. Die zitierte Ausgabe wird jeweils in Klammern aufgeführt. Die bisher vorliegenden Sammelausgaben werden am Schluss genannt.

Zur Sekundärliteratur: Eine vollständige und exakte Bibliografie der gesamten Sekundärliteratur enthält der oben genannte Sammelband: *Über Max Frisch II* (453–536, speziell zum *Homo faber* 513/514). Die folgende Auswahl umfasst nur solche Abhandlungen, die tatsächlich Nennenswertes zum Verständnis des *Homo faber* beitragen oder doch zumindest einer kritischen Auseinandersetzung wert erscheinen.

Spezialliteratur zu *Homo faber*

Franzen, E.: Homo faber. In: Merkur 12 (1958) (auch in: Franzen, E.: Aufklärungen. Essays. ed. suhrkamp 66)

Geißler, R.: Max Frischs *Homo faber*. In: Möglichkeiten des modernen deutschen Romans. Frankfurt 1965, 2. Aufl.

Geulen, H.: Max Frisch. *Homo faber*. Studien und Interpretationen. Berlin 1965

Heidenreich, Sybille: Max Frisch. *Homo faber*. Anmerkungen zum Roman. Hollfeld 1977, 2. Aufl., Beyer PB

Henze, W.: Die Erzählhaltung in Max Frischs Roman *Homo faber*. In: Wirkendes Wort 11 (1961), 5, 278–279

Kaiser, G.: Max Frischs Homo faber. In: Schweizer Monatshefte 38 (1958/59), 9, 841–852 (auch in: Über Max Frisch I, ed. suhrkamp 404)

Liersch, W.: Wandlung einer Problematik. In: Neue dt. Lit. 7 (1958), 142–146 (auch in: Über Max Frisch I)

Loukopoulos, Wassili: Max Frisch. *Homo faber*. Eine Motivanalyse. Hochschulverlag Stuttgart 1978

Roisch, U.: Max Frischs Auffassung vom Einfluß der Technik auf den Menschen – nachgewiesen am Roman *Homo faber*. In: Weimarer Beiträge 13 (1967),950–967 (auch in: Über Max Frisch I)

Schmitz, W.: Max Frisch, *Homo faber*. Materialien. Kommentar, München 1977, Hanser Nr. 214

Weidmann, B.: Wirklichkeit und Erinnerung in Max Frischs *Homo faber*. In: Schweizer Monatshefte 44 (1964/65), 445–456

Relevante Abhandlungen mit allgemeinerem Thema:

Arnold, H. L. (Hrsg.): Text und Kritik 47/48: Max Frisch. München 1975

Bänziger, H.: Frisch und Dürrenmatt. Bern 1971, 6. neu bearb. Aufl.

Beckermann, Th. (Hrsg.): Über Max Frisch (I). Frankfurt 1971, edition suhrkamp 404

Bienek, H.: Werkstattgespräche mit Schriftstellern. München 1962 (auch: dtv 1965, 291)

Bloch, P. A. (Hrsg.): Der Schriftsteller und sein Verhältnis zur Sprache. Bern 1971

Brinkmann, H.: Der komplexe Satz im deutschen Schrifttum der Gegenwart. In: Haschinger, A. (Hrsg.): Sprachkurs als Weltgestaltung. Salzburg, München 1966

Dahms, E.: Zeit und Zeiterlebnis in den Werken Max Frischs. Berlin: de Gruyter 1976

Franz, H.: Der Intellektuelle in Max Frischs DON JUAN und HOMO FABER. In: Zeitschr. f. dt. Phil. 90 (1971), 555 ff. (auch in: Über Max Frisch II, ed. suhrkamp 852)

Hage, V.: Max Frisch. Hamburg: Rowohlt 1983, rm 321

Hanhart, T.: Max Frisch. Zufall, Rolle und literarische Form. Kronberg, 1976

Hillen, G.: Reisemotive in den Romanen von Max Frisch: In: Wirkendes Wort 19 (1969), 2, 126 ff.

Jurgensen, M.: Max Frisch. Die Romane. Bern 1976, 2. Aufl.

Kiernan, D.: Existenziale Themen bei Max Frisch. Berlin: de Gruyter 1978

Kiesler, R.: Max Frisch. Das literarische Tagebuch. Frauenfeld 1975

Lusser-Mertelsmann, G.: Max Frisch. Die Identitätsprobleme in seinem Werk in psychoanalytischer Sicht. Stuttgart 1976

Knapp, G. (Hrsg.): Max Frisch. Aspekte des Prosawerks. Bern 1978

Mayer, H.: Zur deutschen Literatur der Zeit. Hamburg 1976

Petersen, J.: Max Frisch. Stuttgart: Metzler 1978

Schau, A. (Hrsg.): Max Frisch, Beiträge zu einer Wirkungsgeschichte. Freiburg 1971

Schenker, W.: Die Sprache Max Frischs in der Spannung zwischen Mundart und Hochsprache. Berlin 1969 (im Auszug in: Über Max Frisch II)

Schmitz, W. (Hrsg.): Über Max Frisch II. Frankfurt 1976, edition suhrkamp 852

Stäuble, E.: Max Frisch. St. Gallen 1967, 3. erw. Aufl.

Steinmetz, H.: Tagebuch, Drama, Roman. Göttingen 1973

Schuhmacher, K.: Weil es geschehen ist. Königstein: Hain 1979

Ullrich, G.: Identität und Rolle. Probleme des Erzählens bei Johnson, Walser, Frisch und Fichte. Stuttgart: Klett-Cotta 1977

Werner, M.: Bilder des Endgültigen – Entwürfe des Möglichen. Zum Werk von Max Frisch. Bern 1975

Wintsch-Spiess, M.: Zum Problem der Identität im Werk Max Frischs. Zürich 1965

Sonstige zitierte Literatur

Mann, Th.: Mario und der Zauberer (nach: Sämtliche Erzählungen). Frankfurt: Fischer 1963

–: Tonio Kröger (ebd.)

–: Der Zauberberg. Frankf.: Fischer 1962

Musil, R.: Der Mann ohne Eigenschaften. Hamburg 1952

Jung, C. G.: Bewußtes und Unbewußtes. Fischer TB 175

Zeittafel zu Leben und Werk

1911 Geburt am 15. Mai in Zürich.
Vater: Franz Bruno Frisch (Architekt), Mutter: Karoline Bettina (Geb. Wildermuth)

1924 Eintritt ins Kantonale Realgymnasium Zürich

1930 Matura

1931 Beginn des ersten Studiums (Germanistik); erste Veröffentlichung in einer Zeitung

1932 Tod des Vaters; Abbruch des Studiums, freie Zeitungsmitarbeit

1933 Erste Auslandsreise: Prag, Budapest, Belgrad, Istanbul, Athen, Rom

1935 Erste Reise nach Deutschland

1936 Beginn des zweiten Studiums (Architektur) an der Eidgenössischen Technischen Hochschule Zürich

1938 Conrad-Ferdinand-Meyer-Preis der Stadt Zürich

1939 Militärdienst als Kanonier (sporadisch bis 1945)

1941 Architektur-Diplom und Anstellung

1942 Erster Preis in einem Architektur-Wettbewerb und Eröffnung eines eigenen Büros. Eheschließung mit Constanze von Meyerburg (Scheidung 1959)

1944 Dramenpreis der Emil-Welti-Stiftung

1948 Erste Begegnung mit B. Brecht

1949 Eröffnung des von Frisch entworfenen Schwimmbads Letzigraben in Zürich

1950 Ehrengabe der Schweizerischen Schillerstiftung

1951 Rockefeller Grant for Drama; erste Reise in die Vereinigten Staaten

1955 Auflösung des Architekturbüros; Wilhelm-Raabe-Preis der Stadt Braunschweig; Schiller-Preis der Schweizerischen Schillerstiftung, Schleußner-Schueller-Preis des Hessischen Rundfunks

1956 Welti-Preis für das Drama der Stadt Bern, Fördergabe der Stiftung Pro Helvetia

1957 Charles-Veillon-Preis

1958 Georg-Büchner-Preis, Literaturpreis der Stadt Zürich

1962 Ehrendoktor der Philipps-Universität Marburg, Großer Kunstpreis der Stadt Düsseldorf

1964 Stipendium der Ford-Foundation

1965 Literaturpreis der Stadt Jerusalem, Schiller-Gedächtnispreis des Landes Baden-Württemberg

1966 Erste Reise in die Sowjetunion

1968 Eheschließung mit Marianne Oellers (Scheidung 1979)

1974 Großer Schiller-Preis der Schweizerischen Schillerstiftung

1975 Kurze Reise nach China

1976 Friedenspreis des Deutschen Buchhandels

1979 Ehrengabe aus dem Literaturkredit des Kantons Zürich (abgelehnt)

1982 Ehrendoktor der City University of New York

1987 Ehrendoktor der Technischen Universität Berlin

1991 Max Frisch verstorben am 4. April

Romane und Erzählungen

1934 *JÜRG REINHART. EINE SOMMER-
LICHE SCHICKSALSFAHRT.* Roman

1937 *ANTWORT AUS DER STILLE.* Eine
Erzählung aus den Bergen

1943 *J'ADORE CE QUI ME BRÛLE ODER
DIE SCHWIERIGEN.* Roman

1954 *STILLER.* Roman

1957 *HOMO FABER.* Ein Bericht

1964 *MEIN NAME SEI GANTENBEIN.*
Roman

1971 *WILHELM TELL FÜR DIE
SCHULE*

1974 *DIENSTBÜCHLEIN*

1975 *MONTAUK.* Eine Erzählung

1979 *DER MENSCH ERSCHEINT IM
HOLOZÄN.* Eine Erzählung

1982 *BLAUBART.* Eine Erzählung

Dramen

1945 *BIN ODER DIE REISE NACH PE-
KING* (Premiere); *NUN SINGEN
SIE WIEDER.* Versuch eines Re-
quiems (Premiere)

1946 *SANTA CRUZ. DIE CHINESISCHE
MAUER* (Premiere)

1948 *ALS DER KRIEG ZU ENDE WAR.*
Schauspiel (Premiere)

1951 *GRAF ÖDERLAND.* Ein Spiel in
zehn Bildern (Premiere)

1953 *DON JUAN ODER DIE LIEBE ZUR
GEOMETRIE.* Komödie in fünf
Akten (Premiere)

1958 *BIEDERMANN UND DIE BRAND-
STIFTER. EIN LEHRSTÜCK OHNE
LEHRE* (Premiere)

1961 *ANDORRA.* Stück in zwölf Bildern (Premiere)

1968 *BIOGRAFIE: EIN SPIEL.*

1978 *TRIPTYCHON. DREI SZENISCHE
BILDER* (Buchausgabe)

Sonstige Publikationen

1940 *BLÄTTER AUS DEM BROTSACK.
TAGEBUCH EINES KANONIERS*

1947 *TAGEBUCH MIT MARION*

1950 *TAGEBUCH (1946–1949)*

1967 *ÖFFENTLICHKEIT ALS PARTNER.*
Enthält: Festrede, Kultur als
Alibi, u. v. m.

1972 *TAGEBUCH 1966–1971*

1976 *GESAMMELTE WERKE IN ZEIT-
LICHER FOLGE.* 6 Bde. Hrsg.
von Hans Mayer unter Mitwir-
kung von Walter Schmitz

1983 *FORDERUNGEN DES TAGES:* Por-
traits, Skizzen, Reden 1943–82

1991 Verfilmung des *HOMO FABER*
durch Volker Schlöndorff

'It is becoming clearer that the treatment ethos that is most helpful for recovery from an eating disorder is one that includes a collaborative approach to care. This book is a wonderful compendium of resources that can be used as tools for the individual and the support team to work with a joint understanding. With helpful descriptions of the wide, eclectic variety of strategies that can be useful in fostering change, this book provides a diverse resource that can be shared in a collaborative way by patients, carers and professionals.'

– Professor Janet Treasure OBE, PhD, FRCP, FRCPsych, Professor of Psychiatry, University College London and Director of the Eating Disorder Unit at the Institute of Psychiatry, King's College London and the South London Maudsley Hospital NHS Trust

'The *Eating Disorder Recovery Handbook* successfully draws on existing evidence and best practice whilst interweaving the ideas and encouragement of those who have walked the difficult path of recovery before. Offering hope, guidance and a wide range of structured activities, this book will prove a fantastic tool both for people recovering from an eating disorder and those working hard to support them.'

– Dr Pooky Knightsmith, Child and Adolescent Mental Health Specialist and author of Self-Harm and Eating Disorders in Schools

'Recovery from eating disorders is notoriously difficult; here is a book that offers a comprehensive and challenging programme for recovery. It covers fundamental issues, such as the management of unruly thoughts and feelings, but also includes work on body image, self-esteem, sense of self, and relationships. It stresses that there is more to recovery than a change in eating behaviour and that what is needed is growth and development of the person. Its strongest feature is its invitation to readers to participate and take responsibility for their own recovery: to think, to remember, to reflect, to resolve, to practise. The book also instructs and advises on different types of therapy that may be relevant; it provides all sorts of tools for recovery such as mindfulness, music, relaxation. Straightforward advice on eating behaviour is included and finally it proposes how relapse may be avoided and life after an eating disorder embraced and enjoyed. I don't think I have ever seen such a comprehensive and robust handbook for recovery; I predict that it will be enormously helpful to many people.'

– Julia Buckroyd, Emeritus Professor of Counselling, University of Hertfordshire

EATING DISORDER RECOVERY HANDBOOK

A Practical Guide to Long-Term Recovery

Dr Nicola Davies
and Emma Bacon

Foreword by Julia Buckroyd

Jessica Kingsley *Publishers*
London and Philadelphia

The 'Recovery Checklist' on page 221 is adapted from the 'Checklist for Full Recovery' in Noordenbos, G. (2013) *Recovery from Eating Disorders: A Guide for Clinicians and Their Patients* and printed with kind permission from John Wiley and Sons.

First published in 2017
by Jessica Kingsley Publishers
73 Collier Street
London N1 9BE, UK
and
400 Market Street, Suite 400
Philadelphia, PA 19106, USA

www.jkp.com

Library of Congress Cataloging in Publication Data
Names: Davies, Nicola, 1958- author. | Bacon, Emma, 1978- author.
Title: Eating disorder recovery handbook : a practical guide for long-term recovery / Nicola Davies and Emma Bacon.
Description: London ; Philadelphia : Jessica Kingsley Publishers, 2017.
Identifiers: LCCN 2016018629 | ISBN 9781785921339 (alk. paper)
Subjects: LCSH: Eating disorders--Treatment--Popular works.
Classification: LCC RC552.E18 D38 2017 | DDC 616.85/26--dc23
LC record available at https://lccn.loc.gov/2016018629

British Library Cataloguing in Publication Data
A CIP catalogue record for this book is available from the British Library

ISBN 978 1 78592 133 9
eISBN 978 1 78450 398 7

Printed and bound in Great Britain

Contents

Foreword by Julia Buckroyd 9

About the Authors 10
    Meet Nicola 10
    Meet Emma 11

Introduction 12

1. **Eating Disorder Recovery: Are You Ready?** **15**
    1.1 What Might Recovery Involve? 16
    1.2 Readiness to Change 18
    1.3 The Wheel of Life 21

2. **Understanding Eating Disorders.** **23**
    2.1 Hidden Meanings of an Eating Disorder 24
    2.2 Motivations for an Eating Disorder. 28
    2.3 Eating Disorder Assessment and Evaluation Forms 31

3. **Disorders Often Related to an Eating Disorder** **33**
    3.1 Eating Disorders and Obsessive Behaviours 34
    3.2 Obsessive Compulsive Disorder 36
    3.3 Ritualistic Behaviours 38
    3.4 Discussing Depression 40

4. **Identity and Eating Disorders** **43**
    4.1 Personal Identity 44
    4.2 Who Am I? 47
    4.3 Understanding Your Personality 49
    4.4 Feeling Worthy 52
    4.5 Accepting Yourself 55
    4.6 Assertiveness 58
    4.7 The Inner Child 60
    4.8 Challenging Body Image Distortion 63
    4.9 Enhancing a Positive Body Image 66

5. **Cognitions (Thoughts) and Eating Disorders** 69

   5.1 Unhelpful Thinking Styles 70

   5.2 From Black-and-White Thinking to Living in Colour 72

   5.3 Twenty Questions to Challenge Negative Thoughts 75

   5.4 Positive Self-Talk 77

   5.5 Challenging My Eating Disorder Belief System 80

6. **Social Aspects of Eating Disorders** 83

   6.1 Eating Disorders and Relationships 84

   6.2 Plot Your Close Relationships 88

   6.3 Family Roles 91

   6.4 Eating Disorders in the Workplace 94

   6.5 Positive Communication 98

7. **Eating Disorder Treatment** 101

   7.1 An Introduction to Counselling 102

   7.2 An Introduction to Cognitive Analytic Therapy (CAT) 105

   7.3 An Introduction to Cognitive Behavioural Therapy (CBT) 108

   7.4 Mirror Therapy 110

   7.5 Art Therapy 113

   7.6 Animal Therapy 116

   7.7 Writing for Recovery 118

   7.8 Helpful and Unhelpful Aspects of Eating Disorder Treatment . . . 122

8. **Self-Help Tools** 125

   8.1 Mood Boards and Photo Therapy 126

   8.2 Problem-Solving 128

   8.3 Worry Time Diary 131

   8.4 Managing Anxiety 134

   8.5 Mindfulness 137

   8.6 Relaxation Training 140

   8.7 Meaningful Music 143

   8.8 Offering Yourself the Core Conditions 146

   8.9 External Validation and Self-Soothing 150

   8.10 Self-Help Materials 154

9. **Practical Advice** 157

   9.1 The Power of Being Pragmatic 158

   9.2 Restarting Normal Eating 161

   9.3 Regular, Healthy Eating – Practical Advice 165

   9.4 Dietary Help for Food Addictions and Comfort Binge Eating 169

   9.5 Recognising Hunger 173

   9.6 Mindful Eating 176

9.7 Exercise Balance   181
9.8 Coming Off Laxatives   185

10. **Maintaining Recovery** **189**
    10.1 Self-Sabotage   190
    10.2 Damage Limitation   194
    10.3 Relapse Prevention   198
    10.4 Aiding Recovery   203
    10.5 Inspirational Mentors   207

11. **Looking to the Future: Beyond Eating Disorders** **211**
    11.1 Motivation and Future Goals   212
    11.2 Hopes and Dreams   215
    11.3 New Ambitions   218
    11.4 Recovery Checklist   221

Appendix A: Counselling Types and Terminology   227

Appendix B: Food and Activity Diary Template   231

Appendix C: Cravings Diary   233

Appendix D: Considerations for Carers when Planning to Change Behaviour . . .   234

Appendix E: Relapse Coping Strategies   235

Appendix F: Grounding Method Ideas   237

Notes   239

Foreword

It has been my privilege as a therapist to be a witness to a part of the recovery journey of both of the authors of this valuable book. I know how much they have invested in reflection on the issues they present and how hard they have worked on themselves to change dysfunctional habits of thinking and acting. The title, which identifies 'long-term recovery' as the goal for readers, draws on their own experience that however much you might like a quick fix, recovery from an eating disorder takes time, sometimes a long time. However, the recovery they describe is really a programme for growth and development. Both of them have grown into a future that must at one time seemed beyond their grasp, but this book is the evidence that recovery and the claiming of a creative and productive life can be your goal.

Together they have used their talents and experience, personal and professional, to craft a document that will challenge you to take responsibility for your recovery, while at the same time showing you empathy and understanding. Nicola Davies has a great deal of experience as a health writer, so you will find this handbook is clear and accessible. She is a health psychologist and a member of the British Psychological Society and has also trained as a counsellor. Her specialism is health psychology and the science of behaviour change. She brings an academic and a health psychology perspective and competence to this book. Emma Bacon has spent many years running organisations that support people with eating disorders. She is the Director of BalancED MK, a counselling and advice service for people with eating disorders in the Milton Keynes area. ReBalance is a self-support group that grew out of BalancED MK and offers support and information to sufferers and their families and friends. Much of the material in the handbook has been used by ReBalance, and improved by feedback and development from the group members. Her work has given Emma an excellent understanding of what those who have eating disorders need to know and to do to help their recovery.

I have confidence that the work of two such experienced and knowledgeable authors can be useful to you and support, encourage and guide you on your recovery journey.

Julia Buckroyd
Emeritus Professor of Counselling,
University of Hertfordshire

About the Authors

Meet Nicola

 Nicola Davies is a Doctor of Health Psychology, person-centred counsellor and writer, who also has personal experience with eating disorders. Nicola's struggle with eating disorders started at 11 years old and continued into her early 30s. It was through her own work within health psychology and with the support of a counsellor and the unconditional and unwavering love of her partner that she was finally able to overcome her struggle.

Nicola combines her psychology and health expertise with her writing in order to raise awareness of both mental and physical health and well-being. Indeed, expressive writing was a core component of her own recovery, and Nicola met the co-author, Emma Bacon, as part of volunteer work with Emma's eating disorder support service, BalancED MK, where she assisted with writing information for support group members.

Nicola's health psychology expertise means she places great emphasis on behaviour change techniques for recovery. However, these techniques need to be facilitated by a strong support base. Nicola believes that self-destructive behaviours and thoughts can be overcome when the right conditions are provided – namely, empathy, congruence and unconditional positive regard. Such core conditions allowed Nicola to work safely with her inner child in the pursuit of recovery.

Along with her research and writing within the realms of psychology, Nicola also runs a forum for trainee counsellors due to her strong belief in the value of talking treatments for all mental health conditions, including eating disorders.

You can keep up to date with Nicola's work by following her on Twitter (@healthpsychuk) or by signing up to her free blog (https://healthpsychologyconsultancy.wordpress.com).

Meet Emma

Emma Bacon struggled with eating disorders, obsessive compulsive disorder (OCD) and depression in her 20s. She overcame her challenges with help from specialised one-to-one counselling, self-support groups and the love of her family and friends. Her recovery was also aided by the therapeutic benefits of owning her own horse and the unconditional love of her husband.

Following her recovery, Emma set up BalancED MK, an eating disorder support service offering help to people affected by anorexia, bulimia, binge eating and other eating disorders (www.balancedmk.co.uk). She facilitates a recovery-focused self-support group that welcomes anyone affected by disordered eating, including parents, partners, friends and family. In addition, Emma strives to increase awareness and understanding about this often misunderstood mental health issue through school presentations and media opportunities.

Emma is the author of *Rebalance Your Relationship with Food: Reassuring recipes and nutritional support for positive, confident eating*, encouraging an appreciation for balanced nutrition and self-compassion. The book contains empathetic quotes from people affected by eating disorders, body image issues and low self-esteem, helping the reader to feel understood and supported as they explore the wide selection of recipes. Follow Emma's Instagram account (rebalancing_me) or visit her website (www.rebalancing-me.com) for further information.

Emma's goal to encourage and inspire a healthy lifestyle drove her to qualify as a personal trainer and martial arts instructor, enabling her to guide clients searching for the combination of emotional and physical well-being.

· · · · · · · ·

Emma and Nicola's personal and professional experiences have led to the development of this *Eating Disorder Recovery Handbook*, with many of the worksheets evolving from the BalancED MK self-support group. Therefore, this book is the combination of many people's experiences, all with their own story, inspiring self-reflection and positive hope for the future.

Introduction

The *Eating Disorder Recovery Handbook* has been created to support anyone affected by any form of disordered eating, including anorexia, bulimia, binge eating or other specified feeding and eating disorders, through the provision of reflective activities that encourage you to explore recovery in a personal way. The handbook aims to help you recognise your disordered eating and understand yourself better so that you are equipped for any obstacles you may encounter on your road to long-term recovery.

The book includes a variety of sections, in a methodical order, covering fundamental issues relating to the development, management and recovery of an eating disorder. You are encouraged to consider and reflect upon your thoughts and feelings on these subjects, aiding a better understanding of your issues and the ways in which you can challenge them.

The book has been designed in a way that enables you to either work through activities in the sequence suggested or delve into subjects in an order more suitable for you. Each worksheet contains objectives which briefly explain the purpose of the section. Tasks within the chapters provide you with time to think about your thoughts, feelings and behaviours, as well as express yourself if you have been battling to find the words to explain how you feel. Space has been provided for you to make notes within the handbook, although you may also like to complement this with a recovery folder or journal. Feel free to repeat or return to exercises as frequently as is helpful, reiterating tools that have aided positive change in the past. Reflections are provided to give you the opportunity to process any discoveries you may have made in the process. We also suggest that you assess your progress along the way, remembering that relapse is often a part of recovery – rather than feeling disheartened if you take a step backwards, view this is an opportunity to learn from the experience and/or seek additional support as necessary. Equally, it is important that you notice and appreciate positive progress with a sense of pride and hope for the future.

In addition to the activity sheets, personal quotes and recovery examples from real people striving for long-term recovery provide an empathetic viewpoint throughout the book, inspiring a sense of understanding and reassurance that recovery is achievable and sustainable and of hope for the future.

This *Eating Disorder Recovery Handbook* recognises that recovery from an eating disorder is complex and often associated with many different aspects of life. The variety of worksheets included aims to encourage the reader to appreciate this too. Achieving life balance is an ongoing project that requires patience, self-compassion and determination.

Ultimately, the *Eating Disorder Recovery Handbook* is a comprehensive, practical guide helping you to develop your self-esteem, personality, body confidence and meaningful relationships. Take your time to work through the book, absorbing the information at your own pace, encouraging long-term recovery.

We hope that you find this handbook supportive and helpful and wish you every success on your journey to a fulfilled life free from an eating disorder.

Chapter 1

Eating Disorder Recovery

Are You Ready?

1.1 What Might Recovery Involve?

Objective

What is recovery exactly? And what will it involve? Even these questions can be scary for someone with an eating disorder. However, if you break them down and explore them, they can become less scary. The aim of this worksheet is to help you explore what recovery means for you, so that you can identify whether anything is holding you back.

Task

Before reading about what recovery might involve, think about what it means to you and write down what comes to mind.

_____

_____

_____

_____

_____

_____

_____

What might recovery involve?

We asked people with eating disorders what recovery might involve and this is what they told us:

- 'Being honest with myself, loving myself and letting go of my best friend (the eating disorder).'

- 'For me, it is about owning the problem and that recovery is my responsibility.'

- 'Once you've accepted you have an issue, you have taken the first step and you don't have to make that step again.'

- 'I have to accept I have a problem and am worthy of help.'

- 'I thought it would mean letting go of part of myself and that my eating disorder was a part of me.'

- 'Learning the reality of the situation rather than listening to the eating-disordered screwed-up version of truth; sometimes you need carers to remind you of this.'

- 'I need to stop inviting negative comments from people and learn to respond in a different way.'

- 'If you always do what you've always done, you'll always be what you've always been.'

- 'You need to challenge negativity and look forward positively.'

- 'Eating disorders will only grow and strengthen if you let them control you, making it harder to recover in the future. Fight it – the voices might shout, but you'll be stronger in the long term.'

- 'My eating disorder was my only form of control in my life, so I have had to learn that I can have control of things but only when I am well.'

What recovery means to me

Now that you have seen what recovery means to others, think again about what it means to you and write down what comes to mind.

_____

_____

_____

_____

_____

_____

_____

Reflection time!

Has the meaning of recovery changed for you since reading other people's thoughts? If so, in what ways? What was it like hearing other people's thoughts on recovery? Allow yourself to sit with this feeling while you reflect on the power of not being alone in your battle.

" I thought recovery was just about gaining weight. I soon found out that it is also about a change in thinking. I still have distorted thinking, even though my disordered eating is better. "

1.2 Readiness to Change

Objective

We are all at different stages when it comes to readiness to change our disordered eating behaviours. In addition, our stage might fluctuate throughout the recovery process as we are faced with various challenges. This is fine. In fact, it is human and can help us to accept the ups and downs of life. The aim of this worksheet is to help you determine how ready you are to change.

Task

Take a look at the stages of readiness to change model, below, to work out where you are at the moment and where you want to be in the future.

Just as life has ups and downs, so will recovery – our progress will not always be consistent. This is not something to be disappointed about or to beat yourself up about. Instead, use the stages of change model to help identify where you are in your readiness to change, and when you might need extra support to move forward into a more constructive stage.

The stages of readiness to change model was first developed to help overcome addiction. As we all know, there are many similarities between eating disorders and addiction. This is why the model is being used more frequently to help people with eating disorders.

According to the model, when we try to change a habit or unhealthy behaviour we go through different stages:[1]

- **Pre-contemplation** is when we aren't yet recognising a need to change.
- **Contemplation** is when we are considering change.
- **Preparation/determination** is when we are preparing to change.
- **Action** is when we start to change.
- **Maintenance** is when we succeed at change.
- **Relapse** is when we return to the old behaviour.

Let's take a closer look at exactly where you are on the readiness to change scale.

Using the readiness to change diagram, mark where you are in your efforts to change your disordered eating.

Pre-contemplation: 'Other people think I have an eating disorder, but I don't.'

Contemplation: 'I realise I have an eating disorder but I'm not sure I'm ready to change.'

Preparation/determination: 'I'm planning to "take action" against the eating disorder in the next 1–3 months.'

Action: 'I have taken definite actions against the eating disorder within the past six months.'

Maintenance: 'I am working to maintain the changes I have made to "take action" against the eating disorder and have achieved this for over six months.'

Relapse: 'Old, unhealthy behaviours are starting to creep back in, such as skipping breakfast or weighing myself daily.'

What if I relapse?

Relapse can feel like a failure, but it is a normal part of the process of change – you have *not* gone back to the beginning of your illness or erased the progress you have made. Instead, you need to re-establish your *balance* by entering the action stage again.

Increasing your readiness to change

Research suggests that we are more ready to change when:

- we recognise that it is important for us to change – that is, the pros outweigh the cons of change

- we are confident that we can change.

Take a piece of paper and divide it into two columns: 'pros' and 'cons'.

Under each column, start to list some of the pros and cons of staying the way you are (i.e. not changing your disordered eating). Examples might include:

Pros: 'My disordered eating is a good distraction'; 'I am more scared of change than staying the way I am.'

Cons: 'My health will continue to deteriorate'; 'I will hurt myself and my loved ones.'

Try to challenge the first three pros and the first three cons. If you have difficulty, ask someone else to help you.

The chances are that you can challenge all of the pros of staying the way you are, but none of the cons. This adds even more validity to the cons. With cons that are so strong, why wouldn't you want to be ready to change?

Change is difficult, even if you want it and are prepared to work at it. It is, however, much easier if you have the support of friends and family.

Reflection time!

If you go on doing what you have always done, you will go on getting what you have always got. So, why not make a change today? What do you need from others to help you change?

"It took me a long time to realise that if I take two steps back, I haven't failed or gone back to the beginning. In fact, often, I took two steps back just before a huge jump forward."

1.3 The Wheel of Life

Objective

The Wheel of Life represents one way of describing someone's whole life, and can be used to help you assess how satisfied you are with different aspects of your life. It doesn't represent the past or the future, but the present – the here and now. The aim of this worksheet is to help you create a snapshot of how fulfilled you are with different areas of your life so that you can identify any areas you might want to improve as part of your recovery.

Task

Let's complete your Wheel of Life[2] and what it might represent for you. With the centre of the wheel being 1 and the outer edge being 10, rank your level of satisfaction with each life area by marking a dot on the spokes of the wheel.

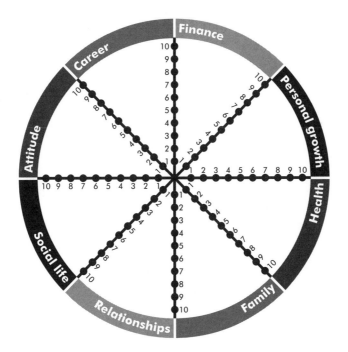

Once you have scored each area of your life, connect the dots to create a new outer edge. The shape you have created will help you appreciate which aspects are fulfilled and which need further development and attention.

Remember that this is your wheel, and if you want to change the title of certain areas, you can. For example, maybe you would prefer to change 'Relationships' to 'Friends' – there is no right or wrong way to do this. It is your life.

Reflection time!

Take a look at the wheel of your life. If this were a real wheel, how bumpy would your ride be? Which areas do you need to work on in order to add more balance to your life?

Consider repeating this exercise on a regular basis, helping you to assess and inspire progress over time.

"I couldn't believe how unbalanced my life was; no wonder I wasn't enjoying it! I can now see how relationships are just as important as work – and by balancing these, my health got better too."

Chapter 2

Understanding Eating Disorders

2.1 Hidden Meanings of an Eating Disorder

Objective

An eating disorder can develop as a coping mechanism for life, offering a distorted sense of control and predictability. Eating-disordered behaviours can also be a way of communicating emotions that are otherwise difficult to express. The aim of this worksheet is to help you identify thoughts and feelings that may be influencing your emotions and who might benefit from understanding this.

Task

Read through each statement, placing a tick in the corresponding column if you feel the statement rings true in relation to your circumstances. Then consider who, if anyone, you wish would understand this information, placing a name in the third column, if relevant.

Communicating emotions	Tick, if relevant	Who I wish understood this
I desperately want to be accepted.		
Just now I am figuring out who I am.		
I have a hard time with the concept of forgiving.		
I smile all the time because I don't know what else to do.		
Sometimes the weight of my sadness is bone-crushing.		
I hurt myself because pain is the only feeling that I can stand to feel.		
I am terrified of not being good enough.		
I cry when no one is around.		
I'm deathly afraid of growing up and having adult responsibilities.		
There are so many things I wish I could say.		
Words and actions hurt me even though they weren't meant to.		
I am so incredibly mean to myself.		
I sometimes need help, but I'm not sure how to ask for it.		
I am an emotional and sexual abuse survivor.		

I hold back from full recovery because the eating disorder gives me an excuse to not chase after my real goals.		
I don't like the eating disorder, but I'm having a hard time disliking it.		
I feel ashamed and dirty.		
I have a very difficult time seeing myself as an attractive person.		
I want to make a difference in the world.		
I'm afraid to know myself and understand my feelings and wishes.		
As I'm smiling and laughing, I have voices degrading me in my head.		
I blame myself.		
My family is more dysfunctional than I like to admit.		
I believe that everyone's flaws should be accepted and forgiven except for mine.		
I would give anything to get out of my head and into my body when I am being intimate with someone.		
I'm always in a state of obsession and never have a moment of silence in my head.		
I'd love to escape to somewhere by the beach, eat, drink, dance, without a care in the world.		
I lied my way through treatment and I'm now paying the consequences.		
I'm scared to leave the student world and enter the real world alone.		
I miss my parents like mad.		
I feel there's an empty hole in me.		
More than anything, I long for my mother/father to love and listen to me.		
I feel guilty about all the pain I feel.		
I hate, absolutely hate, feeling vulnerable and I will do almost anything to avoid it.		
I feel nothing most of the time and I wait to see your reactions before I know how to respond/reply/react myself.		
I am really sensitive, although I appear unfeeling.		

Communicating emotions	Tick, if relevant	Who I wish understood this
I'll lie to everybody to keep them from being hurt or from hurting them.		
I feel like a complete failure.		
What I want most is to just hear that I am OK just the way I am.		
I compare myself to others.		
Sometimes I feel like I don't belong anywhere.		
I hate being needy and yet I long to be taken care of.		
I am frightened and want someone to love me.		
Without this mask, I don't really know who I am.		
I'm not trusting of anyone.		
I simultaneously crave both fitting in and standing out.		
The eating disorder is the only constant in my life, the only thing that felt unchanging regardless of what external events happened.		
I am so afraid of being in an intimate relationship and fear being alone for the rest of my life.		
I wear my weight like armour.		
The bigger my smile, the larger my pain.		
I use my body to convey what my words cannot.		
I always feel like a burden.		
I don't want to be given up on.		
I have big dreams and wish that I believed enough to make them become a reality.		
I want to love my mother/father, but I cannot figure out how.		
I have no confidence in myself.		
I will not show that I am mad at you.		
I want to find something that will make my parents proud of me.		
I am scared because I don't know what to do with my life and I cannot cope without direction.		

I only pretend to be immature: I'm scared to show you just how serious and deep I can be.		
I don't know who I am.		
I don't feel that I deserve unconditional love.		
I'm afraid of being successful.		
Other:		
Other:		

Source: Adapted from Something Fishy Website on Eating Disorders[1]

Reflection time!

Consider sharing this chart or elements of it with the people you have named in the third column. Reflect on what it would feel like to have this person understand your thoughts, feelings and needs. What difference would it make to your recovery?

" Until completing this exercise, I had never even considered telling my partner how I feel. Now that he knows, he can better support me. "

2.2 Motivations for an Eating Disorder

Objective

Eating disorders can be motivated by a variety of factors, including the need for security, as a method of avoiding painful emotions, a way to communicate or even a way to gain a sense of strength. The aim of this worksheet is to help you identify what motivates your eating disorder.

Task

Read through each motivation in the table below, placing a tick in the corresponding column if you feel the statement reflects your own circumstances. Quotes have been provided by other people with eating disorders who can relate to these motivating factors.

Motivating factors	Tick, if relevant	Real-life examples
Security: A way of obtaining a sense of stability and security, helping to structure everyday life by organising days by means of strict rules and time schedules.		'I feel that if I were to recover, life would have no structure and purpose; the security blanket is hard to shake off.' 'The rules I have set myself make me feel safe. When I am sticking to them, I feel good. When I fail to meet my targets, I feel bad and the rules change. They get stricter but the stricter they are, the safer I feel.'
Avoidance: A way of avoiding negative emotions and experiences, including high expectations, producing a feeling a being 'safe'.		'Comfort eating and the high from carbs helps me avoid my feelings and fear of failure.' 'It's terrible, but I use anorexia as an excuse if I don't do well, but I use the pressure I am put under as an excuse not to recover, as I say I don't have time. I'm just avoiding everything.'
Mental strength: A way of getting an inner sense of mastery and strength, resulting in a sense of power and invulnerability.		'When I stick to my rules, I feel strong. My rules enable me to go to work and function and feel in control.' 'I felt stronger and more in control when I restricted. But in recovery, I realised that I was truly strong when I allowed myself to be vulnerable.'

Self-confidence: A way of feeling worthy of compliments and acknowledgment.		'I don't like me, therefore no one else will. I've got to pretend to be someone so people will like me. If I was slimmer, they'd like me more and I would like me more and have more confidence.' 'I thought I'd feel more confident if I lost half a stone, but when I did, I still didn't like myself and changed my target – always chasing more confidence.'
Identity: A way of creating a different identity or personality.		'I got thinner because I thought it would make me a better person.' 'It's almost as if anorexia has taken over to the extent that if I recover, it would take my sense of identity away, and I will never be who I was before.'
Care: A way of eliciting care from other people – encouraging concern, attention, attentiveness, thoughtfulness and consideration.		'Being vulnerable as a person gave me a reason for being treated with care. People approached me in a softer way.' 'I felt that I would only deserve help and attention if it was physically necessary.'
Communication: A way of communicating difficulties to other people, especially when feeling misunderstood.		'Words didn't communicate how bad I felt about myself. Everyone thought I was confident and happy and I felt like my exterior miscommunicated my true personality.' 'My eating disorder has helped me to communicate the problems that I couldn't and didn't know how to express.'
Death: A way of starving yourself to death – usually related to earlier issues with depression or suicide attempts prior to the onset of the eating disorder.		'It's less of an explicit want to die and more just a wish to disappear. I feel as if everyone else around me would be less stressed and worried if I simply disappear. It feels as if it is inevitable and that I will never be able to recover. I didn't start wanting to die, it crept up on me.' 'At my worst, death seemed like my only option.'

Source: Adapted from Nordbø et al. 2006[2]

Reflection time!

What have you learned about yourself and what motivates your eating disorder? How could you use this new knowledge to strengthen your resolve towards recovery, or to allow others insight into what drives you so that they can better support you?

> Everyone thinks I'm really smart and always able to succeed. But having an eating disorder clouds the feelings I have to deal with when I fail. It's terrible, but I use my eating disorder as an excuse if I don't do well, but I use the pressure I am put under as an excuse not to recover. I'm just avoiding everything.

2.3 Eating Disorder Assessment and Evaluation Forms

Objective

There are a variety of assessment and evaluation forms available for eating disorders, some of which are used by health professionals as part of diagnosis and others that are used by those with eating disorders to help them identify areas of concern or where extra support might be needed. It can be particularly useful to complete such forms when you are experiencing your best and worst days as a reminder of changes in behaviour and to gain strength from the better days. If you do choose to complete such assessments yourself, make sure you have the relevant support in place.

Task

Take a look at the table of assessments below. Do you feel you could benefit from completing any of these forms? Perhaps they might help you gain further insight into your condition? Place a tick next to those you feel you might be able to benefit from.

Assessment	Tick, if relevant	Example questions
SCOFF Questionnaire:[3] A screening tool for detecting key characteristics of anorexia and bulimia		Do you make yourself sick because you feel uncomfortably full? Do you worry you have lost control over how much you eat? Have you recently lost more than one stone in a three-month period?
Eating Attitudes Test (EAT-26):[4] A screening questionnaire to help determine if eating behaviours and attitudes should be further evaluated		Am I terrified of being overweight? Do I avoid eating when I am hungry? Am I preoccupied with food?
Becks Anxiety Inventory (BAI)[5]		During the past month, including today, how much have you been bothered by the following symptoms (mildly; moderately; severely; not at all): • Numbness or tingling • Feeling hot • Heart pounding/racing • Unable to relax?

Assessment	Tick, if relevant	Example questions
Bulimic Investigator Test, Edinburgh (BITE)[6]		Do you have a regular day-to-day eating pattern? Are you a strict dieter? Do you feel a failure if you break your diet once?
PHQ-9:[7] A tool to screen for symptoms of depression		Over the last two weeks, how often have you been bothered by: • Little interest or pleasure in doing things • Feeling down, depressed or hopeless • Trouble falling or staying asleep, or sleeping too much?
GAD-7:[8] A tool to screen for symptoms of anxiety		Over the last two weeks, how often have you been bothered by: • Feeling nervous, anxious or on edge • Not being able to stop worrying • Worrying too much about different things?

Reflection time!

What did you learn about yourself and your eating disorder and its associated symptoms from completing these assessments? Did anything surprise you? Have any areas of need been identified, where more support might help you? Consider sourcing the above assessment forms for a more thorough evaluation of your situation. You may also find Section 11.4 helpful (see page 221).

> I didn't realise how much my eating behaviour was influenced by anxiety. I told my counsellor about this and we are now working on ways to deal with anxiety, which is also helping my eating.

Chapter 3

Disorders Often Related to an Eating Disorder

3.1 Eating Disorders and Obsessive Behaviours

Objective

Living with an eating disorder involves living with obsessive thoughts and behaviours. Daily rituals, distorted beliefs and a continual need to feel in control (of everything…and sometimes everyone!) can have a devastating effect on your life. Recovering from an eating disorder will involve you challenging these obsessive behaviours, enabling you to live a more flexible lifestyle. The aim of this worksheet is to help you take steps towards achieving this.

Task

Take some time to consider whether you have obsessive-compulsive tendencies by completing the following questionnaire as honestly as you can.

	Yes	No
Do you ever find yourself being rigid with regard to order, organisation or schedules?		
Do you find yourself needing to make lists in order to track what you need to get accomplished?		
Are you a perfectionist?		
Do you find yourself unable to complete a task or project because it has not met your standards of excellence?		
Do you find yourself being so committed to your work that you find yourself neglecting friends and/or leisure activities (for reasons other than economic)?		
Do you find yourself being overly conscientious and inflexible about matters of ethics and morality (unrelated to issues of religion)?		
Do you find it difficult to part with objects even when they have no sentimental value?		
Are you reluctant to delegate tasks to others due to your frustrations that their approach may not be exactly the same as yours?		
Do you find yourself struggling to part with money?		
Would you describe yourself as strong-willed, rigid or stubborn?		

If you have answered 'yes' to four or more of the above questions, you may have an obsessive-compulsive personality. Though similar to obsessive compulsive disorder (OCD), which is discussed in the next section, its major difference is that it is personality-based; that is, it is an innate collection of personality traits. For some, this results in personal and/or professional success. In others, it can cause distress, as the individual's inflexibility can interfere with accomplishments and relationships, and result in feelings of depression and anxiety.

Reflection time!

Do you have obsessive personality traits? If so, which ones do you feel play the biggest role in maintaining your eating disorder? How might you address these personality traits so that you can control them (rather than them controlling you)? Could you explore opportunities to work positively with your personality type?

> " I am such a perfectionist, not just with my weight and eating, but with everything. My drive for perfection had to be overcome as part of my recovery. Not easy, but possible. "

3.2 Obsessive Compulsive Disorder

Objective

Obsessive compulsive disorder (OCD) is a diagnosable mental health condition, which is characterised by obsessive thoughts and compulsive behaviours. The obsessive thoughts cause anxiety, leading to behaviours aimed at reducing that anxiety. These behaviours can turn into compulsions, creating a vicious cycle. The aim of this worksheet is to help you identify whether you might have OCD.

Task

Complete the below questionnaire, which will help to indicate whether you are currently struggling with OCD.

	Yes	No
Do you ever find yourself worrying excessively that you may experience harm?		
Do you ever find yourself worrying excessively that someone you love may experience harm?		
Do you find yourself excessively concerned about becoming contaminated or getting germs?		
Do you ever find yourself needing to repeat tasks in order to do them perfectly?		
Do you ever find yourself counting or needing to do something in a particular numerical sequence?		
Do you ever find yourself riddled with anxiety until you achieve a particular order in a task (e.g. having your clothes hanging in a particular order in your wardrobe)?		
Do you ever find yourself compelled to repeat a task despite your knowledge that you already successfully completed it (e.g. cleaning the oven, closing the door)?		
Do you ever find yourself repeating thoughts in your head and worrying that if you do not continually repeat them harm might befall someone or something?		
Do you ever find yourself checking and rechecking a task?		
Do you ever find yourself hoarding objects?		
Do you ever find yourself endlessly rearranging objects in order to achieve a particular outcome of perfection?		
Does anyone in your family struggle with anxiety disorders, or has anyone in your family ever been diagnosed with an anxiety disorder?		
Does anyone in your family struggle with obsessive-compulsive symptoms, or has anyone in your family ever been diagnosed with obsessive compulsive disorder?		

If you have answered 'yes' to more than four questions, you may have obsessive compulsive disorder.

Common eating disorder obsessions include:

- exercise regimes
- daily rituals/routines
- food rules
- OCD around cleanliness, safety concerns, order
- body checking and/or constant fidgeting
- binging times
- cooking for others
- numbers – weight, calories, time, exercise
- moving from one obsession to another – avoiding the moment/reality
- black-and-white thinking – all or nothing.

Reflection time!

Can you add to the list of common eating disorder obsessions based on your own compulsions? Now that you have a better understanding of the difference between obsessive personalities and obsessive disorders, where do you think you might fall on the spectrum? If the latter, have you considered seeking professional input?

> Once I realised that I couldn't exercise at the gym and recover – because of my obsession with miles run and calories burnt – I found ways to exercise that didn't feed off my obsessions, such as walking outdoors or yoga classes.

3.3 Ritualistic Behaviours

Objective

People with eating disorders fall into destructive habits that involve rituals relating to food, eating and their bodies. These aren't easy to stop, partly because they serve deeper psychological needs and also because the mere thought of not performing them generates tremendous anxiety. The aim of this worksheet is to provide a brief look at such typical rituals, why people maintain them, what the consequences are and what needs to happen in order to overcome them.

Task

Complete the following questionnaire to determine those rituals you are experiencing now, or have experienced in the past.

Assessment	Tick, if relevant now	Tick, if relevant in the past
Following specific rituals whenever you eat, such as using specific cutlery or plates and arranging them in a certain order		
Purchasing or gathering large amounts of food to store in secret		
Structuring your day around snack or meal times		
Feeling compelled to compensate for eating large quantities of food (i.e. by over-exercising, vomiting, etc.)		
Consuming food very slowly, sometimes taking hours to finish a small portion		
Consuming food fast and frantically, not even tasting it		
Arranging food in a certain pattern, cutting it into tiny portions or organising it on the plate so certain foods don't touch		
Constantly checking your appearance in the mirror		
Obsessively counting the calories in the foods you buy and consume, as a way to control food intake; you may have even checked the volume of water in a glass before drinking it		
Weighing yourself repeatedly and, if the number on the scales isn't to your liking, severely restricting food consumption for the day		
Spending hours looking for and reading cookbooks and recipes or watching TV programmes on cooking		

Regularly cooking for others, but hardly eating any of the final meal yourself		
Exercising more than necessary		
Feeling a specific area of your body to see if it has changed		
Binging or purging at specific times of the day or after certain situations		

Ultimately, the ritualistic behaviours and the repetitive, obsessive thought processes about food and body weight are ways in which you try to cope with anxiety, depression and low self-esteem. When you go through the motions of specific rituals, it gives you the sense that you are busy coping with stress and anxiety, and that you can control troublesome emotions, including your immediate environment. The problem with these actions is that although you may derive a sense that you are reducing anxiety and emotional discomfort when performing them, you are really avoiding those very emotions and situations that make you anxious in the first place.

Reflection time!

In principle, if you've learned these destructive, compulsive rituals, you can unlearn them and free yourself from them. Exploring and finding alternative, healthier ways to overcome anxiety, stress, low self-esteem, sadness and a host of other emotional difficulties is vital to your recovery. Knowing that these compulsive actions exist, and why they are part of your life, is a big step towards gaining control over them. Achieving such insight can, in itself, be liberating.

"My rituals were all-consuming and just an extension of my eating disorder. When I realised this, I could start to replace the rituals with healthy behaviours."

3.4 Discussing Depression

Objective

Eating disorders aren't just related to issues around food and weight; they are also about difficult emotions. Many people with eating disorders are also struggling with depression – a debilitating mood disorder. The aim of this worksheet is to help you identify if you have depression and might benefit from some support for this condition.

Task

Complete the following depression self-report to see if you are currently experiencing depressive symptoms.

Feeling fed up and low in mood is a normal part of life. Usually, the reasons for low mood are clear and the drop in mood only lasts for a short period of time. Occasionally, a person's mood may seem to drop for little or no obvious reason. When someone feels very low and feels like this day after day, week after week, month after month, this is called a depressive illness.

Over the past two weeks, have you experienced any of the following?	Yes	No
1. Depressed mood for most of the day		
2. Change in appetite or weight		
3. Change in sleep (either more or less)		
4. Fatigue or loss of energy		
5. Loss of interest or pleasure in activities		
6. Feelings of worthlessness and/or hopelessness		
7. Difficulty concentrating or a decreased attention span		
8. Self-destructive thoughts or behaviours		

If you answered 'yes' to question 1 and/or question 5, and answered 'yes' to a total of five questions, then you are most likely struggling with depression.

Depression can come in different forms and in different degrees:

Type of depression	Description	This sounds like me (tick, if relevant)
Mild	Depression is described as mild when it has a negative but limited effect on your daily life. For example, you may have difficulty concentrating at work or motivating yourself to do the things you normally enjoy.	
Moderate	More of the symptoms are present in moderate depression than in mild depression, and they are usually more obvious. There may be a clear reduction in functioning at home and in the workplace.	
Severe (sometimes known as clinical or major depression)	Severe depression significantly interferes with an individual's ability to cope with their daily life. Eating, sleeping and many other everyday activities seem impossible tasks which can be life-threatening, as a person may be unable to look after themselves. There is also a high risk of suicide. Some people may experience only one episode, but several episodes in a lifetime is more common. In some circumstances, a person's inability to function can lead to hospitalisation.	
Bipolar disorder (manic depression)	This is a less common form of depression characterised by cyclical mood changes of severe highs (known as mania) and lows (known as depression).	
Psychotic depression	This occurs in rare cases of severe depression when depressive symptoms are accompanied by some form of psychosis such as hallucinations or delusions.	
Postnatal depression	This is not the 'baby blues' which occurs 2–3 days after the birth and goes away. Postnatal depression can occur from about two weeks up to a year after the birth. Around one in every ten women has postnatal depression after having a baby.	
Seasonal affective disorder (SAD)	A type of depression linked to exposure to sunlight, which generally coincides with the approach of winter, starting usually from September and lasting until spring brings longer days and more sunshine. Symptoms of this depression are a desire to sleep more and eat carbohydrate foods. Bright light therapy can be helpful.	

Source: Mental Health Foundation 2006[1]

Reflection time!

1. Do you believe that you are affected by depression? If yes, which form(s) do you relate to and what symptoms do you experience?

   _____

   _____

   _____

   _____

   _____

2. Do you believe you have experienced episodes of depression in the past? If yes, explain:

   _____

   _____

   _____

   _____

   _____

3. Do you believe anyone in your biological family has had bouts of depression? If yes, please list who they are and what you have seen or heard to indicate that they may have suffered from depression:

   _____

   _____

   _____

   _____

   _____

> " Not eating helped me numb the sadness – just like my mum overate to ease the pain and my dad drank too much to stop feeling. "

Chapter 4

Identity and Eating Disorders

4.1 Personal Identity

Objective

The aim of this worksheet is to explore various aspects of personal and group identity in relation to an eating disorder, allowing you to consider the common thinking patterns you might need to challenge in order to fully recover.

Task

Read the following information on personal identity, using it to help you explore who you are, who you want to be and how recovery can help you achieve this.

Let us begin by clarifying the definition of 'identity'. It is:

- the distinct personality of an individual, regarded as a persisting entity, i.e. individuality

- the set of behavioural or personal characteristics by which an individual is recognisable as a member of a group.

Merged identities

Some specialists believe that eating disorders arise as a result of inappropriate attachments during childhood. For example, a young person might struggle to become independent from their parents, making it difficult for them to develop their own identity. Childhood and adult relationships can mould personalities to fit a need. For example, the child of an alcoholic parent may need to develop certain personality traits and coping strategies inappropriate for their age, affecting the natural development of identity in line with their peers.

Negative affirmations shaping your future identity

- 'I will be happy when…'

- 'People will only like me if…'

- 'As long as I weigh x, I can cope.'

These statements are examples of negative affirmations that someone with an eating disorder may be reinforcing on a daily basis. With constant repetition, is there any wonder that these beliefs encourage disordered behaviours? Such statements imply that the person 'here and now' is 'not good enough' and should therefore be treated as irrelevant until the target affirmation is achieved – almost suggesting that current identity should be paused until the eating disorder is satisfied with being in control.

A new person

Some people believe that the development of their eating disorder completely changed their personality and made them a nicer person – more likeable or vulnerable, for example.

Low self-esteem

Most, if not all, people struggling with an eating disorder also have issues with low self-esteem, caused by a variety of issues (usually over a long period of time). Feeling unworthy of good things and being unable to assert oneself has a knock-on effect on personal identity. It isn't uncommon for a person with an eating disorder to 'want' something but feel unable to 'have' or 'ask' for that something because they don't feel that they deserve it. This restricts the development of identity and the benefits associated with being more confident and assertive. Therefore, it is necessary to develop improved self-esteem in conjunction with personal identity/opinions as part of the recovery process.

Eating disorder identity as a coping strategy/protective shield

For many people, an eating disorder is used as a coping strategy for life – a set of boundaries that enable them to predict outcomes and restrict challenging situations. Some people feel that engulfing themselves in their eating disorder enables them to manage other stresses. This can create the belief that the eating disorder is protecting them from difficulties, making it a frightening prospect to give up the disorder.

Others feel that having issues with an eating disorder encourages others to care more about them, be more considerate and thoughtful, in a way that they would feel unable to accept if they were not unwell. As a result, recovery can often be delayed due to a fear of reduced consideration or the addition of more pressure – this situation can actually encourage continued desire to maintain an eating disorder identity in order to avoid increased expectations.

The crazy one!

Sometimes, a person with an eating disorder can end up feeling like the 'crazy one' who everyone's talking about, especially if they also have issues with obsessive compulsive disorder. This encourages a feeling of being misunderstood and subsequent social isolation, which, in turn, limits the development of personality.

Identity idol

Celebrity, fashion and the television industry promote idolised figures, even though many of the visual images are airbrushed and the stories embellished. A person vulnerable to an eating disorder might find themselves influenced by such media, believing that they would feel better about themselves if they were more like a particular celebrity, again suggesting that their personal identity is 'not good enough' in comparison.

Who's in charge?

Is an eating disorder a separate entity/voice in your head, that you're able to argue with, or simply your mind as a whole? Some people describe themselves as being separate from their eating disorder – sometimes feeling overwhelmed by its strength and other times able to fight and overcome its power. Others say that they feel that they are 100 per cent eating disorder, not knowing any difference in their mind. The sufferer's perception has a profound effect on how an eating disorder should be challenged, bearing in mind that if someone feels that they *are* their eating disorder, then fighting it would actually be fighting themselves.

Recovery

The longer a person has an eating disorder, the harder it usually is to give up the eating disorder identity. Worries about what other people think creep into vulnerable minds. Long-standing behaviours, habits and beliefs can't be changed overnight, but they *can* be changed! Recovery is possible!

Reflection time!

Recovery is a process of small steps towards increased self-esteem, better coping strategies and a more developed positive identity. Who could you be and what could you achieve if you allowed yourself to meet your full potential?

> "Before recovery, I couldn't even tell you the basics about myself – what I liked doing, what made me happy, who I enjoyed spending time with – my identity was all about my disordered eating. Today, I know what music I like, what helps me relax, my favourite place to walk. I feel like I have found myself."

4.2 Who Am I?

Objective

Every person is born a unique individual, who then experiences life from their own perspective, influenced by the environment and characters that surround them. Key personality traits are apparent from a very young age and then further developed throughout adolescence and into adulthood. It is not unusual for people to feel swept away and overwhelmed by life, leaving them feeling a little lost and confused about who they are and what they want in life. An eating disorder can exacerbate this situation, hindering the road to recovery. The aim of this worksheet is to explore who you are and to help pave the road to recovery.

Task

Write down some key words that describe you before the eating disorder in the first column and who you are at the moment in the second column. This could relate to your key beliefs/morals, personality, spirituality, interests and ambitions. The only rule is that your notes shouldn't be directly linked to weight or food.

Who was I before the eating disorder?	Who am I now?

Take a moment to review and consider any differences.

- Can you explain to yourself why there may be differences? How does this make you feel?

- Looking ahead, who would you really like to be? Which of your key qualities are most important to you? Highlight or underline them.

- How can you let go of any negative qualities and further develop aspects of your personality that you prefer?

- Put a line through any notes that you would like to change in the future. For example, perhaps you feel lonely, so you could cross this out and then note that you'd like to develop better friendships and relationships so that you can be more social.

Considering all of the above, choose one or two positive qualities that you'd like to emphasise and repeat this to yourself on a regular basis (not just today, but until it becomes second nature). Use a statement relevant to the here and now, and live by this statement whenever possible – for example, 'I am kind' or 'I am grounded' or 'I am brave.'

Who do others think I am?

Ask someone close to you to write a list of your qualities and discuss how their perception may be different to yours. Perhaps you need to accept that an eating disorder can distort your view of things and that you are, in actual fact, a wonderful person with a lot to offer the world.

Reflection time!

The only thing in life that you can really rely on is change. An individual's personality develops throughout life, meaning that nothing is set in stone and that you do have a choice about how your future evolves. So, who do you want to be? You can make it happen!

" I used to be controlled by food and self-hate. Today, my main goal is to be healthy. "

4.3 Understanding Your Personality

Objective

We are all unique and can't be neatly placed into personality type categories. However, psychologists generally agree that most people can be understood according to five key dimensions of personality. The aim of this worksheet is to discover your personality according to these five dimensions.

Task

Read the descriptions below, thinking about how they might apply to you, and then put the appropriate letters in order of relevance to you. Below you will find a description of the combination of letters you have come up with.

(E)	Extraversion or Introversion	(I)	How you gather and use your energy: (E) you derive excitement from engaging with the world, or (I) you conserve energy through mostly private activities.
(S)	Sensing or Intuition	(N)	How you relate to the world cognitively: (S) you rely on logical, rational, factual information, or (N) you are imaginative, abstract and symbolic.
(T)	Thinking or Feeling	(F)	Your decision-making style: (T) you prefer to be objective and logical in your choices, or (F) you base decisions more on personal and moral values.
(J)	Judging or Perceiving	(P)	Your method for handling the outside world and making decisions: (J) you quickly evaluate and decide or (P) you continue gathering data and keep options open.

Source: Based on Briggs Myers (1998)[1]

These five personality dimensions can combine to form 16 personality types. Below are summaries of each personality type and how some traits can contribute to the development of eating disorders.

The Protector: ISFJ (Introverted-Sensing-Feeling-Judging)	As a protector, you value helping others and will do anything to protect your friends, family or children from harm. You can be overprotective at times, not giving those you care for the chance to find their own solutions.
The Counsellor: INFJ (Introverted-Intuitive-Feeling-Judging)	You can easily spot emotional cues, and you can quickly read the motives that inform people's actions. Your sincere devotion to the needs of others hides your greatest fear – being unwanted or unworthy of love.
The Provider: ESFJ (Extroverted-Sensing-Feeling-Judging)	You are a people-person; highly attuned to the needs of others, and eager to support and encourage. This could cause you to take on responsibilities that aren't yours. Many individuals who suffer from an eating disorder share a strong desire to please others.
The Healer: INFP (Introverted-Intuitive-Feeling-Perceiving)	Artful, spontaneous and individual self-expression are more paramount than the practicalities of the moment. People value your commitment and desire to support them.
The Teacher: ENFJ (Extroverted-Intuitive-Feeling-Judging)	You see opportunities where others see obstacles, and your commitment and passion to see people succeed are some of your admirable qualities. However, if those who you support are struggling, you are likely to blame yourself.
The Inspector: ISTJ (Introverted-Sensing-Thinking-Judging)	Your life is predictable, logical and orderly. Should you develop an eating disorder, the same applies to eating: measuring calories, arranging food and cutlery in a precise order, or weighing yourself constantly. You are great at restoring and keeping order in chaos.
The Mastermind: INTJ (Introverted-Intuitive-Thinking-Judging)	Besides your positive qualities – like working consistently to improve yourself and others – you can be overly perfectionistic and invoke high standards for yourself and others.
The Craftsperson: ISTP (Introverted-Sensing-Thinking-Perceiving)	You don't care much for emotional matters, but the mechanics behind how the world works on a practical level make you come alive. You are action-oriented and can form close ties with those who work with you to find answers to practical problems.
The Composer: ISFP (Introverted-Sensing-Feeling-Perceiving)	You tend to live in, and for, the moment. Seeking and finding beauty in the world matters a lot to you, and sharing this with others makes you thrive. However, your impulse to support others, without expecting or demanding rewards, can lead to exhaustion.
The Architect: INTP (Introverted-Intuitive-Thinking-Perceiving)	You are an independent spirit, and spend much of your time deep in thought, trying to devise new, unconventional ways of doing things. Following the crowd isn't for you, which is why you are constantly inventing novel worlds in your head.
The Dynamo: ESTP (Extroverted-Sensing-Thinking-Perceiving)	You are a thrill seeker, and avoid serious emotional discussions, even though you have some awareness of the emotional needs of loved ones; having fun-filled action in the moment is more important for you.

The Performer: ESFP (Extroverted-Sensing-Feeling-Perceiving)	Generally full of charm and entertaining, you have a keen sense of who you are with and what is happening around you. You like to share with others your immediate, humorous impressions of the world, because you have a need to generate laughter.
The Champion: ENFP (Extroverted-Intuitive-Feeling-Perceiving)	Your curiosity about people and need for close, authentic relationships draw others to you. You are passionate about life, and know how to motivate people to go on creative explorations.
The Visionary: ENTP (Extroverted-Intuitive-Thinking-Perceiving)	When others feel stuck and see no way out of a situation, you get excited because you see an opportunity to try out something new. The confidence you have in your ability to adapt and come up with answers on the spot is admirable.
The Commander: ENTJ (Extroverted-Intuitive-Thinking-Judging)	Few people can spot flaws in a situation like you do, which is why you make a great manager and group leader. Your ability to work on new solutions is also commendable, except that you can be blunt and insensitive when others don't quite see your point.
The Supervisor: ESTJ (Extroverted-Sensing-Thinking-Judging)	You believe in order, structure, convention and logic, and know how to bring stability to a situation. Others perceive you as someone who is always in control. Although friendly and outgoing, you don't have much time for those who don't play by the rules.

Source: Adapted from Briggs Myers (1998)[2]

Reflection time!

So, which personality (or mix of traits) are you? Can you see any links between your personality and disordered eating? Just by recognising these links, you are better placed to address them. Indeed, which personality traits can you use to help you achieve health?

> I was (and still am) the Counsellor. However, I now use this to identify my own emotional needs as well (not just those of others).

4.4 Feeling Worthy

Objective

Low self-esteem, along with other factors, not only puts people at greater risk of an eating disorder but also serves to maintain an eating disorder. The aim of this worksheet is to explore your own levels of self-esteem and how you can start to feel worthy – of food, health, love and life.

Task

Take your time to complete each of the exercises below, even those you find uncomfortable at first. They will help you start to build up your feeling of worth, which in turn will help you see that you are worth recovery.

Where did it stem from?

If you struggle with low self-esteem, consider whether messages in your past may have contributed to this issue. Are you aware of specific influences in your life that had a negative impact on your confidence? Can you pin-point a particular age when your confidence was knocked?

_____

_____

_____

_____

_____

_____

Playing the blame game

Blaming life's struggles on one person or incident is probably not healthy or helpful. Equally, blaming yourself will not lead to a positive outcome. However, it is helpful to give recognition to the struggles that may have influenced our ability to develop a positive, healthy mindset. It can be helpful to explore these challenges with the goal of achieving a level of acceptance. This may involve a process of emotions that could include anger, grief and forgiveness. Some people find it is only possible to feel comfortable with themselves when they are able to understand where their emotions have come from and why.

Developing your ability to self-soothe and build self-worth

There are various strategies designed to aid self-soothing and build self-esteem. Let's explore some of these strategies.

Highlight your qualities

Below is a list of positive and negative qualities. Highlight ten positive qualities that relate to your personality. Choose a further two negative qualities that you'd like to work on and improve. List these qualities in the space provided, with the strongest written first.

Kind	Sulky	Helpful	Generous	Unkind
Receptive	Selfish	Manipulative	Careless	Critical
Thoughtful	Careless	Thoughtless	Gentle	Determined
Friendly	Neat	Understanding	Aloof	Cautious
Cheerful	Honest	Warm	Interested	Bossy
Caring	Paranoid	Considerate	Passionate	Brave
Dedicated	Numb	Fickle	Enthusiastic	Self-obsessed
Imaginative	Narrow-minded	Spontaneous	Lively	Disloyal
Smug	Condescending	Patronising	Friendly	Curious
Pushy	Brooding	Confident	Self-assured	Contented
Reassuring	Approachable	Dismissive	Comforting	Flexible
Controlling	Indifferent	Calculating	Sensitive	Insensitive
Dismissive	Ethical	Possessive	Dynamic	Intimidating
Consistent	Two-faced	Self-serving	Humorous	Imaginative
Loving	Complimentary	Jealous	Untrustworthy	Judgemental
Fearful	Intelligent	Artistic	Loyal	Anxious
Independent	Sympathetic	Treacherous	Spiteful	Inspirational
Aggressive	Passive	Trustworthy	Accepting	Serious
Entertaining	Fun	Supportive	Creative	Competitive
Empathic	Bigoted	Pessimistic	Careful	Optimistic

_____

_____

_____

_____

Self-praise

Many people with an eating disorder find it difficult to praise themselves. They feel arrogant or self-satisfied if they acknowledge positive aspects of themselves, and often actively engage in thought processes that seek to maintain a negative mindset and self-punishment. This behaviour can become habitual and obsessive, which is something that must be challenged in order to overcome our inner critic.

Using the above exercise, share something good about yourself with a friend or family member. You may wish to start with 'I am a good person because...' or 'I am proud of being...'

You may feel uncomfortable doing this exercise, but the more you're able to repeat it, the more you'll be able to believe it. You could argue that the more uncomfortable you feel, the more you actually need to hear the positive self-praise.

The internal mother

The internal mother is best described as your own maternal instinct. It is the intuitive voice that speaks to you and wants to nurture, love and mother you. Often, this voice is underdeveloped and overpowered in the mind of someone struggling with an eating disorder. To grow the internal mother, you must first give her permission to be there – allow her kind, maternal voice to resonate within you. Practise giving thought to what she would say to reassure and support you. What would you say to someone else in your position? Eventually, the internal mother can become a reliable source of comfort and rational thought.

Treat yourself, because you're worth it!

Do or buy something non-food-related. This can be anything, from a new book to a trip to the theatre. Make sure you treat yourself to something different every week. Don't make the treat conditional – you should do this regardless of whether you have achieved any set goals during the week.

If you have a limited budget, select something free, like a hot bubble bath, a night off or an evening with friends; just as long as it's something that you genuinely want to do.

Initially, you may feel uncomfortable or guilty about receiving something good for you. This should serve as a reminder of how unusual it is for you to prioritise yourself and therefore encourage you to enjoy the treat even more.

Reflection time!

Self-development is a continual process that requires ongoing attention, but the benefits outweigh the effort overall. How can you be patient and kind to yourself throughout this journey of self-development, utilising all the positive support surrounding you on the way?

> I still struggle to feel worthy, but the difference is that I now challenge the lack of self-worth by treating myself better.

4.5 Accepting Yourself

Objective

Accepting yourself is a lifelong challenge facing everyone on the planet. Some people bumble along in life choosing not to worry about the finer details of their experiences, whereas others feel overwhelmed with thoughts about being 'good enough' for the world. Finding a balance between the two is probably a healthy goal – although much easier said than done. The aim of this worksheet is to help you find that balance.

Task

Each of us will have things about ourselves that we find hard to accept, which will have an impact on how we live our lives. First, let's consider what some of these things might be and then we can look to how we can be more accepting of ourselves.

- 'I don't like my body!'

- 'I can't accept a healthy weight.'

- 'If I don't do well, then I am worthless – I must over-achieve to compensate.'

- 'I feel like a freak – I need things a certain way in order to cope; I can't cope with uncertainty.'

- 'I can't accept not being the best – if I'm not the best, then I'm not good enough!'

- 'I can't accept that I deserve good things.'

- 'I can't trust or allow myself to rely on anyone.'

- 'I can't accept that someone else could love me.'

- 'I can never take on board positive compliments.'

- 'I can't accept help.'

What do you find hard to accept?

_____

_____

_____

_____

It's important to recognise that the above comments are all examples of negative thought processes that stem from a source in your life. Where has the message come from? Who, if anyone, has reinforced this message? What do you do to reinforce this message in your everyday actions?

_____

_____

_____

_____

Is it time to re-evaluate?

Changing a thought process or belief takes time and commitment. Often, it is necessary to explore the reasons behind negative thoughts in order to overcome them, which might require the support of a counsellor. Don't expect instant change – long-lasting recovery requires a sufficient timeline.

List the things you find it hard to accept about yourself and any reasons why you might be struggling with this.

_____

_____

_____

_____

In order to move forward, towards a greater acceptance of yourself, answer the following questions.

How could I begin to be more accepting?

_____

_____

_____

_____

What practical action could I take towards improving my negative beliefs?

_____

_____

_____

_____

Who else could support my journey to self-acceptance?

_____

_____

_____

_____

What should I do about it today?

_____

_____

_____

_____

Reflection time!

True Courage...

Comes from knowing that change is constant;
Involves accepting your limitations;
Is strengthened by believing in your abilities;
Comes from accepting imperfections;
Is needed to embrace all life stages;
Involves honest communication;
Is necessary to admit when you need support;
Knows that everyone makes mistakes, and that's OK...that's life;
Looks at the future with open eyes and open arms;
Embraces the sun, the rain and the rainbow.[12]

> Accepting myself has been the hardest part of this journey, but it has been the only way for me to move beyond my eating disorder.

4.6 Assertiveness

Objective

Assertiveness is often confused with selfishness and aggression, even though it has nothing to do with being strident or demanding and always having your own way. To be assertive is to recognise that you have rights that you should stand up for, while also taking the interests and feelings of others into account. The aim of this worksheet is help you find that balance.

Task

Read the information below to learn more about the importance of assertiveness, taking note of where you could be more assertive in your own life.

The costs of not being assertive include:

- a lack of choice

- a lack of confidence

- a lack of respect from others

- development of a childlike persona, allowing others to take control

- a lesser experience of work/relationships/family life

- a feeling of resentment towards decisions you feel unable to be assertive about

- a feeling of inner frustration and possible anger towards yourself.

Everyone has the right to live life in the way that they choose as long as this doesn't interfere with the rights of others. You have the right to say 'no' and the right to have your opinion heard. Being assertive means taking responsibility for *your* life.

It's important to be clear about your needs and communicate them clearly. Often, people fail to get what they want because other people don't know what they want, not because they don't want to give it. Suppose you were hungry and would like to eat early. You could be direct and say, 'I am hungry; would you mind if we ate early?' Or you could be indirect and say, 'Are you hungry? Do you want to eat early?' In either case, the other person may disagree, but by using the direct approach at least they would know what you want.

When communicating your needs, try to avoid 'you' statements, such as 'You are so unreliable.' The person may resent being blamed. Use 'I' statements, such as 'I feel angry when you say you will do something and you don't do it.' This expresses your feelings without blaming the other person.

You may find it helpful to break down what you want to say into the following four parts:

- **Explanation:** State the problem or request clearly, as you see it.

- **Feelings:** Acknowledge your own feelings, using 'I' (not 'you') statements.

- **Needs:** Outline clearly what you want out of the situation, making as few demands as possible.

- **Results:** Say what will happen as a result, including the results if your needs are met and the disadvantages if they are not.

For example, if you wanted more help around the house:

- **Explanation:** 'I seem to be taking on more than my fair share of housework.'

- **Feelings:** 'It's upsetting me because I don't get enough time to myself any more.'

- **Needs:** 'I'd like us to sit down and decide on a fairer system.'

- **Results:** 'I'd be much more relaxed and my mood would be better if I had some help with the housework.'

It's important to learn when and how to say 'no'. Often, people make requests that are quite vague or indirect, so it's important to first establish what is being asked of you. It is then necessary to decide how much you are prepared to compromise. Once this is established, a simple way of staying firm with your decision is to use the 'broken record technique'. Keep repeating your decision in a relaxed but firm way, over and over again, until the other person accepts it. If you do this with a smile and some understanding for the other person's problem, and can provide a good reason for saying 'no', then there is not much chance of your offending them. Of course, there will be certain situations where saying 'no' isn't in your best interests, so try to weigh up the pros and cons and anticipate the consequences of your words and actions.

Reflection time!

Remember that being assertive is *not* the same thing as being selfish or aggressive. Being assertive will enhance not only your life but the lives of those around you too. Try to set an example of how people should treat each other by starting to show some respect for your own opinions and needs.

> I used to think being assertive meant be angry and forceful. In reality, it is about respecting ourselves and setting healthy boundaries.

4.7 The Inner Child

Objective

The 'inner child', also called the divine child, wonder child, true self or child within, is the part of you that houses childlike and adolescent behaviours, memories, emotions, habits, attitudes and thought patterns. It is an autonomous sub-personality with its own needs, desires, issues and goals. In this sense, your inner child functions independently of your adult self. When you don't acknowledge your inner child and help meet his or her needs, it can feel that your inner child and adult self are working in opposition – a battle emerges between your head and your heart. The aim of this worksheet is to 'meet' your inner child and to discover what his or her needs are.

Task

Let's take a step today in seeing our inner child and examining what he or she needs from us to be happier, healthier and consistent with our adult self.

Who is your inner child?

Your inner child can come in many guises. How you made sense of and interpreted the world as a child helped to lay the foundation for the growing inner child. Perhaps you felt abandoned as a child? Fearful? Maybe even spoilt? That part of you still exists today. In order to feel more comfortable in yourself, you can learn to love and parent this child within so that feelings of abandonment turn to feelings of acceptance, fearfulness turns to a sense of safety, and spoilt feelings turn to a sense of independence.

Recognising your own inner child

In general, we can recognise our inner child when our emotions don't fit our experience or our intellectual understanding. Maybe you felt guilty after taking the healthy, adult decision to eat breakfast. The act of listening to your adult self and the behaviour of eating have evoked your inner child – the part of you that remains insecure in decision-making and needs your guidance – or your internal mother – to show what healthy eating is.

People with eating disorders tend to feel emotion – guilt, panic, despair – to such a high degree that they don't see the child within who holds these emotions. By recognising the emotion and putting it to one side briefly so that you can acknowledge your inner child, you give yourself the choice to be a good parent to this child – to soothe him or her instead of supporting his or her fears with automatic eating-disordered actions.

Embracing your inner child

Take a piece of plain paper and some pens or pencils, and draw your inner child. Consider factors such as:

- How old is he or she?

- What is he or she wearing?

- What is his or her facial expression?

Purely focus on the image of your inner child at the moment, without thinking too much about what your inner child is thinking or feeling. Don't worry about being the next Van Gogh or Monet – just draw. Alternatively, if you lack the confidence to draw, search for a picture that demonstrates your inner child. This isn't about art but about 'seeing' your inner child, the one who has been crying out for help via unhealthy, disordered thoughts and behaviours.

Embracing your inner child involves recognising, acknowledging and valuing the presence of your inner child – you have already started to do this with your drawing.

Healing your inner child

Carrying old pain can leave the inner child feeling lonely and isolated, and without intervention from the adult self, the inner child can remain a wounded part of the self that will continue to harm our adult life. By reclaiming and by beginning to transform your relationship with your inner child, you can help that wounded part of the self to uncover false images, beliefs and expectations that currently limit your life.

It's important to realise that healing the inner child isn't going to happen overnight. Once you have acknowledged the reality of your inner child and are willing to embrace him or her, it's then a matter of approaching them with adult mindful awareness. In this way, you replace the adult critic with the supportive, loving parent who is free of judgement. Instead of berating your inner child for 'giving in' to breakfast, you gently hold his or her hand and teach them why breakfast is so important. Over time, it will become easier and safer for your inner child to come out and share experiences with you so that he or she can start to heal from past pain.

What the inner child desires in the beginning is for the inner parent to take him or her seriously, and listen attentively without criticism to his or her needs, fears, concerns, wishes and observations. The inner child doesn't expect the adult parent to have all the answers either, but is ready and resourceful enough to provide direction and guidance to the inner parent who is willing enough to listen with attentive care.

Look at the picture you drew of your inner child. Really try to listen to him or her, writing down the following:

- How does he or she feel?

- What does he or she need?

- How can you help?

In your head, speak back to your inner child and soothe him or her. Tell them they have been heard and explain how you will help them have their needs met. If you can, imagine holding him or her. It is OK if you are not yet ready to do this. It is also OK to tell your inner child that you are new to this and might not always get it right. Children are incredibly understanding – they don't seek or need perfection.

Having fun with your inner child

You have made huge steps towards introducing yourself to your inner child. It will have been emotional and perhaps even painful or rewarding – everyone will have a different experience. Your inner child has made huge steps too in allowing you to see him or her. Maybe now it is time for both of you to have some fun. Experts believe that when we are at our most creative, and are absorbed in activities with fascination and awe to the point where our actions feel more like play than work, the inner child is close to the surface. So, remember that being with your inner child isn't just about negative emotions; it also involves having fun – cuddling your pet, watching your favourite childhood film, playing a joke on someone. Now you know what to do when your inner child starts to feel bad for having fun, what's stopping you?

Reflection time!

If you completed the exercises in this worksheet, you will have a much better idea of what your inner child needs. Reflect on how you might help get these needs met.

> "Inner child work was by far the most influential aspect of my recovery. If I hadn't met the Little Me, hiding inside, I wouldn't have been able to heal the pain and fear she was feeling, which was ultimately at the core of my eating disorder."

4.8 Challenging Body Image Distortion

Objective

Negative body image and low self-esteem are often linked to the onset of eating disorders, particularly anorexia and bulimia, as well as being reliable predictors of relapse. The aim of this worksheet is to provide you with the tools needed to challenge body image distortions that are exacerbated by the media.

Task

Read some of the strategies below that could help you challenge your own body image distortions, visualising yourself putting them into action.

The media

Few of the images we see in the media are presented to us in their original form. Most have been retouched, enhanced, edited or altered in some way. Furthermore, the media tend to focus on weight loss, associating it with health and happiness, often without explaining the dangers and risks of excessive weight loss. Focus has moved away from a healthy balanced diet and towards 'quick fixes' that are unlikely to be maintainable in the long term.

How can we improve body image?

Striving to achieve an unattainable ideal is an endless cycle – with no reward at the end! Learning to accept ourselves for who we are is the first step in improving self-esteem and body satisfaction. It is important to be mindful that when we see images in the media, they are rarely all they seem. Our bodies are only alterable to an extent. We cannot change our genetics, bone structure or body type. Remember that all these things can all too easily be achieved at the click of a mouse!

Challenge the images you see in the media

When confronted by an image in the media, try to remember these things:

- Few of the images we see are in their original form – most are airbrushed, not to mention the amount of make-up and styling involved in photo shoots!

- Few models represent the average and healthy female or male form.

- The media deliberately try to distort our perception of 'beauty'. Challenge this. What really makes someone beautiful? Surely there is a great deal of beauty in being 'different' rather than fitting a stereotype?

- Advertising companies have a vested interest in making us feel negatively about ourselves – it helps them to sell their products!

Positive affirmations

Try to start and end each day with a positive affirmation, such as:

- 'I am going to feel good about myself all day.'

- 'I am unique and therefore beautiful in my own way.'

- 'I have many things to be proud of in my life.'

- 'Today I am going to achieve all the things I want to.'

- 'I will look after myself so my body can be healthy, strong and function well.'

- 'I can't wait for the next challenge in my life.'

- 'I am going to eat healthily and exercise sensibly to improve my health.'

Even if you don't believe the statements are true at first, eventually they will trickle into your subconscious and become part of your reality, helping you to overcome the negative feelings you have about yourself.

Focus on your health

Your body is a fine piece of machinery with astounding capabilities. Think about what you do for it in return. Does it really deserve the constant battering about not being good enough? Does it really deserve to have so much negativity directed at it?

Focus on appreciating your body and concentrate on looking after it and keeping it healthy. If you give your body healthy foods and regular gentle exercise, it will reward you by becoming fitter, stronger and more efficient than ever before.

Pamper yourself

Instead of focusing on weight and perfection, focus on doing things that make you feel good about your appearance in other ways. For example, you could:

- ask a friend to paint your nails (or do it yourself!)

- get a haircut, colour your hair or style it in a different way

- use a face-mask (even go the whole hog with cucumbers, relaxing music and candles!)

- take a long bubble bath

- try some new make-up or give yourself or a friend a makeover

- do some gentle exercise (e.g. yoga).

More tips!

- Limit the amount of time you spend looking at yourself and your body in the mirror. Remind yourself of the concept and power of body image distortion, and repeat this question to yourself: 'When I am feeling fat, what am I feeling beneath the fat feeling?'

- Refuse to buy magazines that emphasise thinness, and pay close attention to the messages society and the media give us. Be proactive with this information, not reactive. Consider writing letters to the editor stressing your concerns, or boycott the magazines once and for all.

- Begin to focus on the concept of inner beauty for yourself and others. Look for beauty in personality and attitude, and decrease the focus on physical appearance.

- Fuel your body as you would fuel your car. Calories are energy; deprivation of calories can result in greater body image distortion.

- When you find yourself focusing on your body, visualise a stop sign, and don't allow this focus to continue. 'Thought stopping' will also lead to decreased focus and distortion.

Reflection time!

Which of the above strategies do you think would help you the most? Why don't you try it next time you find yourself thinking negatively about your body? It can't hurt.

"I no longer give myself the opportunity to beat myself up about my body. For example, I know not to constantly check myself in the mirror or shop windows."

4.9 Enhancing a Positive Body Image

Objective

Body satisfaction is part of your overall body image, which is very low in people with eating disorders. To be satisfied with your body, you need to be in a place where you have accepted your weight and shape and are no longer burdened by body distortion. The aim of this worksheet is to provide you with some top tips to enhance a positive body image.

Task

Read the following tips, highlighting the advice you feel able to try:

- Appreciate other people for their differences, rather than comparing yourself with them in a critical way. Notice their facial features and expressions. Consider how people move and interact with each other. Appreciate how people express their personality.

- Only use mirrors for practical tasks, such as applying make-up. This includes avoiding the use of windows as mirrors. Stop assessing your worth based on the shape and size of your reflection.

- Avoid magazines that criticise and ridicule people about their body image. Choose magazines that encourage physical and emotional well-being, or relate to another aspect of life, such as travel or hobbies. Assess whether they encourage creativity, individuality and positive thinking. Consider choosing magazines that teach you something that will enhance life.

- Spring-clean your wardrobe! Give away any clothes that make you feel uncomfortable or encourage you to be unhealthy. Try to introduce clothes that encourage you to feel confident and positive. Express your personality through your choices.

- Take good care of your body. Feed it well, exercise in moderation and allow yourself time to rest and relax. Make time to enjoy a bubble bath or hot shower, and gently moisturise your skin afterwards.

- Make food choices based on what is natural, what your body needs and what you like. Avoid counting calories and grams of fat. Instead, eat a variety of different foods regularly throughout the day.

- Surround yourself with positive people who appreciate you for who you are as a person. Try not to let another person's opinion negatively affect your self-worth. You deserve to be treated well by yourself and others.

- Avoid weighing yourself any more than once a week, if at all! Body dissatisfaction will turn any number on the scales into a reason to reprimand yourself. Instead, trust that a healthy balance of food and exercise will result in a healthy you, perfect for your lifestyle.

- Enjoy activities that make you feel empowered and happy. Take up hobbies that encourage a healthy attitude and social communication. Spend time outside, appreciating nature and fresh air. Organise your life so that it includes regular plans out and about, exposing you to new experiences and people.

- Respect your body for what it does for you. Appreciate your health and abilities. Do not harm your body. Thank it for what it does for you – it is amazing!

- Invest in relationships. Socialise with friends who make you feel accepted. Try to have some fun! Appreciate that everyone makes mistakes, but also that trust and loyalty can be nurtured. Allow yourself to be open to personal relationships, offering love and affection that will enhance your self-esteem. Allow yourself to feel and give love to someone else. You deserve to be happy.

- When all else fails, know that there is always someone who can help. The one thing in life that is constant is change. Nothing ever stays the same, so appreciate everything and every moment for what it is. Embrace the rain, the sun and the rainbow!

Reflection time!

If you were to implement three of the above tips today, which would they be and why? So, what's stopping you? Start now!

> "However low I feel about my body, I have a rule that it won't stop me seeing my friends. This has helped me a lot, as I have usually forgotten my body worries after a good laugh with friends. "

Chapter 5

Cognitions (Thoughts) and Eating Disorders

5.1 Unhelpful Thinking Styles

Objective

Everyone is at risk of developing unhelpful thinking habits that hinder rather than enhance life, but this is particularly common in people with eating disorders and can play a key role in preventing full recovery. The aim of this worksheet is to help you identify your own unhelpful thinking styles, so that you can start to challenge them or distance yourself from them, as well as start to see situations in a different and more helpful way.

Task

Take a look at the following unhelpful thinking habits in order to identify your own unhelpful thinking styles.

All-or-nothing thinking	Sometimes called 'black-and-white thinking' 'If I'm not perfect, I have failed' 'Either I do it right or not at all'
Disqualifying the positive	Discounting the good things that have happened or that you have done for some reason or another 'That doesn't count'
Magnification (catastrophising) and minimisation	Blowing things out of proportion (catastrophising) or inappropriately shrinking something to make it seem less important
Mental filter	Only paying attention to certain types of evidence Noticing our failures but not seeing our successes
Over-generalising	Seeing a pattern based upon a single event, or being overly broad in the conclusions we draw
Jumping to conclusions	There are two key types of jumping to conclusions: • **Mind reading** (imagining we know what others are thinking) • **Fortune telling** (predicting the future)
Emotional reasoning	Assuming that because we feel a certain way what we think must be true 'I feel embarrassed so I must be an idiot'
Should/must	Using critical works like 'should', 'must' or 'ought' can make us feel guilty or as if we have already failed If we apply 'shoulds' to other people, the result is often frustration
Labelling	Assigning labels to ourselves or other people 'I'm a loser'
Personalisation	Blaming yourself or taking responsibility for something that wasn't completely your fault Conversely, blaming other people for something that was your fault

Reflection time!

How unhelpful is your own thinking style? It is likely that you have a number of the above thinking styles. What would be different about your life if you were to remove at least one of these thinking styles? And all of them?

"My unhelpful thinking styles were as ingrained as my eating disorder – both feeding off each other. In order to overcome one, you have to also overcome the other. Your thoughts are a great place to start the recovery journey."

5.2 From Black-and-White Thinking to Living in Colour

Objective

Black-and-white thinking is a pattern of processing thoughts, feelings and experiences that is very common among people with eating disorders. For black-and-white thinkers, it seems as if things are either one way or another. For instance, a person or an experience is either worthy or worthless, loving or hateful, completely in control or completely out of control, with nothing in between. The aim of this worksheet is to help you see that not everything is black and white – there is colour in between!

Task

Read the information below on black-and-white thinking before completing the exercise in the box.

What kind of thinking is black-and-white thinking?

For people who think in black and white, life is a series of extremes – an emotional rollercoaster. For them, life is either wonderful or tragic, everyone either loves them or hates them – there is nothing in between. There are also those who think in black-and-white terms only in times of stress or in specific situations that they generally have problems coping with, such as looking for a job, studying for an exam or trying to achieve a goal.

People who are prone to black-and-white thinking acknowledge no other options but the two extremes. The situation is either going to end up perfectly or it will be an utter calamity. For a person who thinks like this, even a tinge of negative destroys everything else. Everything below perfect is tantamount to failure; one oversight equals a complete disaster.

How do people get stuck in black-and-white thinking?

If you see life through black-and-white lenses, the chances are that you grew up with people who saw things that way themselves; you can recognise this if you think back to your childhood and remember the way people around you (most often your family) reacted to you, to themselves, to other family members and to life in general. One easy way to detect black-and-white thinking in your family is through the roles your family members were assigned by the black-and-white thinker: they were either 'victims' or 'culprits', powerful or powerless. Again, there was nothing in between.

People who grew up feeling ashamed of themselves are usually more prone to this type of thinking. Furthermore, those who think they are worthless are confident that everyone else would think the same way about them if they knew them better. Thus, in the fear of being socially discarded, they try to be perfect.

Even the remotest possibility of being rejected cannot be tolerated, and so this is resisted by trying to do everything perfectly. For black-and-white thinkers, there is no alternative other than to get everything right. This is how the formula for black-and-white thinking goes: win all or lose all.

The main 'person' in charge of this perfectionistic behaviour is the *internal critic* – that voice in your head that screams when you are doing things wrong and presents your mistakes to you in the worst possible way. At the same time, the voice is nagging about everything bad that will happen if you fail, that people will see through you, realise how incompetent you are and will not like you any more. The critic thinks it's saving you from embarrassment and humiliation, when in fact it's just making your life unbearable.

The ramifications of black-and-white thinking

Here are some of the repercussions you live with when seeing mainly in black and white:

- **A life of extremes:** The rollercoaster ride of black-and-white thinking doesn't refer just to your emotional experiences (from ecstatic elation to the lowest depths of self-hatred) but also to your perceptions and behaviour. For example, any kind of disagreement or criticism is perceived as a personal attack. Your resulting reaction might be that of an emotional outburst or withdrawal. For people prone to a black-and-white perception of the world, it's hard to cope with frustrations, so you might end up quitting a perfectly good project or idea just because things went slightly downhill. Relapses during your recovery from an eating disorder may feel as if all of the progress you have accomplished was worthless.

- **Life fraught with anxiety and terror:** It is stressful to live in a scenario where everything below par is considered a miserable failure. In such a world, you are constantly feeling as if you are balancing on the edge of an abyss and could trip over and fall into it any time. You can be in constant fear of slipping up or not achieving perfection.

- **Playing it safe:** In a black-and-white world, risk-taking or spontaneity becomes just too dangerous – the consequences of failing are too dire to be imagined. That's why you might choose always to play it safe. However, this isn't the best approach if you want to progress from where you are now. In the words of Kung Fu Panda, 'If you only do what you can do, you will never be more than what you are now.' If you want to grow, you need to try things that are beyond your comfort zone.

- **Low self-confidence:** People are by nature imperfect. So, if your self-image hinges on you being perfect, you will live in continual frustration and disappointment with yourself.

- **Lack of integration:** You can rarely talk about life in absolutes. Experiences are rarely categorically positive or negative – they are blends of contradictions and complexities. We need to be able to acknowledge and embrace all aspects of our personality to achieve peace with ourselves and the world. If we want to achieve harmony within (as well as outside), we must accept all the imperfections that come our way.

The journey out of black-and-white thinking

The wonderful thing about growing out of black-and-white thinking is that you don't have to eliminate anything from your world, only add. Once you realise that things don't have to be either/or, a whole new range of possibilities will open up in front of you – possibilities to make mistakes and be OK with it, make compromises and take risks. When you decide to stop judging yourself and marking the things you do as either a success or a flop, you will experience a new level of freedom.

Think of one example of black-and-white thinking that affects your daily life. How does your current thinking limit your opportunities? Does the situation negatively affect your self-esteem and/or cause you anxiety?

How might things be different if you were able to see things in more of a grey scale, considering other possible perceptions and outcomes less extreme than your usual beliefs? How would your life experience differ when viewing the situation with the wider spectrum of possibilities?

Consider repeating the above exercise in relation to other black-and-white thinking that's negatively affecting your life. As you do this, keep in mind that the very process is an exercise in growth away from black and white. In the realistic middle, you shouldn't expect yourself to change all at once.

Reflection time!

After considering this section, you probably aren't completely black and white in your thinking right now, but you're also not likely to make a sudden leap to being totally rounded and rational. And that's OK! In moving between the two extremes, small steps forward are what counts. Try not to lose your ground if you fall back into old, unwanted patterns – patiently address issues with kindness and forgiveness, recognising that the process of long-term change takes time and commitment.

"I used to think I was all bad. While I still see bad aspects of myself, this exercise has helped me recognise some shades of grey – and even some colour!"

5.3 Twenty Questions to Challenge Negative Thoughts

Objective

Whether you think in black and white, filter out positive information or exaggerate the negative, by now you will be starting to see how important it is to challenge your negative thoughts as part of your recovery. The aim of this worksheet is to equip you with 20 questions you can ask yourself when you need help challenging your negative thinking.

Task

Next time you catch yourself thinking negatively, work your way through the following list of questions, answering them honestly.

What is the evidence?

1. Am I confusing a thought with a fact?

2. Am I jumping to conclusions?

What alternatives are there?

3. Am I assuming that my view of things is the only one possible?

4. What do I want?

5. What are the advantages and disadvantages of thinking this way?

6. Am I asking questions that have no answers?

What thinking errors am I making?

7. Am I thinking in all-or-nothing terms?

8. Am I using ultimatum words in my thinking?

9. Am I condemning myself as a total person on the basis of one single event?

10. Am I concentrating on my weaknesses and forgetting my strengths?

11. Am I blaming myself for something that is not really my fault?

12. Am I taking something personally, which has little or nothing to do with me?

13. Am I expecting myself to be perfect?

14. Am I using a double standard?

15. Am I paying attention only to the black side of things?

16. Am I over-estimating the chances of disaster?

17. Am I exaggerating the importance of events?

18. Am I fretting about the way things ought to be, instead of accepting them and dealing with them as they are?

19. Am I assuming that I can do nothing to change my situation?

20. Am I predicting the future instead of experimenting with it?

Reflection time!

Reflect on how you found this exercise – whether you were surprised by any of your answers or whether the questions helped you to think more positively. If you found them useful, you might even want to print them off and pin them somewhere as a reminder.

> At first, I was resistant to challenging my negative thinking, but then I realised that was because I was scared of being proven wrong. Surely, I would want to be proven wrong? No one wants to feel bad about themselves. This insight alone made me realise how unhealthy my thinking was and how important it was for me to tackle it.

5.4 Positive Self-Talk

Objective

Whether we realise it or not, we are always talking to ourselves in a positive or negative way, about ourselves, others and the world around us. Self-talk is normal and a valuable part of our inner processing, as long as we know how to manage it. As our internal dialogue becomes more positive, we view ourselves and the world more positively. Problems arise when thoughts are frequently negative, and this is a common issue in people with eating disorders. All too often we focus on the negative aspects of life, losing sight of the positive things that make life enjoyable. The aim of this worksheet is to help you find a more positive internal dialogue.

Task

Read the information on positive self-talk before developing some positive self-talk statements you can use in the exercise below.

Positive self-talk can support emotional and physical health and promote the achievement of goals. It can point us in positive directions, help us conquer difficulties in life and help us see others and ourselves more positively. Words can hurt and words can heal. Positive self-talk leads to having positive feelings about the self, which leads to positive treatment of the self.

Do you:

- catch yourself only ever expecting the worst things to happen?

- think bad things about yourself or about how you look?

- constantly worry about what other people think of you?

- call yourself names like 'fat' or 'stupid' or 'a loser'?

- engage in any other type of negative thinking?

These patterns of negative thinking can often become habitual and automatic. Therapists call them negative automatic thoughts (NATs), and thinking this way can actually create or worsen much of the stress we are under.

Do you notice that when you are having a 'bad day', it is easy to overreact to the tiniest inconvenience, which makes you more irritable and stressed? Read through the above list again… Even just reading the statements can bring up feelings of anxiety in us, so if we are thinking such things on a regular basis, it's no wonder we are contributing to our own stress levels or even adding to our feelings of depression and anxiety!

Even during recovery, eating disorder tendencies can be triggered during times of high stress, as they are often used as a way of coping with life and emotional problems. This isn't to say that our stress is self-imposed, or that positive self-talk is a cure, but learning the ability to recognise when we are thinking in such self-defeating ways, and developing the skills to think in more supportive and helpful ways, can go a long way in enabling us to reduce and cope better with the stress that we are experiencing. Think of positive self-talk as another tool in your toolkit of skills to help you successfully recover.

Positive self-talk is more than just positive thinking. We all know that if we are feeling down or depressed, it's almost pointless just to tell ourselves to 'cheer up' or 'look on the bright side'! Clichés like these tend to make us feel even worse. Instead, try this simple step-by-step approach:

- **Step 1: Noticing your inner voice.** Practise noticing the type of thoughts that occur in your mind as if by habit. For now, just notice them, and let them go. Get into the habit of noticing the way you think and what those thoughts are telling you. Are they negative or positive? Do you notice the same thoughts occurring again and again? Notice the *tone* of that voice – for example, is it critical, harsh, angry, sneering or pitiful?

- **Step 2: Changing the tone of your inner voice.** Once you have become used to noticing your self-talk, now start to *change the tone of your inner voice*. Before you change *what* those thoughts are saying, just change the tone of your voice so you can imagine hearing a warm, reassuring, friendly and confident voice – as if your inner voice was that of your very best friend who was always on your side, always there for you, always comforting you.

- **Step 3: Now change *what* your inner voice is saying to you.** What would you say to your best friend if they were in the same position you are in? What do you really need to hear at this time? What would be a more helpful, more encouraging thing for your inner voice to be saying to you instead of all those negative put-downs? Now hear your inner voice saying helpful, supportive things to you in its new friendly, warm and encouraging tone of voice. It may take some time; many of our negative ways of thinking have become a lifetime habit, often having developed as a result of how others have treated us.

Getting used to thinking in a different way may take some perseverance, but it will be well worth it.

Set aside one hour and set the clock for every five minutes. When the alarm rings, take a few deep breaths and bring your attention back to the present. Concentrate on your breathing, following your inhalation and exhalation patterns. Then, say four brief positive affirmations – for example, 'I breathe in all that is good and release what no longer serves my purpose.'

Each time the alarm goes off, you might like to follow the affirmations by highlighting the key words/points in your statements that you can then redesign into one key statement you could remember and repeat to yourself on a regular basis.

Really think about each word and what the affirmation means; get the most out of each word. By using this strategy of positive self-talk, through repetition the affirmations become embedded in your subconscious and can have a profound influence on your life.

Reflection time!

Remember to stay alert and fight negative self-talk. When that little voice of doom pops up in your mind trying to put you down, have a strategy for turning those negatives to positives. No one is perfect! When you find yourself being self-critical, immediately stop and try to pay yourself a compliment. Remember the whole world… We are all different and we're supposed to be that way. It would be an incredibly boring world if we all looked exactly the same. It's a truly special experience to look around and realise that everyone is beautiful, no matter what size, colour or gender they are. There is beauty in everyone, and that includes you!

> Over time, your inner voice can become a friend rather than an enemy. The important thing to remember is that it takes a huge amount of time to develop positive self-talk – it is so worth it, though. Would you talk to a friend the way you talk to yourself? Probably not.

5.5 Challenging My Eating Disorder Belief System

Objective

Developing a realistic perspective on your health and well-being is essential for recovery from an eating disorder. The aim of this worksheet is to help you counter your current unrealistic beliefs with more realistic ones.

Task

Make a note of your current beliefs/behaviours and then think about and record what the counter belief may be. An example for you could be:

Current belief system: 'If I don't binge at night, I won't be able to sleep.'

Counter belief: 'I understand I may be anxious that I won't sleep if I don't eat at night, and I may need to consider other alternatives to help me sleep, but eating at night really isn't helping me.'

Now, try to think of your own beliefs/behaviours...

Current belief:

_____

_____

_____

Counter belief:

_____

_____

_____

Current belief:

_____

_____

_____

Counter belief:

_____

_____

_____

Current belief:

_____

_____

_____

Counter belief:

_____

_____

_____

Current belief:

_____

_____

_____

Counter belief:

_____

_____

_____

Look over your counter beliefs again. Maybe you *know* that your counter beliefs are true – even if you don't *feel* that they are.

As you challenge your thoughts, even though counter beliefs may not be felt on an emotional level, practice will eventually allow you to feel their truth. Speak in your *counter belief voice*, even if you don't yet believe it.

Reflection time!

You could copy out your counter beliefs and stick them up in places where you will face them throughout the day, such as in in your purse or wallet, on your bedroom wall or on the fridge.

" Developing a set of counter beliefs was a huge part of my recovery. I couldn't do it alone, however, and needed to check with others that my counter beliefs were realistic. I am getting better at doing this on my own now. "

Chapter 6

Social Aspects of
Eating Disorders

6.1 Eating Disorders and Relationships

Objective

Research suggests that key relationship challenges may contribute to the onset of an eating disorder. It isn't helpful to play the blame game, but it can be helpful to understand the significant factors that can contribute to the development of an eating disorder to better understand how relationships might need to change. The aim of this worksheet is to help you take a closer look at your relationships and their role in your recovery.

Task

Use the information below to consider your own relationships – with family, romantic partners and friends.

Loved ones find eating disorders extremely difficult to understand and accept. Seeing someone you love starve or damage their body is stressful, and often parents, spouses and others begin to become intrusive in their efforts to get the person to eat or to stop binging/purging. Soon the individual may see these loved ones as enemies trying to control them rather than helping. In some cases this encourages a tendency to sabotage or avoid relationships in order to avoid pressure to change eating-disordered behaviours.

Social support models

Research suggests the existence of the following main types of support:[1]

- **Assistance:** giving or receiving aid or material goods.

- **Belonging:** feeling that one is 'a part of' and an important member of a common cause.

- **Emotional:** encouragement, understanding, personal warmth, empathy, unconditional love.

- **Feedback:** giving information or appraisal, comparison, validation or constructive criticism.

- **Information:** imparting specific knowledge, the gift of advice, suggestions or direction.

- **Relief:** providing fun, pleasure, distraction from the tasks of life, a 'get away'.

Do the above support models represent key relationships you have in your support network? Do you recognise that one person cannot provide all of the above and that you need different people to fulfil different support roles?

Parents and siblings

It is important for parents to understand that they aren't solely to blame for the development of their child's eating disorder and nor are they fully responsible for ensuring recovery. Feelings of guilt and confusion are inevitable, but not very helpful. Increasing awareness and understanding about eating disorders will enable better relations in a calmer atmosphere.

The book *Skills-Based Learning for Caring for a Loved One with an Eating Disorder* by Janet Treasure, Grainne Smith and Anna Crane contains helpful advice on this subject.[2] The book uses metaphors representing character traits often witnessed in carers to help clarify the best ways of helping someone with an eating disorder. For example, less helpful character traits are related to:

- **the Jellyfish:** demonstrating a raw emotional state with feelings close to the surface

- **the Ostrich:** disengaging from the problem

- **the Kangaroo:** being overprotective and over-accommodating

- **the Rhinoceros:** overly directive, assertive and logical.

It is suggested that a more appropriate way of being would be to represent the following:

- **the St Bernard:** reliable, loyal and compassionate

- **the Dolphin:** gently guiding direction without stealing control.

Romantic partners

Living with an eating disorder while maintaining a romantic relationship creates inevitable challenges. Every person's circumstances are completely individual, affected by childhood experiences, life examples of other relationships, communication skills, character traits, coping mechanisms, body image and so on.

The topic is so large and complicated that it's impossible to know where to begin. Note the following quotations from people with an eating disorder, highlighting some relevant points to think about:

- 'Anorexia is part of me, and therefore it feels as if there are three of us in a relationship.'

- 'My self-esteem is so low and my body image so poor that I constantly ask for reassurance, which frustrates my partner. I suppose the reassurance doesn't even help, otherwise I wouldn't need to keep asking!'

- 'When we're having sex, I can't stop wondering what he's thinking about my body – does he think I'm too fat, or does he think I'm too bony?

Confusing. I wish I could just enjoy being with him without anorexia in my head.'

- 'I wonder how great our relationship could be if the eating disorder went away, leaving more space in my head for "me"!'

- 'I've never had a normal, honest relationship… I don't know how to focus on anything other than my body, what I eat (or don't eat), and what the person sitting beside me thinks of me… My eating disorder consumes me.'

- 'The eating disorder has been part of so much of my life – will it ever go away? Will it always be part of my relationships? Even when I am well, it haunts me, with others assuming that it's affecting my decisions when it's not…I think. It's hard to know who I really am any more.'

- 'There's a risk of ending up with someone who wants to be your caretaker rather than your partner. Worse still, you could end up with someone who likes you better sick than well, and who tries to keep you dependent.'

- 'I wish I hadn't pushed everyone away! Now I am trying to sort myself out and it's hard to get everyone back again.'

- 'I told him that he could not tell anyone about my eating disorder or else I would kill myself. I was frightened of getting better. I didn't think I deserved to be well, or deserved him. I constantly pushed him away and tested his loyalty and patience.'

- 'I had the mindset that he wouldn't really be able to love me for who I am. I needed to get skinnier, I needed to become smarter, cooler, funnier. Whatever – no one could love the mess I was, so I had to starve – I had to, otherwise I'd be worthless.'

- 'He believed in me. He taught me that I can rely on something other than my eating disorder. I can push the boundaries and live outside my comfort zone. Life has ups and downs, as do relationships, but that's what teaches me to appreciate. Before, I had no future; now, the future is unknown and exciting!'

The above provide only a glimpse of a huge subject affecting every moment of every day. One thing is certain – relationships play a significant role in the development, maintenance and recovery from an eating disorder. Giving serious consideration to the relevance of relationships in your life might be best discussed with a counsellor who is able to offer alternative perspectives and emotional support.

Reflection time!

Take some time to reflect on what it was like to read other people's experiences of relationships. How did it make you feel? Sit with this feeling while you consider which relationships you would like to change for the better.

"
It is hard to have a successful relationship with someone when your key relationship is with your eating disorder.
"

6.2 Plot Your Close Relationships

Objective

The aim of this worksheet is to help you see who you feel closest to and how great the distances are between you and other people in your family/close relationships. It will also help you see whether your relationships have changed with your eating disorder.

Task

Plot your close relationships by completing the following exercise.

Draw a spot on a piece of paper. Imagine that this spot represents you.

Then place the other people in your family/close relationships around you according to how close you feel towards them now. You should now have a central spot surrounded by several others.

Consider why you feel that certain people are closer to you than others:

- Do you purposefully avoid particular people?

- Do some people avoid you? Why?

- Are those closest to you most understanding/considerate?

- What qualities do they have that results in you feeling most comfortable with them?

- Consider whether those closest to you are accommodating your eating disorder a little too much, which makes you feel safer around them. As much as you might not like to admit it, should they challenge you to overcome your issues more than they already do? Remember, recovery isn't easy and it's important that you try to be aware of what things might be maintaining the continuation of your eating disorder as well as considering which things will help you through recovery.

Now repeat this exercise, remembering how things were the year before you started to have eating issues.

Compare the two diagrams you have created:

- Are there any clear differences that are relevant in the development of your eating disorder?

- Did something specific happen to alter relationships? If so, would it be helpful to explore this further?

- Have relationships altered in a positive or negative way? Which diagram do you prefer? Why?

Now refer to the diagram based on the present situation and consider how you might like relationships to change:

- Would you like to be closer to some of the people further from the spot representing you?

- Which relationships would benefit from change?

- How might you go about making these changes to alter your diagram to make it more conducive with recovery and a positive future?

- Consider making one promise, to yourself, to do something (even if it is just something small) towards making that change.

If you find this exercise helpful, you could also try to remember how things were when you were, say, ten years old or at another time in your life that was in any way important. Look to see if there is any connection between the pattern with your eating issues and the patterns in your relationships.

How would others describe you?

- Using the table on the following page, list some close family members/ relationships.

- In the middle column, write down what you think each would say about you as a person, perhaps using five to ten specific key words.

- Take a moment to reflect on what you've written so far. Do you think people share similar views or are there differences?

- If you feel able, ask each person to write down their actual description of you in the third column. Do your perceptions differ from each other?

The purpose of this exercise is to find out whether your assessment of yourself is the same as the assessments others have of you. Often, people have quite false ideas of other people's opinions of them.

Once you have completed this exercise, pause and reflect:

- Have you done it in relation to how you are now or how you were before your eating problems?

- How do you think the table would differ if you had not developed an eating problem?

If you are creative, you might like to repeat this exercise representing yourself visually by drawing a picture or making a collage of how other people see you.

Name/relationship	Your description	Actual description

Reflection time!

Take some time to consider what you have learned about your relationships – close and distant. Are you satisfied with these relationships or do you need to make some changes?

"
This exercise was painful, but made me realise just how unhealthy and destructive some of my relationships were. Now, I choose to surround myself by people who are good for me. "

6.3 Family Roles

Objective

Have you ever felt that you are a different person when you are with your family than when you are with other people? If so, you're not alone. Many people feel as though they fill a specific role within their family. These roles can be restrictive, but by identifying your role within the family, you can take control of your life. The aim of this worksheet is to identify your role and whether you are happy with it.

Task

Read through the different family roles to identify where you fit within your own family unit.

Common family roles

Let's start by looking at some common family roles. You may recognise yourself or other members of your family in some of these descriptions. You may find that parts of several roles apply to you or others in your family. What's important is that you recognise the effect these roles might be having on your recovery – whether they are facilitating or hindering your pursuit of health and happiness.

It's also important to note that while each of these roles can have positive and negative implications in a functional family, they don't define you or anyone else in your family unless you allow them to do so.

Another critical point is that by sticking to your 'assigned' role, even when it is restrictive, you can hinder your own recovery. This is true regardless of the role you currently hold. If you are known as the Good Child, the pressure to succeed can be immense, and can cause you to turn to food for comfort. If, on the other hand, you are the Problem Child, you may feel that you must continue to need the help and intervention of your family members. Without your eating disorder, what will hold your family together?

These beliefs are false, but knowing that and accepting it wholly are two different things. The first step towards redefining your role is to identify the role you currently play.

- **The Good Child (or Hero).** This role is often, but not always, filled by the oldest child in the family. This member of the family is visibly successful in one or more areas – school or sports, for example – and looked up to by younger siblings and those outside the family. Parents often hold the Good Child up as an example to other siblings: 'Why can't you be more like your brother?' This can cause sibling rivalry and can put pressure on the Hero to fill unrealistic expectations.

- **The Problem Child (or Rebel or Scapegoat).** Frequently, the second child in the family falls into the Problem Child role. The problem can be in one area – for example, their grades are not as high as the Good Child's – or there may be a general sense of not living up to expectations. However, sometimes the Problem Child is simply different from the rest of the family and marches to the beat of their own drum.

- **The Joker (or Mascot).** As the name implies, the Joker uses humour frequently, whether to diffuse tension, deflect attention from a person or situation or to cover hurt feelings. Sometimes, this person feels that it's their responsibility to keep the mood light and to avoid talking about serious issues or problems facing the family. Other times, they may be masking their own insecurity or anxiety.

- **The Invisible Child (or Lost Child).** This is the child who hides away in their room with a book, sacrifices their own needs and figures out how to make do with what they have. In a functional family that includes a member with special needs, the Invisible Child may emerge when the parents are busy caring for the other child. The Invisible Child learns to take care of themselves and as a result may eventually start to believe their needs aren't important, which of course is untrue.

- **The Nurturer.** Traditionally, the mother has taken the role of Nurturer, caring for her husband and children. At various points in her life, this comes at the expense of her own emotional needs, but, generally, a mentally healthy Nurturer learns to balance her own needs with those of her family. She is deeply invested in the health and well-being of her family, and may blame herself for her children's illnesses and the inevitable failures they encounter in life. In many families that comprise someone with an eating disorder, it is not uncommon for that person to have become the Nurturer at a very young age, because the parent is unable or unsuitable to fulfil the role.

- **The Disciplinarian.** This role was traditionally reserved for the father of a family. He lays down the law, based on what he thinks will protect his family and keep them safe. He enforces the law by doling out discipline when he feels it is necessary. His decisions may not always be rational, particularly when emotions are high, but in a functional family, discipline comes from a place of love. At times, the Disciplinarian resents his role, which may lead him to ignore certain behaviours.

Taking responsibility for your choices

Now that you've had a chance to figure out the roles you and your family members play, it's time to decide how you want to react to that role. If, for example, you think that you are in the role of the Hero, forced to excel constantly, what – if anything – do you want to change? Perhaps you want the freedom to fail – or at least to not always be the best. Your fear of not being perfect may be a significant contributing factor to your eating disorder. Or, if you've identified yourself as the Joker, perhaps you need to acknowledge your own insecurities and anxieties, and gently make the rest of your family aware of them so that you no longer have to turn to food and weight as a coping mechanism.

Reflection time!

Breaking free from family roles isn't easy, even if you have the support of your family. It will take time and patience to develop new roles and to learn to accept each other. However, if your family relationships are grounded in love and respect, the journey can be especially meaningful. By redefining yourself, you will give yourself significant power over your eating disorder.

"I had to disengage from my family completely in order to fully recover. It was heartbreaking, but necessary – it was all too dysfunctional."

6.4 Eating Disorders in the Workplace

Objective

A happy and healthy workforce should be every employer's aim. A key feature of effective staff management is taking care of the welfare and development of each employee and helping them achieve their potential. The aim of this worksheet is to think about how your eating disorder impacts your ability to work, as well as how you might be able to resolve any workplace problems.

Task

Let's take a look at how eating disorders and work are related, including how employers can better support their employees.

Employees with eating disorders are far from being 'difficult' staff. Indeed, they often excel at their job. Whatever difficulties they have, they will go out of their way to make sure their disorder isn't noticed at work. Their absolute commitment to their work can mask an inability to switch off, which can become obsessive. People with eating disorders often experience difficulty in social and personal relationships and may therefore invest highly in their work as an area where they feel more competent.

The work itself isn't necessarily a contributing factor to developing an eating disorder. Anyone can be affected, regardless of their position in an organisation. There are, however, certain professions that are more appealing to people with eating disorders. These include:

- catering and other food-related industries
- the caring professions such as nursing, social services, health and dietetics
- careers related to fitness and sport, dance and theatre
- jobs in PR and the fashion industry (e.g. modelling).

Becoming aware of an eating disorder among employees

There are generally three ways that an employer can find out whether an employee has an eating disorder:

- The employee will tell you personally – such as by asking for help. This is an uncommon but positive indication that the employee wants change.

- Outward signs and symptoms – for example, extreme weight loss or low weight which lasts over a longer period of time, or a noticeable, lasting change in behaviour such as secretiveness.

- Colleagues become alarmed and notify the employer of their anxiety about a fellow worker. This is the most frequent situation.

There are several other signs for employers to watch out for, such as:

- difficulty in working as part of a team unless the team roles are highly structured

- difficulty dealing with changes at work, particularly unexpected changes of roles

- mood changes and problems with emotional self-control

- problems with decision-making, self-confidence and taking initiative

- being late or absent from work for no apparent reason

- avoiding being seen eating in social situations such as meal breaks, office parties and Christmas meals

- illness at work, which may involve fainting or blackouts.

People with an eating disorder will have the same needs as other members of staff. They need to feel accepted and appreciated. They need respect and support and to be given feedback on their performance. Since employees with an eating disorder might have low self-esteem, it is necessary to be delicate and friendly when giving feedback. Dealing with eating disorders in the workplace is not necessarily much different from dealing with any other health problem experienced by members of staff.

There are a number of frequently seen situations in the workplace that can relate to eating disorders, each of which needs a different approach and level of support. These include:

- Recruitment – a pre-recruitment medical may show signs indicating a history of an eating disorder.

- A concerned colleague reports to the management that an employee has started showing poor work performance. A discussion or conversation may be necessary with the employee in question, and help should be offered to establish why their work has been affected.

- The problem has been identified and support is given so that the person with an eating disorder can stay at work.

- Sick leave is necessary for the affected person to attend treatment or to go into hospital.

- The person with an eating disorder returns to work after a period of sickness absence.

Recruitment

The main goal of any recruitment process is to hire someone on the basis of their ability to do well at their job. A person's current or previous history of an eating disorder is in no way a sign that they are unfit for a particular post. Not to recruit an otherwise good applicant solely because of a declaration of an eating disorder would be considered discriminatory. A person with an eating disorder should not have less chance of being recruited than any other candidate, especially since a person declaring a history of an eating disorder has effectively indicated that they have recovered or are well established in treatment. Furthermore, it is helpful to have such a person on board because they could help detect if another employee is experiencing similar difficulties.

Help for relatives (e.g. parents)

It may be that an employee doesn't have an eating disorder themselves but is caring for and supporting a close family member with an eating disorder. Such an emotional and demanding experience could cause a high level of domestic stress. The work situation can be an escape for some people, offering relief from overwhelming problems at home.

In a situation where the partner or child requires hospital or outpatient treatment, it is common for family members to be involved in the assessment and treatment of the person with an eating disorder. In such conditions, it is advisable for the employer to help with limited time off work or by offering flexible working hours. Staff counselling services, if they exist in the workplace, can be extremely valuable to employees in such highly stressful and anxiety-inducing situations.

Example – combining treatment with work

John manages a department in a retail business, which is open from 8 a.m. to 8 p.m. daily. The staff on the shop floor work in shift patterns to cover these hours. Beverley has worked for the business as a cashier for five years. One day she comes to see him in great distress and explains that her daughter has been admitted to hospital with an eating disorder. John is keen to support Beverley, as she is a good employee. Beverley explains that she would like to remain at work, but will need some time off to visit her daughter and take part in her treatment. John and Beverley discuss changing her shift patterns to allow her to do this without the need to take extensive time off work. He is able to do this by negotiating shifts with the other staff.

Many staff are highly loyal to their employers and don't want to bother them with their problems, even when they are experiencing difficulties themselves. Although it can take time and effort to rearrange someone's work hours, it is usually worth it as it increases employee loyalty, allows the person to maintain some normality in their life and doesn't create additional pressure on the employee in an already difficult situation.

Reflection time!

How does your eating disorder impact your ability to work? Do you wish your employer was more accommodating? If so, how do you think they would react to reading the information in this section?

"I was addicted to work – it helped me cope. However, I went freelance just so that I didn't have to interact with others. It is great to love your job, but not to use it to perpetuate unhealthy behaviours.

6.5 Positive Communication

Objective

Positive communication is the ability to convey messages, even negative ones, in a positive manner. Communication can be difficult for people with an eating disorder, and can even be one factor underlying their eating disorder. The aim of this worksheet is to look at how you can be a more positive communicator.

Task

Take some time to learn exactly what positive communication is and how it might benefit you in your recovery and in life in general.

Positive communication is:

- when both people are calm and no blame is being directed

- when you are actively listening

- reflecting back and summarising a conversation to ensure understanding.

Ways in which you can ensure positive communication:

- Check your body language – eye contact, tone of voice, paying attention (e.g. not playing with hair, picking finger nails).

- Think about where a conversation needs to take place, such as a suitable time and location.

- Use 'I' – 'I think this' and 'I feel this'.

- Do not blame or criticise, as this creates defensive behaviour. Rather than saying, 'You make me cross when…', you can say, 'I feel cross when…' This allows the person to know what you are feeling and thinking.

- Be sincere – 'You look very nice in that dress.'

- Don't judge.

- Be open and honest.

All relationships are at risk of ending due to poor communication – not understanding what others are thinking and feeling, and others not understanding what you are thinking and feeling. Try to understand what the other person is feeling as well:

- 'I feel happy about this situation… What are your thoughts?' Think about the other person's thoughts and feelings.

- What are your own thoughts and how do you feel? Do they match the other person's?

We often internalise our feelings, creating anger, frustration and sometimes even depression. We don't have to do this, though. We have a right to communicate our thoughts and feelings in the interests of our own well-being.

Reflection time!

Reflect on your own communication skills. Do you ever communicate through your eating disorder, such as starve to communicate that you feel undeserving, or binge to communicate your anger or sadness? Think carefully about whether these really make you feel heard. Might one of the recommended positive communication strategies work more effectively? Be honest with yourself as you explore this.

I have never felt able to communicate my feelings. Even as a child I had a phase of being mute. It is an area I am much better at, mainly because I think before I speak or question why I might want to partake in eating disorder behaviour. Am I actually trying to avoid something? Most of the time I am.

Chapter 7

Eating Disorder Treatment

7.1 An Introduction to Counselling

Objective

Counselling is one intervention that can be effective in helping people deal with and overcome eating disorders. The aim of this worksheet is to explore what counselling is, how it works, its benefits and how it can assist people with eating disorders.

Task

Read the following information in order to gain better insight into the different types of counselling that are available to help with recovery.

What is counselling?

Counselling is a specialty within psychology where trained professionals use psychological theories, knowledge and techniques to help clients live through, cope with and overcome any distress they might be experiencing. Individuals, families, groups and couples seek the help of counsellors for all kinds of reasons: stress, anxiety, chronic or acute emotional problems, relationship issues, lack of purpose in life, alcohol and drug abuse, low self-esteem, career decisions, relationship problems and, indeed, eating disorders.

Although some counsellors become specialists and focus mainly on working with, for example, families or people affected by eating disorders, they are generally trained to be well versed in a variety of therapeutic skills and techniques.

What types of counselling are there?

Some counsellors employ one or more counselling techniques depending on the nature of a client's problem. The specific approach the counsellor adopts is mainly based on the particular school of psychological thought that informed their professional training. While some adopt a behavioural or cognitive-behavioural approach, others might be more oriented towards humanism, existentialism or psychodynamics. By making yourself familiar with these terms and learning which approach might offer you the best support with your eating disorder, you will be better equipped to utilise counselling as part of your recovery (see Appendix A: Counselling Types and Terminology).

Whichever type of counselling you choose, the relationship between you and your counsellor will be key – you need to trust your counsellor enough to share your thoughts and feelings, while also feeling completely accepted by them.

What will a counsellor do?

Counsellors will have a sincere interest in your life and experiences, so that they can use the knowledge they gain about you for your benefit. To a counsellor, the question 'How can I use what I know about my client to help empower them?' is always significant.

Initially, counsellors might ask you questions about your particular circumstances and issues. However, your time with the counsellor will be yours, so you are likely to do more talking than they are. This can be scary at first, especially if you are used to bottling things up inside. However, your counsellor will be aware of this and will support you as you find your voice. As you find your voice, try to be completely open and honest, so that you can gain the most from the therapeutic process.

What are the benefits of counselling?

The benefits of counselling depend on many factors, including how motivated and committed you are to the process. Some of the main benefits include:

- **Confidentiality, trust and sincere interest:** Even well-meaning friends can't always be trusted to keep private information private. A counsellor will offer you complete confidentiality under most conditions. The exception is if they feel you might be at risk of causing harm to yourself or others, in which case they might need to break confidentiality. Even then, most counsellors will discuss this with you first in order to gain your consent.

- **The chance to express yourself freely, without fear of judgement:** Unfortunately, this is not always possible in ordinary relationships. We can find ourselves not only being judged by others but also adapting to how we feel a person wants us to be. Your counsellor will accept and respect you as you are; they are not there to judge.

- **Insight into yourself:** This includes insight into your thinking and emotional patterns, such as those that might knock down self-esteem and hamper your recovery.

- **An opportunity to alleviate stress and anxiety:** This is gained through having an attentive and empathic counsellor and the appointment space and time set aside for you to talk.

- **Support:** A counsellor will support you to work through loss, pain and emotional setbacks, as well as gain a new, healthy perspective on life.

- **Effective strategies:** Counselling provides you with the opportunity to learn effective strategies for communication, resolving interpersonal conflict and challenging eating-disordered thinking and behaviour.

Reflection time!

It is important not to expect any quick fixes from counselling, but to see it as a 'journey'. Journeys take time. They have ups and downs, steps forward and steps back. Unearthing and confronting deep-seated, negative self-images and beliefs that contribute to the eating disorder will be challenging. However, the important thing is that you will have started your journey and you are *not* alone on that journey.

> Counselling was a huge part of my recovery and I don't think I could have fully recovered without it. I was with my counsellor for seven years due to the extent of the issues I had to contend with. This might seem a long time, but when it comes to recovery it takes as long as it takes. You can't rush it.

7.2 An Introduction to Cognitive Analytic Therapy (CAT)

Objective

Cognitive analytic therapy (CAT) is collaborative work between a therapist and a client, analysing the obstacles that have hindered changes in the past in order to understand better how to bypass those obstacles in the future. Questions such as 'Why do I always end up feeling like this?' become more answerable. The aim of this worksheet is to help you determine if CAT might be right for you.

Task

Read the following information in order to gain better insight into CAT and how it can help with recovery.

What is CAT?

CAT is safe and user-friendly, being widely applicable across a variety of settings, disorders and difficulties, including depression, anxiety and other personal problems. The process attempts to describe and explain how problems have evolved and how the techniques designed to deal with them may be ineffective.

CAT is designed to enable clients to understand how the difficulties they experience can be worsened by the coping mechanisms they have developed. Clients' personal histories and life experiences are analysed in order to observe the problem in its entirety. The therapist helps clients grasp how these coping mechanisms originated and how they can be adapted and improved. Then, initiating the client's own strengths and resources, plans are developed to start a change.

How does CAT work?

The work is active and collaborative. Diagrams and written outlines are developed to help clients detect, question and modify old, unconstructive patterns. Agreed insights are then recorded in documents, which become a manual for behaviour during and after the therapy. In this way, clients develop new skills to help them cope with life situations more productively, well after the therapy ends.

Practically speaking, CAT is:

- **Time-limited:** Therapy ranges from four to 24 sessions, but is typically 16. It is designed as a brief intervention, but can also work for longer treatments.

- **For individuals:** It can also be used effectively with couples and groups, however.

- **Cognitive:** It makes full use of the client's capability to perceive and question everything they know about themselves, their assumptions, feelings and behaviour.

- **Analytic:** Through the shared work of the client and therapist, unacknowledged, unconscious factors are explored, and their influence is analysed.

- **Integrated:** A cohesive body of theory has been developed to gain a holistic account of the client's personality and development. It highlights the interplay between mental processes, feelings, emotions, actions and consequences.

- **Evidence-based:** It is open to research and evaluation.

- **Self-awareness-based:** It is an effective way of developing self-awareness and personal growth.

- **Empowering:** It uses and extends a client's capacity for self-help, and supports them to develop a unique means for understanding and changing their unhelpful coping procedures.

What is the aim of CAT?

CAT aims to comprehend and improve chronic and self-inhibiting patterns of emotional expression. It strives to detect key emotional patterns of relating to the self and others, and considers how these patterns impact the client's current problems and any associated distress. CAT therapists aim to bring about a broader perspective on the client's psychological world and explain this perspective to the client so that they gain better control over it. The key to successful CAT is getting to the bottom of the client's habitual coping mechanisms and understanding how they got there; although unhealthy, they were once needed because they proved a successful coping tool for the client in the past.

The goal of CAT is to equip the client with the tools and know-how necessary for them to manage their psychological states on their own, outside of sessions.

The three Rs of CAT

The three Rs of CAT are reformulation, recognition and revision:

- **Reformulation:** The client and therapist develop a shared understanding of the client's problem, which is explicitly written down or drawn.

- **Recognition:** The client's awareness of patterns, roles, feelings, thoughts and behaviours that make life difficult are realised.

- **Revision:** Areas of difficulty are changed or adapted.

In addition, at the end of therapy both the therapist and client write 'goodbye' letters, reviewing what has been achieved.

Reflection time!

What are your thoughts about CAT? In particular, do you have any questions about this type of therapy? To learn more, you could visit the Association for Cognitive Analytic Therapy website: www.acat.me.uk/page/home

"
CAT helped me discover how my rigid patterns were feeding my eating disorder and keeping me trapped in a vicious cycle.
"

7.3 An Introduction to Cognitive Behavioural Therapy (CBT)

Objective

Cognitive behavioural therapy (CBT) is a branch of psychotherapy that is based on the idea that all thoughts (cognitions) and actions (behaviours) are related. Therefore, if you change one, you can change the other. The aim of this worksheet is to help you determine if CBT might be right for you.

Task

Read the following information in order to gain better insight into CBT and how it can help with recovery.

What is CBT?

CBT aims to help individuals break down problems or situations into more manageable parts and examine the ways in which thoughts, emotions and actions are related in each.

What does CBT do?

CBT allows individuals to examine the relationships between their thoughts, feelings and actions, and in doing so allows individuals to understand that if they change the way that they think and feel, they will change the way that they act.

How is CBT administered?

CBT can be attended either in private or group therapy sessions. These sessions are approximately 60 minutes long, and they usually occur weekly or every fortnight. CBT is a relatively short-term treatment, usually lasting no more than six months or so.

Why does CBT work with eating disorders?

For individuals suffering from eating disorders, understanding the relationships between thoughts, emotions and actions is highly important. Once these relationships are understood, the individual can replace the negative thoughts and emotions that have led to unhealthy food and eating behaviours with more positive thoughts and emotions that will help lead them towards a healthy lifestyle. However, in order for these relationships to be clear, it may take several weeks of tracking thoughts, feelings and eating behaviours before the individual will accept this proof. Often, therapists will ask individuals to keep a journal or food diary in order to more accurately record their thoughts, feelings and actions towards food and eating during a given period of time.

Does CBT cure eating disorders?

Perhaps not, though it may well aid recovery. It is important to remember that recovery from an eating disorder is a long journey, and there may be relapses along the way. When relapses do occur, attending 'top-up' therapy sessions may make a difference.

What exactly does CBT teach?

In addition to teaching individuals how to identify the links between their thoughts, emotions and actions, CBT also teaches individuals how to avoid and tolerate stressful situations, and how best to deal with stress in order to avoid a relapse. It also teaches individuals that *they* hold the power to their recovery, which can be comforting to individuals who feel that their lives are otherwise out of their control.

How is CBT accessed?

CBT is only offered by qualified, trained therapists, so a referral from a GP, hospital or clinic is one way of accessing this type of therapy. Engaging a private professional is another means of accessing CBT.

Reflection time!

What are your thoughts about CBT? In particular, do you have any questions about this type of therapy? To learn more, you could visit the website of the British Association for Behavioural and Cognitive Psychotherapies: www.babcp.com/Public/What-is-CBT.aspx

> "CBT didn't help me to begin with, when I was too entrenched in the eating disorder to even consider challenging my thoughts. However, after counselling and extensive work beforehand, I found CBT to be the next invaluable stage for my recovery."

7.4 Mirror Therapy

Objective

It has been found that a therapy known as 'mirror exposure' can ease some of the negative thoughts and behaviours of people with body image problems that are serious enough to put them at risk of developing an eating disorder. The aim of this worksheet is to help you determine if mirror therapy could benefit you.

Task

Read the following information in order to gain better insight into mirror therapy and how it can help with recovery.

Women and men with body image issues often use mirrors to check their perceived flaws, reinforcing their negative views of their appearance. The basic idea behind mirror exposure is that learning to look realistically at your own body in objective terms can alter the automatic, negative judgements that would normally arise in those with eating disorders.

One of the key elements of mirror therapy is for individuals to look at themselves in the mirror and describe their bodies in non-judgemental, but honest, ways. So, instead of looking at themselves and saying, 'I have a big belly,' they might note that their lower abdomen is rounder than their upper abdomen. The goal is to help people let go of their constant self-criticism and learn how better to respond to distressing thoughts about their bodies.

To test the effectiveness of mirror exposure, Dr Sherrie Delinsky of Massachusetts General Hospital in Boston followed 45 women between the ages of 17 and 31 who had body image disturbance (defined as extreme concerns about weight and shape that affected their feelings of self-worth).[1] The women were divided into two groups: one received three sessions of mirror exposure therapy, and the other served as a comparison group, which discussed body image issues with a therapist.

Women in the mirror exposure group stood in front of a three-way mirror and were asked to describe themselves to a therapist, using objective, realistic terms rather than criticism. The women were directed to focus on their whole body, describing areas they liked as well as ones they disliked. They were also given homework assignments designed to limit any routine visits to the bathroom scales or to the mirror for a 'check'.

After one month, women in the mirror exposure group showed a general improvement in body image concerns, self-esteem, dieting and depression. The improvements were greater than those in the comparison group.

Although this study focused on women with body image disturbance, Delinsky believes mirror exposure therapy could help treat eating disorders.

Mirror therapy in people with disordered eating

Results of a small study carried out by Adrienne Key and colleagues of St George's NHS Trust, London, showed that women with anorexia who included mirror treatment in their body image programme felt better about their body six months later, while those who didn't have the mirror treatment felt no better about themselves.[2]

The researchers explain that 30–60 per cent of women who are successfully treated for eating disorders still have a problem with body image, and this can affect whether they make a full recovery. 'One of the biggest predictors of relapse is disordered body image. Women who come out of treatment with a good body image will probably have benefited from treatment, but those who still have body image problems will probably be back,' one of the researchers stated.

In this research, all the women who took part had the binge/purge form of anorexia and they had reached their target weight. One group had standard treatment to help improve their body image. This consisted of eight weekly sessions of 90 minutes, during which they talked and wrote about their body image problems and sexuality. They were encouraged to wear items of clothing and to take part in a range of social activities that they might otherwise avoid.

The second group also had this programme but, in addition, each week they were asked to stand fully clothed for increasing periods of time in front of a full-length mirror. At first, the women did little more than walk past the mirror. However, gradually, they spent longer looking at themselves and, as they felt more comfortable with what they saw, started to wear more figure-hugging clothing. At each stage they talked with their therapist about what they saw and how they felt. The mirror exposure brought strong emotional responses from many of the women.

Desensitisation works

At the start of the study, at the end of the group sessions and at six months, all the women in the study completed a range of questionnaires related to body image. Those who had taken part in the standard programme for improving body image showed no significant changes in body image at the end of treatment or at six months, compared with the start of the programme.

However, those who had the mirror treatment were less dissatisfied with their body at six months than at the start of the study, and scored higher on other tests related to anxiety and awareness. A few did not respond well to the mirror therapy; they had a history of sexual abuse and the researchers agreed that, in some cases, mirror treatment may not be the answer.

Reflection time!

Could mirror therapy be the answer for you? As with any type of therapy, while it might be useful for some, it might not for others. Never make yourself do anything that feels as if it is making your condition worse. At the same time, remember that many approaches will be difficult at first because you are standing up to the eating disorder. If you do opt for mirror therapy, it would be more beneficial for it to be part of a counselling programme to ensure that you have a therapist to help you process any thoughts or feelings that might emerge from exposing yourself to your image.

> " Mirror therapy is one of the hardest things I have ever done. It was, however, an important part of learning to accept myself. "

7.5 Art Therapy

Objective

Art therapy is a mental health profession that uses the creative process of art to improve and enhance the physical, mental and emotional well-being of individuals of all ages. It is based on the belief that the creative process involved in artistic self-expression helps people to resolve conflicts and problems, develop interpersonal skills, manage behaviour, reduce stress, increase self-esteem and self-awareness, and achieve insight. The aim of this worksheet is to help you determine if art therapy could benefit you.

Task

Read the following information in order to gain better insight into art therapy and how it can help with recovery.

What is art therapy?

Art therapy is often used in hospitals, prisons, education centres and mental health clinics, either on a one-to-one basis or in a group. It is especially beneficial for emotional and psychological disorders as it provides a means of communication to express feelings that are too difficult to verbalise. It is also of great use for personal development and growth by helping you to identify problem areas and then transform negative images into positive ones.

Here are some ideas of art projects that can help with self-awareness, positive expression and motivation for recovery:

Road drawing	Draw a road that represents a time line, focusing on significant chapters of your life. Challenging times might be represented by mountains, whereas calmer times might be bordered by level fields or a sunset. The journey should be represented in a personal way, using drawings, colours, textures and metaphors to suit your instincts and personality. The road can be periodically updated, highlighting a capacity to change and progress towards recovery.
Express emotion	Spend a moment to reflect on a frequent feeling that you've recently experienced. Try to express this feeling on paper by using lines, shapes, colours and textures.
Abstract family portrait	List the main people involved in your life. Represent them on paper in an abstract way, using metaphors to portray your perception of them. For example, an explosive personality that continually seeks attention might be represented by a firework. You might even like to consider the order and distance between each member of the group in relation to their impact on one another.

Eating disorder and me	Sometimes a person with an eating disorder can feel that the eating disorder is its own entity. Perhaps it would be helpful to represent your eating disorder beside the actual you, giving consideration to the colours, textures and size differences between the two identities.
Tree of life	Create a tree of life, recognising the strength of deep roots, continual growth and adaptation according to surroundings, the cycle of the seasons and the beauty in nature's differences. Remember, during autumn and winter, leaves will wilt and wither, leaving the tree looking bare and lifeless, but it is these leaves that help to nurture the growth of the tree, enabling it to flourish in the next spring. This cycle of life could represent the ups and downs in life, which could be seen as the necessities that enable growth in the future.
Stepping stones	Create a piece of work that represents your eating disorder/ fears/anxieties (using colour, shapes, texture, metaphors, etc.). Now choose a different material to represent stepping stones to place on top of your picture, showing you a safe path that can be crossed to recovery. By placing these stones over your picture, you're representing your ability to take control of the situation – appreciate your struggles and then empower yourself to find a way past them.
Positive affirmation	Choose a positive affirmation statement that you would like to keep close to you and place this statement on a piece of portable artwork that you could keep in your bag, wallet or room. You could even consider incorporating your affirmation into a piece of jewellery. The process of making this may help you to believe in the statement, take ownership of its meaning and feel proud of your achievements.
Blanket of support	Represent your support network in the form of a blanket, with different elements associated with the various people or forms of support in your life. This could be done as a drawing, perhaps with you surrounded by the blanket, or as part of a larger project that involves the actual creation of a blanket (e.g. in patchwork).
Future ambitions	Represent a future dream or ambition on paper for inspiration – you could use drawings, cut out pictures or use items associated with your ambition. Use this as a motivating reminder of why you would like to overcome your eating disorder.
A rainbow	Create a piece of art based on a rainbow – appreciating that every colour is relevant and necessary. This could act as a metaphor to remind you that all emotions and experiences play a part in creating a whole person in their full glory.

The above ideas are only suggestions for you to consider. Choose a project that you feel is relevant to you.

Reflection time!

Art therapy is not the answer for everyone, but it may just be the perfect expression for you. Don't feel that you are restricted by your artistic talents, or lack thereof. This is a personal project and is not intended to be displayed in a fine art gallery. Art therapy is a process of growth and personal discovery, and you may well redo portions of the project many times before you feel it properly conveys the thoughts and emotions that you are trying to express.

"I created my own 'Recovery Book', which I use to express myself. Sometimes I draw intricate pictures, and other times I just scribble; either way it helps me express myself."

7.6 Animal Therapy

Objective

Animals aren't judgemental and are completely honest in their affections. Spending time with animals can remove you from the pressures and expectations of society and return you to the simpler, more grounded instincts of nature. Animal therapy has been used successfully to help people overcome eating disorders and can include pets, such as cats and dogs, or horses and dolphins.

Task

Read through the following descriptions of animal-assisted therapies to decide which animal best suits your personality and situation.

Dogs in animal-assisted therapy

A dog is often known as a human's best friend and this shows in the frequency that dogs are used for animal-assisted therapies. Dogs have developed the ability to read our body language and know what we need the most. Not only that, they are loving and devoted animals, and they aim to please in all they do. Therapy dogs have received training in how to provide the care needed from them. Spending time petting and interacting with these dogs has been shown to relax people – reducing blood pressure, stress, pain, depression and feelings of isolation. Naturally reticent people can be more outgoing and social when interacting with dogs. Similarly, those who are dealing with depression are often able to smile and escape their feelings of hopelessness during the time they spend with therapy dogs. It's not just therapy dogs who can distract you from your internal conflict, however; spending an hour or two of quality time with your own pet dog can also have a grounding and encouraging effect on you.

Cats as healing companions

Felinotherapy, or cat therapy, is a relatively new form of animal-assisted therapy. The aloof demeanour of cats may not immediately stand out as accepting or healing, but the benefits of cats as therapy animals have been noted. You know where you stand with a cat – if they like you, they will approach you; if they don't like you or are not in the mood for interaction, they will avoid you. There are many mental health benefits of caring for a cat, including increased self-esteem, better self-perception, improved self-control and lower levels of aggression and anger. Stroking a cat can reduce depression and stress, resulting in a happier, more relaxed state. Furthermore, the purring of a cat, with a frequency of between 25 Hz and 150 Hz, has also been found to be healing, promoting regeneration of bones, ligaments and tendons as well as relieving chronic and acute pain.

Equine therapy – the healing of horses

Horses have been used often to help in the recovery from eating disorders. Horses are very sensitive to human emotions and often their behaviour mirrors the state of the person they are with. This shows that person what they are feeling, and learning to approach and interact with the horse teaches you how to recognise your own emotional and psychological state and modify your coping strategies to be more effective. You don't need to know how to ride a horse in order to participate in equine therapy. In fact, horse-assisted therapy is more about caring for and interacting with the horse – grooming them, cleaning their stables, feeding them or leading them through mazes or obstacles. Once you have built up a relationship of trust with a horse, you will realise that not only does the horse not care what you look like, but it also does not care what its own body shape is. It is content to live in the moment – a lesson most people have yet to learn.

Dolphin-assisted therapy for eating disorders

Dolphins are highly social animals and are well known for their aid in therapeutic settings. A study focused on dolphin-assisted therapy for eating disorder recovery focused on wild dolphins.[3] Participants were transported daily by boat to a known location of a pod of wild dolphins and allowed unstructured time to spontaneously and freely interact with the dolphins. By the end of the two-week programme there was a marked difference in depression, interpersonal sensitivity, obsessive-compulsive tendencies and somatisation. During the three-month follow-up, there was also a greater decrease in body dissatisfaction, ineffectiveness and impulse regulation than in the group who had no interactions with the dolphins.

Reflection time!

Some people are dog people, while others are cat people. Some like the outdoors and others would prefer to stay in the comfort and security of their homes. Some people love mountains and others the ocean. Regardless of your personal preferences, there is bound to be an animal that is suited to your likes, dislikes and location. Animals are the most honest, non-judgemental, unconditionally loving companions you are likely to find to help you through the worst times.

> " I love animals and they have helped me in so many ways. When I get an urge to binge or purge, time with my cats has replaced acting on these urges. I also go to my local farm shop, where they have horses and donkeys; they give me a sense of calm. "

7.7 Writing for Recovery

Objective

An eating disorder can often become a distraction from life and difficult emotions, isolating us from the need to communicate and engage with others. This can lead to confused or buried thoughts and emotions, often left to fester and distort in the mind. Writing can be a good outlet for these feelings, allowing for cathartic expression but also encouraging positive reflection. The aim of this worksheet is to give you some ideas about the different ways you can express yourself through the written word.

Task

Read about the different ways you can use writing to help your recovery, and choose at least one to try yourself.

Writing a journal

Regularly writing about personal experiences and feelings can be very therapeutic. A journal is a personal diary, allowing for honest expression without judgement. It shouldn't matter if the writing isn't a 'perfect' example of good grammar or spelling, or even if the content makes sense to others. The space should allow for free-flowing expression, doodles and lists relevant to feelings at the time things are written. Used regularly, this kind of writing can be a powerful tool to unlock and heal painful memories, emotions and events, allowing for reflection, understanding and acceptance.

Here are some journal writing ideas to inspire you:

- I feel good today because…

- I hate it when…

- My eating disorder helps/hinders my daily life in the following ways…

- When I look in the mirror I feel/see…

- My vision of healthy eating is…

- What does 'recovery' mean to me? How do I define my vision of 'recovery'?

- Right now, I see/hear/smell…and this makes me feel/think…

- Today, I am thankful for…

Poetry and song writing

Often, those affected by an eating disorder have a creative/sensitive side inclined towards writing poetry and song writing. When shared with others, this outlet can encourage empathy and understanding, which is especially important when someone is feeling isolated and misunderstood. Here is a poem that someone with an eating disorder has kindly shared.

Misinterpreted Story[4]

I'm the misinterpreted story
In the winter newspaper
Perverted by the press
Distorted by the reader
I'm the depressing one
That no one really wants to hear
That you feel sorry for
And then forget, ignore
Because I'm not your problem

I'm the discarded story
Littering the floor
Not important enough to keep
Too much bother to pick up
I'm the one quietly watching you
Blissfully ignorant of my crying
Watching you in frustration
While you wake, eat and sleep
Without my nightmares

I'm the scrunched up story
Slowly covered by snow
Blocking my view of normal life
Losing shape and colour
I'm the one disintegrating
Wanting to go unnoticed
But always frightened
Of the loneliness and cold
Numbing camouflage

I'm the hidden story
In the depth of storm
Freezing up and suffocating
Losing sense and strength
I'm the one pleased to be lost
Giving reason for no attention
Wishing to wither away
With no feeling or redemption
Rather than be uncovered and thrown away

I'm the corroded story
Beyond reading or repair
As the rain beats down on me
Uncovered and blurred
I'm the one blowing aimlessly
In the hissing wind
Not knowing where I'll land
Or what'll come of me
With no self-control

I'm the old misinterpreted story
Scared of next week's newspaper

Writing tasks

Eating disorder treatment, whether it be counselling, CBT, self-help or other, often suggests the use of writing tasks to better understand ourselves and our situations in life. Here are some examples of such tasks, some of which you might like to try:

- **Write a love letter to yourself:** Describe all of the things that are good about you, both physically and psychologically.

- **Write five things that you appreciate about someone special to you:** Then ask them to write five things they appreciate about you. Read them – accept that the other person feels this way and try to appreciate these things about yourself also.

- **Positive affirmations:** Many people benefit from writing and reading personal positive affirmations – for example, 'I want to be strong, happy and healthy.'

Research suggests that writing something down increases our understanding of what has been written, reinforcing the meaning behind it. Therefore, it's important to recognise that cathartic writing about negative feelings, although sometimes helpful, can also emphasise these negative thoughts and so should be balanced with positive writing towards recovery.

Reflection time!

What have you learnt from these writing exercises? Will this change any of your perceptions or behaviours, aiding recovery? Sometimes, writing can be a very powerful way of sharing information that you feel unable to explain verbally. Do you feel able to share any of your writing with someone trustworthy?

> I have pages and pages of writing – letters to myself, letters to family, letters to my counsellor. I wrote one letter five times before I was happy with it. Writing has been essential for me learning to express myself.

7.8 Helpful and Unhelpful Aspects of Eating Disorder Treatment

Objective

Treatment of eating disorders is as complex as the condition. The good news is that research conducted by specialists such as Professor Julia Buckroyd[5] is helping to identify what aspects of treatment are helpful and unhelpful – from the point of view of people with eating disorders. The aim of this worksheet is to help you determine the helpful and unhelpful aspects of your treatment.

Task

Before we look at what Buckroyd has found in her research, let's take some time to consider what you have found helpful and unhelpful in your own treatment.

Some of the helpful aspects of my treatment are:

_____

_____

_____

_____

Some of the unhelpful aspects of my treatment are:

_____

_____

_____

_____

Many people with eating disorders have reported that working with a counsellor who was able to get to the psychological root of the eating disorder, such as childhood abuse or an addictive personality, allowed them to make noticeable steps towards recovery. Those in recovery also reported improvement when working with a counsellor who was able to candidly discuss body concerns and nutritional information, and who made efforts to show how treatment would directly affect real life. Here are some more helpful aspects of treatment reported by people with eating disorders:

- **Social support:** from peers with an eating disorder, relatives, close friends and even strangers.

- **Relational support:** a trusting and supportive relationship with a health professional, feeling understood, being listened to, an opportunity to talk, being seen as a person and not an illness, feeling cared for.

- **Mental health professional characteristics:** seeing the mental health professional as an expert, the mental health professional providing encouragement, guidance, modelling, validation.

- **General treatment characteristics:** being active in their own treatment and collaborating with their counsellor, structure within the treatment, affordability and accessibility, focus on the whole family, follow-up.

- **Specific treatment characteristics:** self-monitoring, behaviour change, gaining control, cognitive restructuring, nutritional knowledge, information about the detrimental effects of eating disorders, emotional expression.

- **Personal changes due to treatment:** insight, self-acceptance, changes in life circumstances, positive life events.

People with an ill-fitting treatment option are often left feeling overlooked and unsupported. Those who met with counsellors who were not experienced with eating disorders found treatment to be more focused on what the counsellor wanted than the client. Such counsellors were often too rigid or too focused on the eating issues as opposed to the underlying psychological issues. These experiences made those in recovery feel distressed and misunderstood, and they saw little or no improvement. Here are some more unhelpful aspects of treatment reported by people with eating disorders:

- **Lack of social support:** distressing or misguided influence of others with eating disorders and unsupportive family and friends.

- **Lack of relational support:** being overlooked as a person, not cared for, or the counsellor being hostile or lacking warmth.

- **Deficiencies in mental health professional characteristics:** lack of expertise or counsellor's own mental health issues getting in the way.

- **Deficiencies in general treatment characteristics:** treatment missing client's needs or being too rigid, lack of continuity and follow-up, inappropriate length, focus on eating and not psychological needs, loss of control, superficial therapy, lack of structure, reliance on client's discipline.

- **Deficiencies in specific treatment characteristics:** lack of information on eating disorders and nutrition.

- **Painful experiences due to treatment:** hopelessness, low mood, shame, vulnerability, self-judgement, feeling alone.

Factors such as sharing with peers who have an eating disorder and gaining support from family and friends appear to be very important in terms of whether treatment is helpful or unhelpful. The mental health professional also plays a key role; in particular, the relationship formed with your counsellor is critical. It is important to have trust, which is most often gained through having a warm counsellor who will listen without judgement and allow you to have an active role in the treatment plan and content. You need to be engaged in order to fully reap the benefits of treatment and to maintain motivation towards recovery. Expertise specific to eating disorders is also important due to the complex nature of the condition.

People with eating disorders tend to appreciate a broad focus that allows for not concentrating solely on eating, which is already a preoccupying theme in the client's life. Given the complexity of eating disorders, follow-up is a crucial element for supporting recovery and preventing relapse. Buckroyd's research also shows that clients valued both symptom focus and focus on underlying emotional issues that are being expressed via disordered eating. The absence of either of those two aspects was seen as unhelpful, supporting the usefulness of combining both approaches.

Reflection time!

Take some time to write a list of things that might enhance and improve your treatment, but which you are currently not receiving. Choose one point in this list that you have some control over. For example, could you ask your counsellor to offer a balance of symptom-related and emotion-related support? Maybe you can reach out to a friend so that you have a stronger support network? Make the decision to add at least one more helpful aspect to your treatment.

" My relationship with my counsellor was key to recovery as she became a role model for how I should treat myself – with care and compassion. Interestingly, after some years, this relationship became unhelpful because I was holding on to her when I no longer needed her. The skills she had taught me allowed me to recognise this, however. "

Chapter 8

Self-Help Tools

8.1 Mood Boards and Photo Therapy

Objective

It is not uncommon for someone with an eating disorder to struggle to find answers to questions such as: Who am I? What do I want? How do I feel? What motivates me to get better? The aim of this worksheet is to introduce you to two methods that can help you with such questions – mood boards and photo therapy.

Task

Read about mood boards and photo therapy before selecting one or both of these self-help strategies to give a try.

Mood boards

A mood board is an arrangement of images, materials, pieces of text, etc. intended to evoke or project a particular style or concept. For example, a mood board could be created from a variety of pictures, photos and text that inspire wellness and motivate recovery from an eating disorder.

Is there a theme you would like to create a mood board about? For example:

- recovery
- support
- ambition
- motivation
- the future
- wellness
- calm
- security
- hope.

Consider the possible concepts and the sort of materials you might add to your mood board. Could this method be helpful to you, perhaps in maintaining your motivation towards recovery?

Photo therapy

The use of smartphones for photo therapy is being explored as a useful intervention for eating disorders. Treatment encourages clients to consider their perception of body image by following the structure below:

- The client and therapist look at the client in the mirror, and the client describes what he or she sees.

- The therapist takes a photograph of the client with the smartphone, and the client again describes what he or she sees.

- The therapist and client discuss the differences between the description of the client in the mirror and the client in the photograph.

- A photograph of the client standing beside the therapist is taken, and the client describes the image of the therapist. If the client's image of the therapist is distorted, the therapist and client develop a jointly shared description of the therapist.

- The client describes the image of him or herself. If this image is distorted, the therapist and client develop a jointly shared description of the client.

Research into the use of photo therapy is showing promising results, especially when provided in conjunction with CBT and nutritional counselling.

Have you ever experienced seeing yourself differently in the mirror and in a photograph? Could this method be helpful to you?

Photo timeline

You might like to consider gathering photos to demonstrate a time line, highlighting significant times of your life. You could then show this to a supportive other, explaining what was happening for you around the time of each photo, helping you to reflect on the development and maintenance of your eating disorder. This task may also highlight things that have helped you to be healthy and happy.

A photo a day

With modern technology, most people have access to a camera on their mobile phone. You might like to consider taking a meaningful or inspirational photo a day, helping you to notice the positives in life and providing you with a photo stream to return to when in need of a boost.

Reflection time!

Which, if any, of the above ideas might be helpful for you? Can you think of any other ways in which photos or mood boards might be helpful or unhelpful during recovery?

> " I ended up doing photo therapy unintentionally. My boyfriend showed me a picture of me at my lowest weight and then part way through my recovery. He was right; I looked frail and ill in the first one. Recovery wasn't about getting fat, but about getting healthy. "

8.2 Problem-Solving

Objective

In order to make positive changes towards recovery, it's important to be aware of the disordered behaviours you need to challenge, but also to understand that you can't overcome every problem at once. The aim of this worksheet is to help you develop effective problem-solving skills.

Task

Problem-solving can be a challenging task, and it is something that we all have to do on a daily basis. Consider following the below problem-solving steps to help you achieve goals and build your confidence:

- **Isolate a problem.** Consider choosing an issue that occupies your mind often, so that you can reap the rewards of challenging the behaviour on a regular basis.

- **Set a goal.** Decide on a specific target – if you keep it vague, such as 'I want to be happy,' it will be almost impossible to achieve. You may need to break down a general target into smaller ones.

- **Find solutions.** Make note of all the potential solutions to your problem, no matter how realistic you feel they may be – the more ideas you write, the more you'll have to choose from.

- **Pick a solution.** Choose the solution you think most likely to be effective (although it may be worth trying various solutions to assess their success).

- **Plan your approach.** Consider what will be necessary in order to act out your solution – preparation will help you achieve your goal.

- **Take action.** Carefully follow the steps you'd previously decided upon and simply see what happens.

- **Review the results.** Consider whether your solution enabled you to reach your goal. Were there any complications you didn't expect? Do you need to try another approach? If you were successful, try following the same problem-solving steps for another problem.

Examples of problem-solving

**'I need to weigh myself three times a day
in order monitor my weight'**

Try keeping a week's diary of how many times you weigh yourself. Note which day you weighed yourself the least and set this as a target for the following week, gradually reducing the amount you rely on the scales over time.

**'I must regularly check my body in the mirror
to reassure myself that I am not fat'**

Challenge yourself to avoid mirrors and checking for a specific period of time, and monitor whether this has a positive effect on your body image and preoccupation with your figure.

**'I have to eat my meals at specific times,
otherwise I cannot eat them'**

Try bringing food times forward or backward by five minutes and then review the effect of this change. Gradually challenge yourself to adapt food times by longer periods, even if only once a week, in order to prove to yourself that everything will be OK as a result.

Supporting change – taking personal responsibility

Challenging obsessive behaviours can be emotionally draining and difficult, especially when they've been present for a long time. When trying to overcome problems on the way to recovery, support change by asking yourself the following questions:

Have there been times I've felt better by challenging things in the past?	Remember the benefits felt from previous achievements and build on these.
Am I trying to be perfect?	Are you being too self-critical? Would you expect the same standards from others? Who are you trying to please?
Was it really that bad?	Emotions are exaggerated at times of anxiety, so reflect on situations once you've had time to calm down. Try to remember examples of when you've felt everything was unbearable, and how you then did manage to cope and feel better again.
Am I really to blame for the situation?	Are you a convenient scapegoat for other people's problems? Are you taking too much responsibility for other people's behaviour? Accept your limitations and that you are in charge of 'you' and others must take personal responsibility for themselves.
How would this appear to someone else?	Consider reviewing a situation from another person's perspective. Perhaps even have a conversation with them (in your mind or in reality) to help you clarify how someone else might view a situation, helping you to rationalise things.

Problem-solving – RASCAL

Try using the RASCAL technique in relation to a problem in your life, and consider putting your suggestions into action.

Review

_____

_____

Analyse

_____

_____

Solve

_____

_____

Cost

_____

_____

Act

_____

_____

Learn

_____

_____

Reflection time!

Fighting against set rules and triggers can feel very difficult, especially when your set responses and rituals have been making you 'feel safe' for a long time. However, with practice and perseverance, challenging behaviours will result in more positive reactions and beliefs coming as second nature. You can regain control.

> When I get anxious, I tend to go on autopilot, which makes things worse. I am slowly learning to stop, take some deep breaths, and then take a strategic approach to my anxiety by problem-solving.

8.3 Worry Time Diary

Objective

Erma Bombeck (1927–1996) wrote, 'Worry is like a rocking chair: it gives you something to do, but doesn't get you anywhere.' Keeping a worry time diary helps you to make your worrying more productive than sitting in a rocking chair. It also puts worries in their place, so that your daily life is not disrupted by worries that will get you nowhere. Instead of dwelling on a concern, you can make a mental note to include it in your worry time diary, dealing with it at the appropriate time. Complete the following task to learn how to keep your own worry time diary.

Task

Keep a worry time diary to voice your concerns, even if they are just to yourself. The more details you give and the more honest you are with your ratings, the more you will benefit from the worry time diary. This not only serves to schedule your worry time, clearing your mind for more productive tasks, but it also helps you to put your worries in perspective. When you write out your worries and score them, you will realise, more often than not, that your greatest anxiety comes from the outcomes with the lowest probability. Use a new page for each worry and don't forget to include the outcome – that will allow you to adjust your expectations in the future and possibly reduce your worries.

In the first column (or as a page heading) write down what you are worried about. In the next column write what triggered this worry. Give details, no matter how trivial they may seem. Remember, even small stones make many ripples and no event occurs without making an impact. In the following three columns you will need to create a new row for every possible outcome. What could happen as a result of the event that caused you to worry? Try to think of more scenarios than the immediately obvious ones. Even if the chance of that outcome happening is only 0.5 out of 10, write it down anyway. How anxious does each potential outcome make you feel, on a scale of 0 to 10, where 0 is no anxiety and 10 is feeling completely consumed with worry? Write this number in the column titled 'Anxiety rating for each prediction'. The next column, 'Rating of your confidence of accuracy for each prediction', is also a number between 0 and 10. If the outcome is fish-falling-from-the-sky unlikely, then it would be a 0. If you feel certain that a particular scenario is going to occur, then it would score a 10. The final two columns are for the final result. Which of those scenarios, if any, came to pass? Finally, how would you rate your anxiety, on a scale from 0 to 10, when the outcome was revealed? Were you more or less anxious when it happened as opposed to when you were worried about it happening?

Worry time diary

Specific worry	Situation/event that brought about worry	Prediction – specify what you believe will happen and when	Anxiety rating for each prediction 0–10	Rating of your confidence of accuracy for each prediction 0–10	Actual outcome – exactly what happened?	Anxiety rating at outcome 0–10

Reflection time!

Dedicating a few minutes every day to your worry time diary will allow you the freedom to have 'worry-free' time in between. You will probably find that you are worrying more than you need to about improbable outcomes, which will allow you to bring down your overall levels of anxiety.

> "Having some dedicated worry time gives me permission to not worry in between, which in turn eases my desires to binge or purge; worrying tends to lead to binging and purging for me."

8.4 Managing Anxiety

Objective

Managing your anxiety is ongoing, but fortunately it can become easier if you can develop the appropriate skills. To understand how best to manage your anxiety, you first need to understand what anxiety is and what impact it has on you. The aim of this section is to learn new skills that can help you to recognise anxiety in your life and notice the impact it is having on your thoughts and decisions.

Task

Emotions can influence our thoughts, and our thoughts influence our behaviour/ action. Go through the following tasks to learn how to identify your emotions and understand the impact those feelings have on your thoughts. Only when you can recognise anxiety are you able to manage it successfully.

Emotions

The first skill is being able to identify what a feeling is. What emotions can you identify and how would you recognise them? Here are some examples:

- Sad – crying.

- Anxious – busy thoughts, heart racing.

- Happy – smiling.

The Buddha teaches us to experience both the positive and the negative emotions equally and to their fullest. Do not crave and desire the positive and avoid the negative as this leads to ultimate suffering. By allowing ourselves to experience to the fullest the negative emotions and focusing our attention on them when they are there, over time they become less painful and we fear them less. Ultimately, the negativity of them is reduced as we realise they're not actually as bad as we thought they were.

Another teaching of the Buddha is impermanence: nothing is permanent. If we continually try to seek positives, they don't last for ever and so we become more extreme in chasing the 'highs', and it can become a vicious circle. Equally, the negative emotions don't last and don't need to be feared. Experience tells us that when we are upset, we are not upset for ever, and when we are happy, we are not happy for ever. Being able to grasp this helps to reduce the desire to hold on to and crave the positives and enables us to be optimistic that the negative feelings won't last.

Think of an instance when you've been really upset or really happy and follow the process through.

For example, after eating a meal I feel anxious. Being able to recognise that I feel anxious helps me not to panic. I say to myself, 'This is anxiety. I'm OK. I've had this feeling before. I know that it won't last for ever. I know that it's OK to feel anxious.' I don't need to act on it or try to avoid or change it. Just experience it and it will eventually go away. Allow it, be calm and be aware that it won't last.

By following this process repeatedly and in a calm way, my anxiety has decreased. I'm not blocking the feeling out and feeling confused, or feeling as if I have to do something to reduce the anxiety, or behaving out of character as a result of this unrecognised feeling. I no longer feel out of control and blame the meal. It doesn't frighten me any more. I don't need to fix the situation. I'm not a slave to my emotions. I am in control.

Thoughts

Our emotions have a great impact on the way we think, and our thoughts determine our actions.

There are three types of thoughts:

- Factual – it's a sunny day.

- Wandering – the constant internal chatter.

- Entangled – when an emotion influences the story that we tell ourselves in our head.

The entangled thought is the one we need to be aware of. For example, I may think, 'If I eat this one piece of toast, I will feel anxious and then feel I have either to never eat toast again or to eat more to reduce the anxiety, to block it out. I will be unable to stop and wake up the size of an elephant as I will totally lose control. And then I will have to make up for it with compensatory behaviours.' I remain unaware of what is going on when this scenario plays out in my mind, and rather than experiencing the anxiety and recognising it as an emotion, my brain chooses to run away. I distract myself from the emotion with the story, while actually making the anxiety worse. My rational mind knows that one slice of bread isn't going to make me an elephant overnight, but the anxiety/fear tells me a story so that I don't eat it. So I play it safe. So I keep my eating disorder happy.

What entangled thoughts play out in your mind?

Emotions precede and influence the 'story/thoughts' that we tell ourselves in our heads. And that story can have a significant influence on the way we behave. We may feel we have to act out what the story is telling us (to seek a pleasant feeling again), or avoid the situation, or try to change something to avoid the story, especially if it is a negative one (trying to avoid negative). And it can be very frightening and feel as if you've lost control when you're doing things or acting in a way that you don't understand or is out of character due to the story that has played out in your head and which you feel powerless to stop. This process can act to diminish responsibility for our actions (by blaming the situation that made us feel, think and act in a certain way) and foster an environment for eating-disordered behaviour to flourish so that control can be regained.

My eating disorder didn't want me to be responsible for my emotions or my actions. It wanted me to be unaware and detached from them, frightened of them. It wanted to create a world that feels out of control so that it could develop and make me believe that I have to constantly control things (such as food and exercise) to feel safe, and so that I could always blame external things for making me feel, think and behave in an eating-disordered way, whether that was not eating or binging. It was a way of justifying why I was behaving a certain way – I wasn't responsible as I had to control or had lost control: 'You made me upset... You made me anxious... I was too tired from work' and so on.

I felt totally powerless. But by taking a risk and allowing emotions, recognising them, observing how I then thought and behaved, I was able to see patterns and realise that I am in control and responsible for my emotions, thoughts and actions. We can't control the world and external situations, but we can control our reaction to them.

So if we can...

- be aware of an emotion (be able to experience and allow it)
- observe the thoughts that arise from that (and even, in a rational state, consider our beliefs about these thoughts)...

then we can realise we have a choice of how we think and behave in response to our emotions (and life) and regain control no matter what is going on externally. We can choose to respond rather than react. This fosters an internal control rather than a need to control external things and encourage the eating disorder as a safety net (which is actually a paradox as it makes the whole cycle worse – a downward spiral).

So...how do we begin to break the cycle? In order to be able to manage anxiety appropriately, we need to be present in the moment and mindful. We will explore in greater detail how to practise mindfulness in the next section.

Reflection time!

Try to make a point of stopping periodically during the day and identifying what emotions you are currently experiencing. Remember, it is entirely possible to experience a number of emotions, even conflicting emotions. Once you've identified your emotions, try to determine what influence they are having on your thoughts and behaviour.

" Rather than have my anxieties swirl around my head, I now put them on paper and question them. It frees my mind and helps me rationalise. "

8.5 Mindfulness

Objective

Mindfulness refers to being completely in touch with and aware of the present moment, as well as taking a non-evaluative and non-judgemental approach to your inner experience. The aim of this section is to help you to become more self-aware and less anxious, more present and less impulsive.

Task

Living a life distracted by thoughts associated to the past or future, rather than the present, often leads to a less aware, more anxious and impulsive existence. This can cause a sense of being out of control, which may encourage a retreat into eating-disordered behaviours in an attempt to create predictability and a subsequent feeling of safety.

For example, someone might think 'I shouldn't have done this or that, and it's because of this that I ate more than I'd planned. Now I have to work out how to get rid of this anxiety about what I've eaten by fitting in extra exercise or punishing myself some other way.'

It would be easy to become a reactor rather than a responder in this moment, turning to an automatic negative coping strategy without allowing time to reflect on the actual situation.

Feeling out of control is frightening, making it harder to rationalise and problem-solve. Instead, you might find yourself feeling trapped in an eating-disordered world as the only way to feel safe, acting upon impulse or emotion rather than thought and resorting to behaviours that are familiar (because trying to change an automatic habit is difficult or painful).

Recovery involves learning to act differently – acknowledging feelings of anxiety, knowing that it won't last forever. With practice, you can instead learn to be mindful and problem-solve more appropriately, based on whatever is right for that particular moment in time.

It is important to understand that what happened earlier has no bearing on now, and how you feel now has no bearing on later.

Being mindful of our environment – both internal and external – can help you regain control over your emotions, thoughts and behaviours, and therefore help you to manage the present in a calmer manner. This can be a very challenging process, because it involves paying attention to your inner thoughts, which an eating disorder might be trying to prevent. For this reason, it's a good idea to practice mindfulness in relation to something positive at first – for example, going for a walk.

Try to focus on the sound of the birds, the wind in the trees, your footsteps on the gravel, the colour of flowers, the smell of the fresh air, the sensation of the wind on your face, etc.

Pay attention to when your thoughts start wandering, daydreaming or worrying – these thoughts are also part of the present. Being able to notice that your thoughts are wandering is a moment of awareness, and mindfulness is about creating and building upon these moments of awareness.

Practise this observation of thoughts that come into your head and you may see a pattern of when emotions influence thoughts. For example, you might notice you are more likely to have negative feelings and experiences when your mind is preoccupied with worrying about something in the future.

Mindfulness techniques

Technique 1

This technique devotes three minutes to focusing purely on your breathing.

Close your eyes and focus on your breath. Breathe in through your nose for a count of five, hold that breath for a count of five and then release it through your mouth for a count of five. Repeat this a few times.

Breathe in until no more air can pass your nose. Hold it until you start feeling uncomfortable. Then breathe out through your mouth until no more air is left in your lungs. If you feel the need to yawn, allow the yawn and then resume the exercise.

Next, focus on where the breath is going while continuing to breathe rhythmically. We tend to breathe into our chests, so begin by focusing on the air going into this area. Feel your ribcage expand outwards and then contract inwards towards your spine.

Next, try to keep your ribcage still while pulling the air into the upper portion of your lungs – allowing your collar bone and shoulders to rise and fall. If it helps, lift your shoulders on the inhale and push them down on exhalation.

Finally, keeping your shoulders and ribcage still, draw the breath into your stomach. Allow your stomach to expand outwards, pulling your diaphragm down and filling your lungs from the bottom. Push the diaphragm up by contracting your stomach.

Once you have experienced all three areas of breathing, put them together. Starting at the bottom, imagine your lungs filling to capacity. Breathe into your stomach, and when your stomach can move no more, expand your ribcage out. Once that is at capacity, top it off with the upper chest and shoulder portion. Breathe out explosively – as fast as you can – and completely empty your lungs by contracting all three areas simultaneously.

Technique 2

This is a more structured technique for breathing meditation.

Focus on the present – what you can hear, smell, taste and feel. Do a body scan and allow all that you are experiencing to settle.

Draw attention to your breath. How are you breathing? Is it the chest moving or the tummy? Bring the breathing into your tummy. Let your tummy rise and fall.

Count after each breath to about ten. Observe what's happening in your mind. It's OK for it to wander as that is part of the present, but allow the thought to be and then let the thought go – don't hold on to the thought and analyse it.

Next, try counting before the breath. Notice the subtle change as your body prepares for the breath in.

Then try to focus on the breath coming in and out, just observing how it feels, how everything is interconnected. The breath that I breathe out into the air moves around the room and that air is then breathed in by somebody else.

Bring your awareness back into the present. How does your body feel now?

Reflection time!

Did you notice how much your thoughts wandered? Practise this – it is an exciting experiment to notice how much and where your thoughts wander, depending on how you feel. This can help you identify emotions and thoughts more efficiently, helping you to respond to present situations with conscious thought and consideration.

> "Through practice, I have realised that it's possible to deal with negative emotions through allowing wandering thoughts to simply enter and drift away from my mind, and sometimes I even forget what I was worried about to begin with. I now do three minutes of mindfulness a day. That may seem small, but it means I stick to it – and even three minutes helps me stay centred and focused on my well-being."

8.6 Relaxation Training

Objective

Have you ever looked at a sleeping child or animal and wondered how they could possibly be comfortable in the position they are in? They seem to have not a care in the world and are the epitome of relaxation. It is possible, and necessary, for everyone to achieve a state of relaxation, but it will take some trial and error and an amount of practice.

Task

Not everyone is able to use the same relaxation exercise as effectively as another person. Try the following exercises and decide which one feels right for you.

When you do relaxation training, the most important part is practising to relax. Therefore, you should set aside more time for the relaxation compared with the tension parts. The latter are included to teach you to recognise tension and the differences between being tense and being relaxed.

Exercise 1

Ideally, perform the exercise laying down, although you could do the task sitting down in a comfortable position.

The arms and face:

- Tense your right hand (make a tight fist)…and relax.

- Tense your left hand (make a tight fist)…and relax.

- Tense both hands (make tight fists)…and relax.

- Tense your biceps…and relax.

- Tense your triceps (stretch your arms without lifting…and relax.

- Wrinkle your forehead by raising your eyebrows…and relax.

- Wrinkle your eyebrows (bring them tight together)…and relax.

- Screw up your eyes…and relax.

- Tense your jaw muscles by biting your teeth together…and relax.

- Push the top of your tongue against the roof of your mouth…and relax.

- Compress your lips and…relax.

The neck, shoulders, chest and stomach:

- Push your head back as far as it will go.

- Bend your head forward, touching your chin to your chest.

- Push your shoulders towards your ears.

- Push your shoulders towards your ears and circle them.

- Breathe with calm and regular breaths with your stomach.

- Take a deep breath. Fill your lungs and hold your breath.

- Tighten your stomach muscles…and relax.

- Pull your stomach inwards.

- Exhale by passively letting the air out.

The back, hips, thighs and calves:

- Press your lower back into the floor and then arch your back to create a gap between you and the floor…and relax.

- Tense your thighs by pressing your heels to the floor.

- Push your feet and toes down (forward).

- Bend your feet up, towards your face.

Exercise 2

In this exercise, you don't tense any muscles, focusing only on relaxing each group of muscles.

Starting at the top and breathing with calm, regular breaths, feel how you relax more and more with every breath. Just let go and focus on relaxing your forehead…then your eyebrows…your eyelids…your jaw…your tongue and throat…your lips…your entire face.

Once your face feels completely relaxed, move on to your neck…shoulders…arms…hands…and all the way to your fingertips.

Breathe calmly and regularly with your stomach all the time, allowing your stomach to expand to draw in breath. Allow the relaxation to spread to your chest, stomach, waist and back. Relax the lower part of your body, your buttocks, thighs, knees, calves, feet, and all the way down to your toes.

Once you have relaxed each muscle group, continue to breathe calmly and regularly, and feel how your entire body relaxes more and more with each breath. If any tension has crept back into an area, refocus on relaxing that area.

Take a deep breath and hold your breath for a couple of seconds…and let the air out slowly…slowly…noticing how you relax more and more.

Reflection time!

Relaxation exercises should leave you feeling lighter, more relaxed and more at peace with yourself and your environment. Which exercise left you feeling the most relaxed? Practise your favourite exercise every night when you go to bed and during the day when you feel overwhelmed by anxiety.

"Relax? I didn't even know what that was until my counsellor taught me. Now I have a list of relaxing activities and I choose one whenever I feel anxious or depressed."

8.7 Meaningful Music

Objective

Music is one of the most influential forms of expression. You can see, hear and even feel music. Music can lift your spirits, can make you depressed, remind you of your lover or send surges of adrenaline through your body. Music also helps to keep tradition alive – parents sing stories to their children that their parents sang to them. Lyrics and melodies can influence emotions and decisions that might go as far as to save a life. The aim of this worksheet is to discover what music is meaningful to you, and how you can use that music to help you in your healing process.

Task

Consider how meaningful music is to you. What meaning does music hold for you? Do you tend to listen to music for a particular reason? Could you utilise music in a more positive way?

Meaningful music may explain some part of you that's hard to explain, or seem to tell a story of your past or present experiences. The best thing about music – and art in general – is that one person's interpretation could be different to another person's interpretation, and both of those interpretations could be different from the artist's. And with all three different interpretations, none is wrong because art holds a special meaning for each of us.

Consider the following songs and the possible meaning they can have. What other meaning or message can you derive from each song? Are there any other songs that you would add to this list that encourage and inspire you?

- 'Who You Are' – Jessie J: This song inspires individuality and assures that imperfection is perfect. It encourages being brave and confirms that good can come of a bad situation.

- 'Dr Frankenstein' – Jack Savoretti: Reminds us about the true priorities in life.

- 'Breaking the Law' – Emili Sandé: This is a song about love and support for a sufferer irrespective of the challenges.

- 'Jar of Hearts' – Christina Perri: This could be interpreted as a sufferer singing to the eating disorder at a time of potential relapse.

- 'Read All About It' – Emili Sandé: This is a song about being proud of who you are, despite being different. It has significant lyrics in relation to eating disorders being a taboo subject that most people don't feel comfortable talking about. It encourages self-belief and honesty in the world.

- 'For the Last Time' – Jack Savoretti: This song relays words of determination about giving up an eating disorder and all the limitations it causes.

- 'Lifetime' – Jack Savoretti: An upbeat and happy song that reminds us to live in the moment and let go of the pressures of life.

- 'City of Angels' – Gabriel Yared: Emotional music without lyrics, allowing the listener to shape their own interpretation and meaning. It is relaxing, but can also be quite thought-provoking, in a similar way to meditation.

- 'We Belong' – Pat Benatar: A song about understanding and being part of something.

- 'Carry Me' – Josh Wilson: This song is inspired by the famous poem 'Footprints in the Sand', written by Mary Fishback Powers. The song is about being supported by God, especially during times of trouble.

- 'You Keep It All In' – The Beautiful South: About hidden emotion. This song manages a serious situation in an unserious, upbeat manner. Perhaps that is because it can be difficult to talk about some things with raw emotion.

- 'You've Got a Friend' – James Taylor (written by Carole King): A song about being able to rely on your friends. It is a reminder that there are people who love you and want to help you.

- 'Mary Jane' – Alanis Morissette: Lyrics sung as if by a wise woman singing to her younger self…perhaps reminding us to be aware of our internal mother's guidance.

- 'Skyscraper' – Demi Lovato: A song about human fragility and vulnerability, but also about having the determination and courage to overcome challenges and be stronger for the journey.

Consider creating your own playlist of songs to aid recovery, prevent relapse and motivate a happy future. Listening to these songs on a regular basis may help to reaffirm positive messages that play a significant role in your recovery in the long term.

Reflection time!

Music can evoke powerful emotions. Which songs in this list did you find cathartic? Which empathise with the challenges caused by having an eating disorder? Do you find that songs with a negative message could encourage a negative mindset or mood, and so should be listened to with caution? What about the positive songs that inspired hope and determination to overcome challenges, and might encourage and motivate recovery? Which songs inspire and encourage you on your path?

"Music has become my way to express myself. Just listening to the words makes me feel like I have released my deepest emotions."

8.8 Offering Yourself the Core Conditions

Objective

A significant part of recovering from an eating disorder involves turning the attention inwards towards the inner self. The main purpose of this is to bring about healing and understanding on a mental and emotional level, which will also have consequences for how you view and treat your body, yourself and your life. Turning your attention inwards can be achieved by offering yourself three core conditions: congruence, unconditional positive regard and empathy.

Task

Read through the following explanations of congruence, unconditional positive regard and empathy. Practise the exercises that follow each description. They will be most effective if you are willing to make time for them on a daily basis.

Congruence

Congruence is when your external and internal words are in harmony and the person you show on the outside is the person you are on the inside. In other words, you are being genuine with yourself and others. In contrast, incongruence is the opposite – when you put up a façade in order to protect people seeing the real you. You do this because the real you doesn't match the ideal you. Eating disorders are a classic example of living incongruently.

Part of the challenge when recovering from an eating disorder is learning to become open and accepting of incongruent experiences – specifically, to acknowledge and deal with the psychological reality that the eating-disorder-afflicted self and the ideal self are one and the same entity or person. This will entail bringing into awareness those defence mechanisms, such as denial and a distorted view of the self. Making congruence or authentic living a daily reality is going to be an immense challenge, but not an impossible one.

Practising congruence

Try to ask yourself the following questions on a daily basis. The answers you come up with, whether positive or negative, are meant to help guide you in making choices and decisions that point in the direction of living an authentic life.

- Is it possible to observe any of my experiences simply as experiences, without labelling them as either positive or negative?

- Am I fully aware of the present moment and do I appreciate it for what it is, without making judgements about it?

- Do I accept myself as I am right now?

- Am I dwelling in the past or preoccupied with the future?

- Am I able to live in this moment without being distracted by the past or future?

When you can answer 'yes' to these questions, you know you have reached a state of congruence.

Unconditional positive regard

Unconditional positive regard for yourself means that you value yourself just as you are, no matter what. It means accepting yourself – with all your likes and dislikes, weaknesses and strengths, and any imperfections. In other words, you don't put any conditions of worth on yourself – you are who you are. It is likely that you have ample experience of such conditions: 'I will only like myself once I have achieved a certain body shape or weight'; 'I don't like myself for having eaten too much or too little'; 'I missed exercise today, and now I hate myself because of it.' When you regard yourself in a positive light only if and when you meet certain conditions, you make enemies with parts of yourself.

Giving yourself unconditional positive regard is about being kind to yourself and having a genuine, deep caring for yourself. It doesn't mean you don't recognise your mistakes or that you have become blind to your own imperfections, or that you have stopped working on aspects of yourself you feel need improvement, but it does mean that your actions, including those related to your appearance, are no longer designed to elicit approval – from yourself or others.

Offering your unconditional positive regard

Let go of self-rating

Notice whenever you indulge in self-rating through judgements of whether you are right or wrong, good or bad, etc. The more attention you give to self-rating acts, the more you will notice that it is a key factor in any negative feelings you have about yourself. Don't beat yourself up when you notice yourself self-rating – just observe it.

Notice and accept

Learn to deliberately pay more attention to your thoughts and feelings as they come into and go out of awareness – the positive as well as the negative. Embrace all of them as if they are your friends. Doing this mental exercise many times daily brings you closer to total self-acceptance.

Look for people who have a high level of positive self-regard and keep in contact with them, even if they live on the other side of the world. Surrounding yourself with the right people will help you as you work on being kinder to yourself. These are also the people you will need when challenges on the path towards total self-acceptance and recovery arise.

Empathy

Showing empathy towards another person involves projecting yourself mentally into another person's experience without judging, analysing, evaluating or making assumptions. Practising self-directed empathy entails offering yourself the same attitude you would offer another. The more you practise this, the more forgiving of yourself you will become. It will also lead to greater self-understanding, self-acceptance and self-love. For example, you will realise that as dysfunctional as your eating-disordered behaviour might be, it arose at a time when you thought it was the best option for you, and that *originally* it was put in place to help you rather than harm you.

Looking at yourself with empathy can come as a huge relief. It will help you forgive yourself, as well as free up lots of negative energy to use towards recovery. Such self-directed empathy will also make you feel less isolated and alone, and it will radically improve your relationships with others – the more empathy you have for yourself, the more empathic you will be with others.

Practising empathy

Practising self-empathy entails learning to listen to yourself in a way that generates self-understanding and self-compassion. It will also help you to get out of your head and into your heart (where emotions are strongly felt) and body (where emotions register as sensations).

Practise mindful meditation

Meditation helps to cultivate clear, insightful, non-judgemental self-awareness and self-acceptance. Although this takes time and regular practice, the outcomes are well worth it. You can't reason yourself into becoming more self-empathic, but you can cultivate it through experiencing it as often as possible through meditation.

Empathy for the body

During the day, make time to sit or lie down and relax for at least 5–10 minutes, and focus your attention on what your body is feeling. The emphasis is on what you feel, without trying to make sense of the experience. Simply notice whatever sensations your body is feeling, and let them be, without trying to change anything.

Reflection time!

These exercises are not easy and it is unlikely you will be 100 per cent successful the first time you try. That's OK. Learning to offer yourself the core conditions of unconditional positive regard, empathy and congruence is a process, not a one-off occurrence. Take one day at a time and be mindful of where you are at emotionally and physically in the moment. Every step you take towards offering yourself these conditions counts towards your recovery.

> " Learning to offer myself unconditional positive regard was like learning to walk for the first time. It really helped to think about how I would treat a friend or loved one if they felt the way I did. "

8.9 External Validation and Self-Soothing

Objective

Coping mechanisms are behaviours used to adapt to stress in the environment which are based on conscious and unconscious choice. Coping mechanisms enhance control over behaviours or give psychological comfort. These can be internal (in your head) or external (things you do). The aim of this worksheet is to help you determine what your own coping mechanisms are and whether they are helpful or destructive, as well as to discover new coping mechanisms.

Task

Read the following information to learn about the different types of coping mechanisms and try to identify which you use. Is it constructive or destructive? Consider how you can modify your coping mechanisms to be more constructive.

What kinds of coping mechanisms are there?

There are generally two kinds of coping mechanisms. *Maladaptive coping mechanisms* maintain the eating disorder because they interfere with your ability to break apart the paired association between binging on food and/or avoidance of food and psychological comfort. *Adaptive coping mechanisms* help you to manage emotional or environmental stress so that you can function despite the presence of stress.

We all employ coping mechanisms. They are either maladaptive or adaptive and external or internal.

External coping mechanism	Definition	Applied destructively	Applied constructively
Acting out	Doing what you deem rebellious.	Eating more or less than is healthy.	Looking in the mirror and not taking it so seriously – smile at yourself, pull faces, etc. ☺
Altruism	Helping others to help ourselves (to make us feel better).	Finding a buddy to binge-eat with to feel less guilty; 'friendly' competition to see who eats more or eats less.	Volunteering your time or skills to a charity that you are passionate about.
Avoidance	Physically avoiding something that causes distress.	Not talking to parents who ask, 'Did you eat enough today?' Eating to delay having to do something you dislike.	Not looking at fashion magazines; not going to an eat-all-you-can buffet; switching channels during adverts about food.

Crying	Shedding tears for release or comfort.	Eating the contents of the refrigerator while watching tearjerker movies.	Calling a 'safe person' to express negative feelings; seeing a counsellor.
Distancing	Moving away from something.	Staying home so that you don't have to make excuses when lunchtime arises.	Removing yourself from situations that 'trigger' your eating disorder (e.g. people who talk about diets).
Performing rituals	Doing behaviours or acts repetitively to delay having to deal with things that cause stress.	Cutting up food on the plate so as not to have to eat; eating only at certain times.	Mindfulness or meditation to delay gratifying the urge to eat or having to vomit; drinking water if you feel a binge coming on.

Internal coping mechanism	Definition	Applied destructively	Applied constructively
Aim inhibition	Lowering goals to what seems more achievable.	I can't do a degree, but I can eat until my plate is clean (overeating); I can't be like my smart and beautiful sister, but I can survive on an apple a day (undereating).	Rather than 'I need to look beautiful,' change to 'I think I'll pamper myself so that I feel beautiful.'
Displacement	Shifting to a safer target.	Eating/not eating because I can't tell my parents that I can't be their 'perfect' daughter/son.	Writing in a journal to express my anger at my mother safely instead of eating or not eating.
Identification	Copying others to take on their characteristics.	Dieting to look like a celebrity; binge eating to look like the rest of the family.	Finding positive role models who have healthy eating habits.
Self-talk	Engaging in a conversation with yourself; hearing your 'internal mother' in your head.	'You're not good enough until you're a size x.'	Telling yourself: 'Food is fuel for the body.'
Substitution	Replacing one thing with another.	Eating 'comfort food' associated with a person you miss or are angry at.	Finding other memories to bring comfort – a smell that reminds you of that person.

Now that you have a better understanding of internal and external coping mechanisms, let's try to identify some of your own external (exoskeleton) and internal (endoskeleton) coping strategies, and how you might be able to replace a need for external validation with internal self-soothing. Once you learn to self-soothe, you always have a coping mechanism with you!

Exercise 1: My exoskeleton

Write down a list of things that you do that make you feel better. Do this without judgement of whether they are positive or negative. For example, 'Volunteering helps me feel better about myself' or 'Exercise boosts my mood'.

_____

_____

_____

_____

_____

Exercise 2: External validation and self-soothing

Now think about the ways you seek external validation. List these beginning with 'I seek external validation by...' How could you self-soothe instead? Either next to or below each external validation statement write, 'Instead, I could self-soothe by...' For example, 'I seek external validation by asking people if I look fat. Instead, I could tell myself how healthy I look.'

_____

_____

_____

_____

_____

Reflection time!

Once you have determined what drives you and how you cope in stressful situations, you can analyse whether these are constructive or destructive behaviours. That is the difficult part. Adapting the negative behaviours to positive ones gets easier with practice, and can be done when you are empowered with knowledge.

> I have replaced avoidance with tears and it is true what they say – crying does help cleanse you of negativity.

8.10 Self-Help Materials

Objective

Guided self-help can be an effective treatment towards recovery from an eating disorder, especially in conjunction with personalised one-to-one therapy and a healthy eating programme. The aim of this worksheet is to make you aware of the resources available to you so that you can decide if they would be beneficial to you.

Task

There are a variety of self-help materials available in connection with an eating disorder, for both sufferers and carers. Let's look at some examples.

Internet-based self-help examples

Website/App	Type	Cost	Description
BalancED MKY www.balancedmk.co.uk	Resource	Free	Provides information about eating disorders, local support services, media interviews, activity worksheets and recovery stories.
Beat www.b-eat.co.uk	Resource and live support	Free	Offering a helpline, live chats, support group details, online message boards, general information and carers support. Helpline: 0345 634 1414 Youthline: 0345 634 7650
Headspace Guided Meditation and Mindfulness App	Resource	Free	A mobile phone app providing guided meditations suitable for all levels, encouraging focus, mindful awareness and stress relief.
Louise Hay www.louisehay.com	Resource	Free	Providing information and positive affirmations related to wellness, as well as access to video blogs and book recommendations.
Overcoming Anorexia Online (OAO) www.overcominganorexiaonline.com	Online course	£65	An online course created by Dr Chris Williams, supported by Dr Ulrike Schmidt and Beat.
Overcoming Bulimia Online (OBO) http://overcomingbulimiaonline.com	Online course	£65	An online course created by Dr Chris Williams, supported by Dr Ulrike Schmidt and Beat.

Mind BLMK www.mind-blmk.org.uk	Resource	Free	Providing information on a variety of mental health issues, including details about local support services.
Moodscape App	Resource	Free	A mobile phone app that allows you to register your mood, which is then shown on a map of the world, alongside the moods of other people.
Rebalancing Me www.rebalancing-me.com	Resource	Free	Provides information and inspiration linked to wellness and balanced nutrition, created by Emma Bacon.
Something Fishy www.something-fishy.org	Resource and live support	Free	Offering news, information, activity worksheets, online support, recovery stories and a treatment finder.

What would you find helpful about the above resources? List the pros and cons of internet-based self-help materials. See if you can find any other resources that may have more pros and fewer cons.

Self-help book examples

Category	Author	Title
Eating disorders	Anna Patterson	*Beating Eating Disorders Step by Step: A Self-Help Guide to Recovery* (Jessica Kingsley Publishers, 2008)
Eating disorders	Julia Buckroyd	*Understanding Your Eating: How to Eat and Not Worry About It* (Open University Press, 2011)
Eating disorders	Karen R. Koenig	*The Food Feelings Workbook: A Full Course Meal on Emotional Health* (Gürze Books, 2007)
Eating disorders	Rachel Bryant-Waugh and Bryan Lask	*Eating Disorders: A Parent's Guide*, Second Edition (Routledge, 2013)
Eating disorders	Glenn Waller, Victoria Mountford, Rachel Lawson, Emma Gray, Helen Cordery and Hendrik Hinrichsen	*Beating Your Eating Disorder: A Cognitive Behavioural Self-Help Guide for Adult Sufferers and Their Carers* (Cambridge University Press, 2010)
Eating disorders	Emma Bacon	*Rebalance Your Relationship with Food: Reassuring Recipes and Nutritional Support for Positive, Confident Eating* (Singing Dragon, 2016)
Eating Disorders	Janet Treasure, Gráinne Smith and Anna Crane	*Skills-Based Learning for Caring for a Loved One with an Eating Disorder: The New Maudsley Method* (Routledge, 2007)
Anorexia	Michelle Heffner and George H. Eifert	*The Anorexia Workbook: How to Accept Yourself, Heal Your Suffering, and Reclaim Your Life* (New Harbinger Publications, 2004)
Anorexia	Emma Woolfe	*An Apple a Day: A Memoir of Love and Recovery from Anorexia* (Summersdale Publishers, 2012)

Category	Author	Title
Bulimia	Randi E. McCabe	*Overcoming Bulimia Workbook: Your Comprehensive, Step-by-Step Guide to Recovery* (Raincoast Books, 2003)
Bulimia and binge eating	Ulrike Schmidt, Janet Treasure and June Alexander	*Getting Better Bit(e) by Bit(e): A Survival Kit for Sufferers of Bulimia Nervosa and Binge Eating Disorders* (Routledge, 2016)
Bulimia and binge eating	Peter J. Cooper	*Overcoming Bulimia and Binge Eating Self-Help Course: A Self-Help Practical Manual Using Cognitive Behavioural Techniques* (Constable and Robinson, 2009)
Binge eating	Christopher G. Fairburn	*Overcoming Binge Eating: The Proven Program to Learn Why You Binge and How You Can Stop* (Guilford Press, 2013)
General health	Vidyamala Burch and Dr Danny Penman	*Mindfulness for Health: A Practical Guide to Relieving Pain, Reducing Stress and Restoring Wellbeing* (Piatkus, 2013)
Mental health	John K. Pollard	*Self-Parenting: The Complete Guide to Your Inner Conversations* (The Self-Parenting Program, 1987)

Google Books and Kindle often have free literature available. What books have you found useful for helping you through specific challenges? Perhaps start your own library catalogue with your favourites.

Other self-help materials

Any books providing examples of recovery to educate and inspire are considered self-help material. There are also books on specific therapies, such as mindfulness, hypnotherapy or CBT, for example.

Reflection time!

Do you think self-help support can cure an eating disorder? Is professional intervention necessary or complementary? What kind of support do you think is most helpful?

> One book – *Getting Better Bit(e) by Bit(e)* – was and still is like a Bible for me. It makes me feel like I have a companion taking this journey with me.

Chapter 9

Practical Advice

9.1 The Power of Being Pragmatic

Objective

Recovering from an eating disorder is not a theoretical exercise and requires realistic sensible problem-solving together with practical experience.

This section aims to guide you to approach your recovery in a realistic way and give you the tools to measure your progress.

Task

The following four-step exercise will give you an idea of how you can use the power of pragmatism to aid your recovery. An eating disorder is often a tool for expression – behaviour triggered by a stressful or difficult situation that is challenging to manage or resolve. On a subconscious level, an eating disorder can be used to express feelings or messages that feel impossible to fathom, let alone explain to another. At the same time, following the 'rules' of an eating disorder can give a sufferer a feeling of security and order, especially important if other areas of life are feeling out of control. And, occasionally, everything in life may feel so out of balance that the distraction of an eating disorder is almost a welcome break from the chaos of real life. This exercise will help to create order and regain control while also giving you a more productive distraction from the chaos of life.

Step 1: In order to help establish whether specific aspects of life are feeling out of balance, complete the Wheel of Life (see Section 6.3). Indicate how happy you are with each area by marking on the relevant lines, with dots furthest from the centre suggesting higher satisfaction. It might be helpful to repeat this exercise at a future date to enable comparisons, and perhaps even consider completing a Wheel of Life every 6–12 months to encourage personal development.

Step 2: Once you've established which areas need more attention, it's time to consider what you could do to improve things. Choose a specific area of life and summarise how you are feeling about it:

_____

_____

_____

_____

_____

_____

_____

Step 3: Now brainstorm some possible actions that might help to improve the above. Write down ideas, no matter how bold, so that you have more suggestions to work with.

If you feel comfortable, speak to someone you trust about the actions you are thinking about taking. Discuss the challenges that might be involved but also explain the rewards linked to changing things. Try to appreciate different perceptions and use each other's life experiences to enhance ideas. Add to your written notes above, if appropriate.

Step 4: Finally, write down 1–3 specific actions that you want to follow through with. Be pragmatic and take charge of your life. Take control of your destiny rather than allowing your eating disorder to distract you.

1. _____

_____

_____

_____

2. _____

_____

_____

_____

3. _____

_____

_____

_____

Consider repeating this exercise in relation to other areas of your life and assess your personal developments by completing the Wheel of Life again, at a later date.

Reflection time!

If you always do what you've always done, you'll always get what you've always got! So be brave, and make some positive changes in life – allow the subsequent benefits to enhance your personality, build your confidence and motivate a more fulfilling future.

"Working through this section of the handbook gave me permission to stop and think about aspects of life deserving attention and the actions needed to progress in recovery. I have learnt that it's important to focus some time and thought on this subject. Planning specific goals has helped me to feel more empowered and in control of my eating disorder."

9.2 Restarting Normal Eating

Objective

Not only is it important to deal with the underlying issues causing an eating disorder, but it is also important to work towards developing a healthy eating pattern. The aim of this worksheet is to slowly ease your body and your mind into healthy eating patterns.

Task

Use the information and suggested activities that follow to become knowledgeable on what food is healthy and what is not. Introduce healthy vitamin- and mineral-rich foods into your diet at a pace that you can manage.

Many people are afraid to start eating normally for fear that once they start eating, they won't be able to stop. This won't happen. Beginning to eat normally takes time and it should be done slowly so that you don't start to panic and lose control. Your ultimate goal will be to learn to eat three non-dieting meals and two or three snacks per day.

A healthy diet means eating:

- a variety of vegetables, salads and fruit

- dairy products – for example, milk, butter, cheese

- protein foods such as meat, chicken, fish, eggs, tofu and beans.

- nuts, seeds and oils – for example, almonds, sunflower seeds and olive oil

- pulses such as beans and lentils

- carbohydrates, such as bread, potatoes, rice and pasta (wholegrain varieties are generally the most nutritious).

Convenience and processed foods are OK occasionally but are generally lacking in good nutrients and instead can be full of things like trans fats, which can be harmful. Foods and drinks that are high in sugar and refined carbohydrates can be addictive and low in nutrients. Consume caffeine in moderation – it is found in coffee, cola and even chocolate!

Below is a list of suggestions that might help when trying to return to normal eating:

If you have anorexia, try eating 6–8 small meals per day.

- Eat little and often.

- It's important to remember that in the beginning, you may experience some uncomfortable bloating. This is not a sign that you are becoming fat; it is a natural but temporary response to changing your diet, only lasting for 6–8 weeks. Remind yourself that it is a part of the re-feeding process and it is a sign that your body is recovering.

- You may wish to begin the re-feeding process with foods that will be easier to digest such as mashed potatoes, macaroni and cheese, oatmeal/ porridge, etc. Once the body starts to get used to having regular food, you can then introduce a greater variety of solid foods.

If you are bulimic or a compulsive eater, try eating three non-dieting meals and up to three snacks each day.

- Try to eat them at the same time each day, maintaining steady blood sugar levels, which will help to decrease cravings.

- You may find it beneficial to follow a meal plan in the beginning so that you will know what you will be eating in advance. Try not to eat more or less than planned. Sticking with the plan should become the measure of your success.

- At first try to avoid foods that tend to trigger a binge or cause you too many feelings of guilt after eating. Later on you can reintroduce those foods into your meals.

Throw out your scales.

- Scales can prevent you from reaching your goal of healthy eating. Also, it's important to remember that you are not a number – the number on the scales can never change the person you are inside.

- After eating, try to use distraction techniques or participate in an activity you enjoy. If you feel very uncomfortable, try some relaxation exercises.

Stop counting calories.

- Counting calories will prevent you from eating normally. Concentrate on learning about what normal eating is. Sometimes watching others eat can help to show us a good example.

- Start living one day at a time, one meal at a time. Why panic about the next meal hours before?

- Think of food as medicine. You may not want to take it, but it is necessary for you to eat in order to recover.

- You can also think of food as fuel. Your body needs that fuel in order to be able to function properly – sleep, breathe, move and heal.

Remember that if you have an 'eating disorder voice' in your head, it is probably lying to you.

- You need to do the opposite of what it's telling you. If it tells you not to eat, defy it and eat anyway. By doing this, you will be able to start taking back the control the eating disorder has over you at present.

- Many people believe that if they don't eat, they are the ones in control. The reality is that if you do not allow yourself to eat, the eating disorder is controlling you.

- If you exercise excessively, reflect on what would be a more sensible amount and try to cut back gradually.

- In the beginning, practise mechanical eating if necessary. This means eating your meals at predetermined times whether you are hungry or not. The physiological mechanisms that signal hunger and fullness may not be functioning properly. In time, these signals will return, allowing you to know when you are hungry and when you are full.

- Remind yourself constantly that no food will make you fat as long as it is eaten in moderation.

Stop buying diet foods.

- Diet foods are often high in added sweeteners, which may be harmful to your body. Sweeteners can also increase cravings, so favour buying whole, natural foods instead.

- Buy foods that you would like to eat, not just because they are low in calories.

- Returning to normal eating should be done slowly so that you do not become too overwhelmed. It does take a lot of hard work in the beginning, but in time it will become a normal part of your day.

See *Rebalance Your Relationship with Food: Reassuring recipes and nutritional support for positive, confident eating* by Emma Bacon (Jessica Kingsley Publishers, 2016) for further information, recipes and advice on balanced eating.

Create a personal encouragement card

On a small piece of paper or card, write down five positive reasons to eat well on one side, and then ask someone close to you to write some positive encouragement on the other side. You could keep this in your wallet and look at it when you're feeling afraid or uncertain about challenge.

Create a mindful reminder card

On a small piece of paper or card, write key points that help you eat mindfully – for example, 'Take your time and appreciate the taste of food,' 'Sip water during meals in order to create time to calm down, breathe deeply and relax.' You could keep the card in your wallet or purse, or on the fridge at home.

Reflection time!

Reflect on your feelings and behaviours following an attempt to do things differently. What happened, what can you learn from this and what could you do differently next time? Plan meals ahead to reduce anxiety and stick to the plan!

Throwing away the scales and the need to count calories has been instrumental in my recovery. I realised that the numbers associated to food or my body were not a true reflection of my health or happiness. Instead, I needed to focus on being balanced with food, exercise and rest.

9.3 Regular, Healthy Eating
– Practical Advice

Objective

Understanding the value of healthy eating will help when it comes to eating regular, wholesome meals. By the end of this worksheet you will know the value of each food group and learn some practical methods to identify and correct unhealthy habits.

Task

Familiarise yourself with the information below and refer back to it as often as needed. Remind yourself of the benefits of each food group before eating them; this will reduce your anxiety at meal times. Knowing what can go wrong will also help to prepare you to face any potential obstacles.

The importance of a varied diet

There are three main reasons why we need food:

- to build our bodies and renew and repair parts which get damaged or worn

- to keep us warm and give us energy for various activities

- to build immunity for warding off illness and maintaining a high level of health and vitality.

In order to achieve the above, we need to eat a varied diet from all of the following food groups:

Fruit and vegetables: ideally, choose fresh or frozen vegetables and fruit, but canned and dried are reasonable alternatives. They contain vitamin C, carotenes, folic acid, fibre and some carbohydrate.

Protein foods: meat, poultry, fish, eggs, beans and pulses. These contain protein, B vitamins, iron, zinc and magnesium, and are important for healthy bodies, cell repair, maintaining metabolism and to avoid anaemia.

Dairy foods: milk, cheese, yoghurt and fromage frais. These contain protein, calcium and vitamins A, B2 and D, and are important for strong bones and teeth. Low-fat varieties are actually lower in the vital fat-soluble vitamins, so it is better to choose whole or semi-skimmed milk and ordinary cheese.

Carbohydrates: bread, potatoes, breakfast cereals, pasta, rice, oats, maize, millet, etc. These contain some fibre, calcium, iron and B vitamins. Wholemeal and wholegrain versions provide the most nutrition. People see these foods as fattening, but it is important to remember that this food group is an important source of energy. The only reason to limit them is to help with weight loss if you are genuinely carrying too much weight.

Fatty and sugary foods: butter, margarine, cooking oils, salad dressings, cream, rich sauces and sugar. There are some important vitamins, minerals and essential fatty acids in these foods. They should be eaten in moderation as part of a balanced diet, favouring natural choices, such as olive oil, whenever possible.

Fluid: water and other drinks

Everyone needs plenty of fluid – aim for 6–8 glasses of water a day in order to help the kidneys and bowels function normally, to get rid of the body's waste products.

Energy

Everybody needs a certain amount of energy to sustain normal bodily functions such as breathing, blood flow, maintenance of body temperature, muscle tone and repair, efficient kidney functioning and the ability to have thoughts, dreams and memories. The amount of energy needed is described as the *basal metabolic rate* and every person will have an individual need. Interestingly, an average person needs approximately 500 calories just to sleep for one night!

What is normal eating?

Normal eating is *not*:

- counting calories, weighing food or following a strict diet

- always eating low-calorie foods

- eating to lose weight, despite being a healthy size

- having to constantly weigh yourself for reassurance

- playing games with yourself to prevent eating certain foods – for example, saying to yourself, 'Dairy products make me feel nauseous' or 'I've become vegetarian for health reasons,' when you are trying to justify excessive amounts of fruit and vegetables.

Normal eating *is*:

- eating at least three times a day

- eating more of the foods that you enjoy the taste of, when you choose to

- not over-indulging in foods you like, as you know you can eat them in the future

- eating or not eating on occasion because you feel unhappy, 'bad' or tense

- eating both 'good' and 'bad' foods without feeling guilty

- eating in a flexible way so that it does not interfere with your work, study or social life

- eating a sufficient amount of food, helping to prevent a desire to binge eat

- eating a variety of different foods

- eating, when out socially, in a similar manner to other people

- being aware that eating is not the most important thing in life, but it is important for good health.

What can go wrong?

A person suffering with an eating disorder commonly develops irrational anxieties and rules associated with how they eat. For example:

- 'I can't eat this, it will make me fat.'

- 'I can't eat that because it's green.'

- 'If I eat my food in a clockwise order going around my plate, it makes me less anxious.'

- 'I have to chew each mouthful 15 times.'

- 'I must eat the vegetables on my plate first, then the protein, then the carbohydrate. Things cannot be mixed.'

- 'If I eat any oil, my weight will shoot up immediately.'

- 'I haven't accomplished enough today to deserve dinner.'

- 'I must always leave a tiny bit on my plate, even if it's a single grain of rice or one cornflake.'

A person with an eating disorder may also display compensatory or safety behaviours. For example, they might only eat dinner if they haven't eaten during the rest of the day, or they may abuse laxatives, vomit or over-exercise in an attempt to counteract the food they've eaten.

If you have an eating disorder, it may take some time for you to change habits that have formed over a long time. However, it *is* possible and many people have accomplished this – often with the help of a family member, friend or counsellor.

Reflection time!

What anxieties and rules have you identified in your eating patterns? Are they interfering with healthy eating habits? Develop daily meal plans that include each food group. These food groups do not all need to be eaten in one meal, but they do need to be included in at least one meal per day.

> Creating a food plan in advance helped me to reduce anxiety before meals, stabilise my weight and eat a more varied diet. Instead of spending all day thinking about food, the plan simplified decision making, which helped me to feel calmer in general.

9.4 Dietary Help for Food Addictions and Comfort Binge Eating

Objective

Food is often used as a comfort during stressful times and this is often downplayed or overlooked. This chapter aims to bring comfort binge eating and food addictions into the light and help you to identify if you are using food as a source of comfort.

Task

We sometimes eat too much, even though we want to be sensible with our eating. There are a variety of reasons for this, some of which can be helped by discussing food-related problems with a friend or a counsellor. It can also be a cycle of overeating that makes you feel out of control, but this can be helped by a different choice of foods.

Reflect on the following sections to determine if you use food for comfort or stress relief, and follow the practical advice that follows.

Overeating

Very few people overeat healthy foods such as celery or cabbage. Binge eating tends to be a problem associated with sweet and fatty foods – foods high in calories and refined carbohydrate, such as chocolate and sweets.

Why does this happen?

To begin to make sense of this, we need to take a good look at what happens in our bodies when we eat food, especially carbohydrates (carbs).

Carbs are a quick source of fuel for many of the body's functions and can be found in all starchy and sugary food and drink.

- Starchy carbs include bread, potato, rice, pasta, cereals and some vegetables.

- Sugars include all fruits, sugar, honey, molasses and corn syrup.

- There is also a natural sugar called lactose in milk and yoghurt.

The carbs in sugary and refined foods such as cakes, biscuits, chocolate and sweet breakfast cereals break down quickly into glucose. The carbs in unrefined foods such as wholegrain bread, brown rice and wholewheat pasta are more slowly broken down and enter the bloodstream more gradually.

How does it work?

During digestion, carbs are broken down into glucose before they can enter the bloodstream, where insulin helps the glucose enter the body's cells. Some glucose is stored in the liver and muscles to be used as energy, while any extra is stored as fat. If you eat lots of refined sweet foods, your body produces lots of insulin. This, in turn, makes you hungry for more of those sweet refined foods. If you are overweight, this process works much less efficiently, and you end up with higher than average levels of circulating insulin, which keeps you hungry for carbs and always looking for the next snack. Raised levels of insulin are also associated with raised triglycerides, heart disease, high blood pressure, strokes and diabetes. If there is a plentiful supply of carbs in your diet, your body won't try to use fat stores for energy and it becomes very difficult to lose weight.

What can I do?

Cut down on sweet, fatty, refined carbs so that you reduce the amount of circulating insulin in your bloodstream. Changing your eating habits may be very difficult to begin with, but if you persist, you will find yourself less hungry, less guilty and more in control of your eating – and much healthier. It will probably take you about 3–5 days to begin to get out of the cycle of eating refined and sugary carbs, so be prepared to stick to it in order to reap the rewards.

Plan

- Reduce the amount of refined carbohydrates you eat.

- Have a moderate amount of protein at each meal.

- Have plenty of green vegetables and salad.

- Increase the quantities of dairy foods and animal fats.

- The most important meal of the day is breakfast. Including a reasonable amount of protein at breakfast will make it easier to eat sensibly throughout the rest of the day.

- Fruit: keep to one or two portions of fruit, such as an apple or a handful of berries.

- Drink plenty of water through the day, preferably 2–3 litres.

- Vitamin B complex supplements reduce cravings for sweet foods.

Meal ideas

Breakfast

- Eggs (1–3), with or without bacon or black pudding; one slice of toast with butter and a portion of baked beans.

- Porridge made with milk, a handful of nuts and a sprinkle of cinnamon and honey.

- Wholegrain toast (1–2 slices), with peanut butter, cottage cheese or avocado.

Light meal

- Mackerel or tuna green salad, with a variety of raw vegetables adding colour and nutrients.

- Chicken and vegetable soup.

- Mushroom frittata with side salad.

Main meal

- Chicken or fish served with plenty of green vegetables, drizzled with olive oil.

- Baked potato with butter or cheese, coleslaw and salad.

- Chilli con carne or bean chilli with rice and half an avocado or a sprinkle of cheese.

Snacks

(Only if you are still hungry after drinking a large glass of water or if main meals are more than 6 hours apart.)

- A small handful of nuts.

- A matchbox-sized chunk of cheese with celery or cucumber.

- A serving of houmous with raw vegetable sticks.

Diet food and drinks and artificial sweeteners

Most artificial sweeteners are considered safe in small quantities, but as they are used in a lot of processed foods and drinks, not just the 'diet' varieties, it may be wise to be careful with the amount you consume. Since they taste sweet, they can stimulate insulin production and therefore make you hungrier.

Keeping a food diary

Keeping a food and activity diary can help you to identify situations or emotions that trigger comfort eating or binging. Be as detailed as you can, so that over time you can find any patterns related to your food addiction. Appendix B provides a food and activity diary template – feel free to amend it to your own specific needs. You might also like to try the cravings diary in Appendix C, which can assist you in changing the thoughts that cause or maintain your cravings.

Reflection time!

If you crave refined carbs or sweet food, you may have a food addiction. If you find yourself throwing moderation to the wind when you are feeling stressed or upset, you may be using food as a form of comfort. Identify your weaknesses and your triggers, and make a conscious effort to eat healthy foods in moderation.

"Understanding how my body reacts to food on a physical level has helped me to make better decisions at meal times. Keeping a food diary has also helped me to appreciate when I am vulnerable to using food to deal with emotional problems. I hope to learn alternative ways to manage stress and express my feelings in the future."

9.5 Recognising Hunger

Objective

There are seven types of hunger discussed in this section. The aim is to familiarise yourself with each type and help you to determine which type of hunger impacts you the most.

Task

Once you are able to recognise your hunger cues, you will be able to distinguish the physical need for food from the emotional and psychological urge to binge.

The seven kinds of hunger[1]

1. **Eye hunger:** The eyes help to provide feedback about what and how much to eat. Advertisers use this to their advantage! The power of the eyes can override other signals of satiety. Consider what might satisfy your eye hunger. Do you appreciate food being beautiful (seen as extremely important to the Japanese, for example) or do you tend not to look at your food much? Would stopping to create and appreciate the sight of beautiful food make the food more satisfying? Does the environment you eat in make a difference?

2. **Nose hunger:** What we call the 'taste' of food is almost entirely the 'smell' of food. The smell of food can awaken a desire for comfort food or enhance the enjoyment or dislike of a certain food. Food shops and restaurants use nose hunger to entice customers, knowing that good smells equals good takings. Could smelling our food more result in enjoying our food more?

3. **Mouth hunger:** The mouth's desire for pleasurable sensations varies from person to person, with some people liking subtle flavours while others prefer hot spicy foods. Sometimes the mouth might feel hungry when, in fact, it is thirsty.

4. **Stomach hunger:** Some people experience hunger in the stomach – rumbling feelings or emptiness – prompting the need to eat again. The idea that the stomach is telling us that we need to eat is not strictly correct; we actually tell our stomach when to be hungry, through our regular eating habits – that is, we condition our bodies to expect food at certain times of the day. Therefore, a person restricting food intake may not experience much stomach hunger and so cannot rely on this message to prompt a need to eat again. Consider – is your stomach hunger predictable?

5. **Cellular hunger:** Infants are born with an ability to tune in to their body and instinctively know when they are hungry and when to stop. However, as life progresses, conflicting messages from the media, our family and circumstances confuse this natural ability. We also become more habitual and can find ourselves eating a lot of the same things, over and over, resulting in a lack of certain vitamins and minerals needed for vitality. This can show itself through symptoms such as irritability, headaches and fatigue. Therefore, to satisfy cellular hunger, one must eat a reasonable quantity of a variety of foods.

6. **Mind hunger:** Based on thoughts, influenced by all of the other senses, media, cookbooks, diet fads, belief systems and professional advice: 'I should eat…'; 'I deserve…'; 'This is good for me and that is bad for me.' Mind hunger can also be affected by disordered thoughts, addictive behaviours and emotional reactions to difficult situations (as a way of compensating or comforting).

7. **Heart hunger:** Food that comforts or evokes a positive feeling or memory such as Mum's Sunday dinner, candyfloss at the fairground or jacket potatoes on a cold winter's night. Some people eat to feed the heart – an inner emptiness – rather than because they are physically in need of food. There's nothing actually wrong with feeding the heart, in moderation – doing so will be most beneficial when it is recognised for what it really is.

Explore the seven kinds of hunger

- Assess baseline hunger – from 0–10. Consider – where do you 'look' in your body to decide how hungry you are?

- Choose a small food item to eat (e.g. raisin, nut, dried cranberry, cracker).

- Consider the food item as if you've never seen it before and do not know what it is.

- Investigate the object with your eyes – colour, shape, texture. Now rate your eye hunger.

- Investigate the object with your nose – does the smell of the item change your perception of it? Rate your nose hunger.

- Investigate the food with your mouth. Do not bite or swallow it – simply move it around your mouth and explore the taste and texture of it. Now bite into it, and roll it around your mouth again. Rate your mouth hunger.

- Chew the food some more and then swallow it. What does your tongue do once you've finished? Can you still taste it once it's gone? Now rate your stomach hunger – in other words, how much does the stomach want more of this food?

- Become aware of the food passing through your body, providing nutrients. Rate cellular hunger – how much would your cells like/benefit from having more of this food?

- Is your mind saying anything about eating this food? Often the mind talks in 'shoulds' or 'should nots'. Now rate your mind hunger – would your mind want more?

- Is your heart saying anything about this food? Rate your heart hunger. How soothing or comforting is it? Would your heart like more?

- Consider discussing this exercise with a supportive person whom you trust – for example, a friend, partner, family member or counsellor.

Reflection time!

Now that you have a better idea of what causes you to feel hungry or to crave a certain food, you will be better prepared to resist the urge to binge or to control the amount of food you eat at a time.

"I often eat my food in front of the tv or whilst doing other things, meaning that I'm not appreciating the senses associated with eating and subsequently feel unsatisfied, both emotionally and physically. This handout has helped me to take more time preparing and consuming my meals, allowing me consciously enjoy what I am eating. This has also helped me to make better food choices and avoid binging episodes."

9.6 Mindful Eating

Objective

Becoming mindful of your food when you eat it will help you to control your binge eating and introduce healthy eating habits. The aim of this section is to introduce mindful eating in a practical way.

Task

Familiarise yourself with the techniques and practice of mindful eating detailed in this section and apply this knowledge to each meal.

What is mindful eating?

Mindful eating is deliberately paying attention to the process of eating: being fully aware of what is happening, both inside yourself – in your body, heart and mind – and outside yourself – in your environment – with a non-judgemental attitude.

What is a healthy relationship with food?

Here are some example elements of a healthy relationship with food:

- You feel happy and fully engaged in life when you are not eating. Food is not your only reliable source of pleasure and satisfaction.

- If you are not feeling hungry, you don't need to eat.

- You can stop eating when you feel full.

- You have intervals of at least several hours when you are not hungry or thinking about food, punctuated by (meal) times when you do feel hungry and take enjoyment in eating.

- You enjoy eating many different kinds of food.

- You maintain a healthy weight that is steady or fluctuates within a range of 5–7 pounds. You don't need to weigh yourself more than once a month.

- You don't obsess about food or count calories in order to decide if you can 'afford' to eat something or not.

Identifying conditioned behaviours

- **Childhood conditioning.** All of us are influenced by our childhood experiences. Examples of relationships with food provided by close family and friends will have an impact on your relationship with food. Even your position in your family may affect your behaviours around food – for example, the youngest child in a family will often eat favourite foods first, knowing that they may otherwise lose out to older siblings. Childhood memories, especially those involving comfort foods served at special occasions, can also influence food habits.

- **Always wanting more.** Seeking satisfaction from food to fill emptiness caused by heart and mind hunger leaves people feeling unsatisfied and wanting more. This issue can lead to compulsive overeating or binge eating problems.

- **Cravings/overwhelming desires.** Feeling a compulsion to eat certain foods could be linked to your emotions, although it may also be linked to the body's physical need for certain nutrients. The food industry also tries to heavily influence our cravings.

- **Unconscious eating.** Sometimes we eat to create a distraction from our thoughts. Other times we may experience an emotional numbness as we eat. If we are not focused on what we are eating and why we are eating it, there will be a tendency to overeat.

- **Feast or famine (binging and dieting).** Our ancestors experienced this due to natural circumstances, but now the human race is actively encouraged to engage in fad diets/food indulgence. Black-and-white thinking patterns, often present in people affected by an eating disorder, can exacerbate this issue.

- **Food as reward.** This is encouraged by modern-day lifestyles – for example, birthday cake, holiday food temptations, reward for good behaviour or comfort when in need of consoling. This kind of conditioning often begins innocently in childhood.

- **Food as punishment.** People with an eating disorder will often use food as a punishment. Do you use your food intake (or lack of it) to punish yourself and/or others? How does this relate to control? Controlling yourself/controlling others?

- **Physical effects of food.** It is worth recognising that certain foods have a physical effect on the body that can have an emotional effect. Fat, sugar and salt all have addictive qualities, perhaps due to the body's recognition of their necessity.

Guidelines for mindful eating

- **Slow it down.** Try to sit down when eating, take your time to appreciate the seven signs of hunger, chew your food more, put your knife and fork down between mouthfuls, sip water during your meal, notice your surroundings as you eat and make sociable conversation. All of these things may increase the feeling of satisfaction and enjoyment you gain from eating. Try to eat at least one meal a week in a mindful way.

- **Right amount.** In Buddhist teachings, 'right' means appropriate, beneficial, leading to happiness and freedom. Bearing this in mind, there are various factors to consider – right time, right place, right people and right amount.

- **The energy equation: food = energy.** We are in energy balance when the food taken in matches the energy flowing out (expended as a result of general bodily functions and exercise). A healthy balance of food in moderation and regular, appropriate exercise should result in a positive energy equation.

- **Mindful substitution.** Many of us hear various voices in our mind – a childish voice may say, 'I want something sweet! I've worked hard all day and I deserve a treat,' whereas a parental voice may say, 'It's five o'clock so I should wait until after dinner to consider a dessert,' and a negative voice may say, 'Either way, I'm overweight so shouldn't even entertain a treat, now, later, or ever!' Rather than ignoring these voices, accept them and be kind to yourself, appreciating that there may be an element of truth linked to each message. Consider choosing a mindful substitution – for example, a sliced peach drizzled with honey instead of ice cream, or a piece of cinnamon toast instead of cake.

- **Out of sight, out of mind.** If, like many people, you find yourself craving unhealthy food binges, consider removing temptation from sight in order to reduce compulsive thoughts about indulging. It's also worth noting that the media often try to take advantage of our body insecurities and food knowledge, so consider avoiding magazines, television and radio that might be undermining your body image.

- **Loving kindness and the inner critic.** People living with an eating disorder often experience the voices of an inner critic (never satisfied and always negative), an inner perfectionist (demanding nothing but the best) and an inner pusher (telling them what to do in order to be perfect, and therefore avoid the critic). All of these voices shouting in the mind at the same time can lead to confusion and anxiety, making it difficult to make rational, considered decisions. One way to calm these thoughts might be to take up meditation, helping to clarify thoughts and reflect on how you're truly feeling. Another way might be to simply acknowledge the voices and then 'let them go', as if listening on the end of a phone with the handset a little away from your ear, responding to the voices with a calm 'When you talk to me that way, it's hard for me to understand you, and when I can't understand, I can't help you.' Alternatively, you could view their messages like an icon on a computer screen, able to fill up the whole screen, but therefore also able to be shrunk back down to the bottom corner! Be kind to yourself. Be aware of the voices and how best to respond with compassion.

Summary tips

- Awareness is the key to change. Once we are aware of something, it cannot remain the same. Awareness plus small changes in our automatic behaviours can produce large changes over time.

- Learn to assess the seven types of hunger before eating, allowing you to make appropriate decisions about what and when to eat, and then appreciate the process of eating.

- Try to be fully present for at least the first three bites or sips as you begin to eat or drink.

- Consider what is the 'right amount'.

- Eat slowly (within reason!), savouring each bite. If you have an inclination to rush your food, try to encourage a pause between mouthfuls, by putting your knife and fork down or taking a sip of water.

- Chew your food thoroughly before swallowing.

- Learn the difference between feeling satisfied and feeling full, and try to stop before you reach the feeling of full, take a rest and then re-evaluate whether you're still hungry for more.

- Mindful eating includes mindless eating. You can choose to eat mindlessly when it is appropriate.

- Know that food changes mood and use it as good medicine.

- Know when it is not the body but the heart that is asking to be fed. Give it the nutrition that fills it up. That nutrition could be meditation, walking, being in nature, listening to or making music, playing with a pet, fixing food for someone you love or just sitting and being present with people. Fill the heart with the richness of every moment.

- Be kind and compassionate to yourself!

Reflection time!

Try to practise mindful eating at least once a day. What impact does a mindful breakfast have on the rest of your day? Does eating your main meal mindfully make you eat more or less?

> The information about 'conditioned behaviour' has helped me to be more compassionate towards myself. My relationship with food is complex and warrants some sensitive thought and consideration.

9.7 Exercise Balance

Objective

Some people in recovery from eating disorders feel ambivalent about exercise, whereas others over-train. For many, exercise has been a tool that has helped to maintain the disorder. The idea that it can now be utilised as a resource for health and wellness might seem scary. How can something that was done with compulsion or purposely avoided be turned into an important part of recovery?

Task

Let's take a look at why exercise is necessary for wholesome recovery, and how to go about it to benefit the mind and body.

The negative physical effects of over-exercising

Compulsive exercise comes with tremendous physical risks, including:

- depriving the body of necessary rest to rejuvenate and heal between workouts

- potential damage to muscles, ligaments, tendons and joints

- fatigue, weakening the immune system, which makes the body prone to infections

- heart complications and intense dehydration.

Balanced exercise

Balanced exercise, on the other hand, is key to health. It is going to be challenging and will take some time, but you can learn to change your attitude and perceptions about exercise. Previously, exercise might have maintained the disorder, but now you can use it as a tool to help you overcome it. In other words, engaging in exercise can be a concrete way to help you take care of your mind and body.

The key is to guard against over- or under-exercising, since both can be detrimental while you are in recovery. Here are a few tips on how to start and maintain a healthy exercise regime. Remember, it may take a while to settle into a routine that is just right for where you are at in the recovery process, so don't expect too much of yourself initially.

- Vary exercise routines and guard against repeating the same set of exercises – you don't want the routines to control your mind and movements.

- Take it easy – you are not preparing for the Olympics, so don't push yourself too hard. If you start to feel dizzy, sick or sore, you are overdoing it.

- Exercises that encourage mindful awareness of the body – such as yoga, tai chi or Pilates – encourage a growing, intimate and new awareness of the body as you perform the movements slowly, gently and carefully.

- If you under-exercise through fear of becoming obsessed, it might be useful to devise a calendar to help provide prompts, including how long you will spend on the exercise.

Exercise questionnaire

Be as honest as you can when answering these questions. You don't have to share them – they are for your eyes only, so don't cheat yourself.

- Do you force yourself to keep exercising even when you're tired?

- Do you avoid exercise?

- Are you exercising to lose weight, burn fat or calories?

- Does exercise feel like a punishment?

- Do you do the same exercises over and over?

- Do you exercise despite having an injury or not feeling well?

- Do you feel angry, anxious or depressed if you miss a workout?

- Do you care more about calories burned than the way you feel?

- Do you frequently think about exercising or worry about having to exercise?

- Do you think the way your body looks depends on whether or not you have exercised that day?

If you answered 'yes' to one or more of these questions, then it would be useful to work on your attitude to exercise before you start to integrate regular exercise into your life.

Exercise that promotes health and well-being

Strain or pain does not determine benefit. Furthermore, it's best to steer clear of exercise machines and equipment that track how many calories you burn, or any routine that makes you conscious of numbers or measuring. Walking is an ideal form of exercise as it is almost impossible to abuse the body with it: you can't walk for longer than what you are physically capable of. Also, it can be seamlessly incorporated into your lifestyle.

The key points to keep in mind when choosing an exercise routine are:

- You exercise because you want to, and not because you feel pushed into it.

- Choose exercises you enjoy doing.

- When you experience physical pain or fatigue while exercising, stop immediately.

- Try to exercise a little every day; a daily 15-minute walk is enough to start with.

- Drink enough water during and after exercise, and make sure to eat so your body has enough energy to get through the day.

Overcoming obstacles to exercise

If exercise is difficult for you, here are some tips for overcoming the common hurdles:

- **Lack of time.** Fifteen-minute sessions of low-impact exercise – such as walking – done daily can do a lot to boost your health. Schedule short routines like these often, and do them no matter what your level of motivation.

- **Exercise causes pain.** If exercise causes you physical pain, remember that there is no need to push your body hard with long or difficult exercise routines. Cleaning the house, walking the dog, swimming or throwing a Frisbee all count as fun, light exercises to get your energy levels going. If you believe exercise causes you a disproportionate amount of pain for the level of activity performed, please visit your doctor for advice.

- **Feeling too tired.** When feeling too tired, put on some music and dance, or get the hula-hoop out, or go for a snappy walk. Not only will your body feel better, but so will your mood. Before you know it, your fatigue will disappear.

The important thing is to make short bursts of moderately vigorous physical activity a part of your daily routine, and not see it as something you have to do.

The social side of exercise

Enjoyment is crucial to healthy exercise. On the other hand, compulsive exercising gives little enjoyment, since it is more about achieving weight loss or similar goals. The latter is likely to be detrimental and is usually undertaken alone. Exercising together with a friend or two is usually fun – bike rides, hiking, walking, dancing or simply tossing a ball in the park together.

As your physical health improves with time, so will your emotional health, especially your confidence. When you start treating your body with care – and fun-filled fitness is part of this – it rewards you with good feelings. The right attitude towards exercise also instils a growing sense of trust and confidence in your body, and the positive feelings it is capable of. It's important to involve friends who adopt a similar attitude of care towards themselves.

Reflection time!

Consider which activities seem more like fun and less like exercise. These are the activities that you are more likely to stick with and do for the fun of it, and not because you have to.

> I recognise that I have been addicted to exercise in the past. Recovery has taught me that I must exercise in moderation, for health and happiness, when I am fit and able. Rather than forcing myself to over-train because my eating disorder ordered me to do so, I am now able to enjoy sociable sports that keep me fit and strong.

9.8 Coming Off Laxatives

Objective

Some people affected by an eating disorder overuse laxatives, falsely believing that it will help to control their weight. This may be a habit that continues for weeks, months or even years, despite having serious health implications. This worksheet aims to provide you with the facts about laxatives and some guidelines to help you stop taking them. The following information and suggestions are based on what other people have found to be helpful during recovery.

Task

Consider the facts

Laxatives work in the lower bowel area, long after the physical digestion of food has taken place. Therefore, they do *not* prevent the absorption of calories ingested. They *do*, however, encourage the loss of water, causing significant dehydration and a reduction of valuable vitamins and minerals absorbed by the body. This can result in temporary weight loss, but only because of decreased water levels, negatively affecting overall health and well-being.

It's also worth noting that important electrolytes (minerals) are carried around the body in fluid. These electrolytes are partly responsible for many tasks, including our heartbeat. Overusing laxatives can have a negative impact on the circulation of these chemical messengers, putting general health at risk.

Behaviour change

Coming off laxatives is about changing behaviour, which is something everyone finds difficult. However, it can be that little bit easier if you understand the stages of behaviour change and how you can make them work for you. You are likely at the contemplation stage of coming off laxatives. Let's help you make it to the preparation stage and beyond.

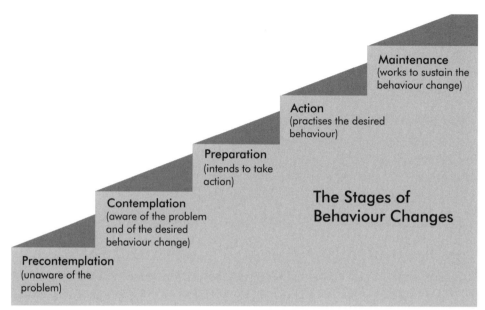

Precontemplation
(unaware of the
problem)

Contemplation
(aware of the problem
and of the desired
behaviour change)

Preparation
(intends to take
action)

Action
(practises the desired
behaviour)

Maintenance
(works to sustain the
behaviour change)

The Stages of
Behaviour Changes

Source: Based on Prochaska, DiClemente and Norcross 1992[2]

Preparation: considering reasons and planning for action

Before making any actual changes, spend some time considering why and how you might be relying on laxatives, as well as the benefits of coming off them. Use the table below to help you.

Consider how and when	Notes	Consider the benefits of stopping	Notes
Is there a pattern?		Improved health	
Certain day/ time?		Improved skin and hair	
Certain circumstance?		Less bloating	
When you're depressed?		Save money	
When you're alone?		Step towards recovery	

After a binge?		Feeling of pride	
When you're stressed?		Empowered control	

You might find it helpful to discuss the above information with a counsellor or supportive friend. Talking about your problems will help to reduce the power they have over you, aiding your ability to change your behaviour.

Action: stopping laxatives

Short-term users: If you have been taking laxatives only quite recently, or only take a few from time to time, you may be able to stop taking them in one go. Take action by throwing all laxatives away and deciding not to buy any more. This will require determination and willpower, but some people find this the most effective way of stopping.

Long-term users: If you've been overusing laxatives for a long time, or take large amounts, the idea of stopping in one go might be too daunting to manage. Consider reducing the amount you take gradually, over a period of days or even weeks. You could also try only having them on certain days of the week, leaving other days laxative-free. Creating a plan and keeping a record of your achievements may help you to persevere. Gradual progress is better than no progress, so be kind to yourself and build confidence in your abilities day by day.

Maintenance: preventing relapse

Being aware of potential challenges can help you overcome hurdles more easily. Here are some key points to consider:

- **Digestive issues:** Issues with bloating are usually temporary – in the long term, most people feel less bloated after giving up laxatives. Wearing comfortable, loose clothing may help you manage in the meantime. Giving up laxatives can also sometimes cause constipation. This is a common side effect, but one that will reduce over time, especially if supported by a balanced diet. Try to eat from each food group, little and often, including a variety of fresh or dried fruit, vegetables and wholegrains. Drinking plenty of water will also help to normalise the body's digestive system.

- **Considering weight:** Remember, taking laxatives reduces the amount of fluid in your body, but doesn't reduce the calories you consume from food. Therefore, some people find that their weight increases slightly when they stop taking laxatives. This is only due to the body restoring the fluid levels needed for normal, healthy functioning. Try not to panic. Take a deep breath and remind yourself of the facts: medical research suggests that laxatives do not aid weight loss! Your weight will settle as your body gets back to normal.

- **Additional support:** Challenging laxative use is not an easy thing to do. Receiving support from an understanding friend or relative can really help. You may also consider talking to a sympathetic doctor, counsellor or support worker. This could help you to tackle other aspects of your eating disorder at the same time as trying to come off laxatives. This can be useful because it's not uncommon to replace one unhealthy behaviour (i.e. laxatives) with another (e.g. vomiting). Being aware of such things will help you to avoid mishaps and progress through recovery with success.

Transcendence: keep going

Take one day at a time. Be kind to yourself and any progress you make. If you manage to cut down the amount of laxatives you take, but do not yet feel ready to stop altogether, then that is still an achievement. Even if your efforts are not successful, any attempt to give up laxatives is a step in the right direction and will help you move towards transcendence – the maintenance of a new, healthier way of living.

Reflection time!

While working through each step, keep in mind that it is OK to go down a step. If you never give up, you will never fail.

"Coming off laxatives was a scary thing for me to do. I gradually decreased my emotional reliance on them over time, returning to this handout for reassurance. Understanding the physical effects of laxatives has been helpful during this process."

Chapter 10

Maintaining Recovery

10.1 Self-Sabotage

Objective

You know what you want. You can articulate it to others, you can define it for yourself and you even have a clear understanding of what you need to do to get what you want. So you very diligently set about making sure that you do exactly the opposite of what you need to do, so that you never, ever get what you want. This is *self-sabotage*, and it plagues millions of people every day. The aim of this worksheet is to help you identify if and why you are sabotaging your own recovery and take steps to stop.

Task

Try the exercises that follow to understand why you are sabotaging your efforts at recovery and how you can stop repeating those destructive actions.

Of course, you don't set out to sabotage yourself. You don't sit around thinking, 'How can I be absolutely sure that I ruin this for myself?' If it were that obvious, it would be fairly simple to put a quick and effective stop to the behaviour. That's precisely the problem: you usually have no idea that you're embarking on the path to self-destruction, until you're deep into the woods and can't figure out how to get back to the path of sanity and reason.

Understanding self-sabotage

Self-sabotage and eating disorders can take different forms. You could intend to stick to a carefully tailored nutrition plan devised by a nutritionist – until you're confronted with that unrelenting fear of gaining weight and decide to skip lunch... just this once. You could promise yourself that you're going to stop working out after an hour, but you just can't make yourself quit, so you keep pushing until you collapse, literally, from exhaustion.

Recognise the situation

Every day, you are faced with hundreds of tiny decisions that you need to make. What to wear, whether to brush your teeth or shower first, which route to take to work or school, to write with a pencil or pen – the list is endless. Most of the time you make these choices without even noticing, but they take a toll on your energy and state of mind. Suddenly, when it is time to make a decision that matters to your recovery – eat breakfast or skip breakfast, keep working out or stop – your mind is exhausted, and your judgement is clouded.

You reason with yourself that, just this once, it's OK to miss breakfast or exercise until you collapse. But tomorrow you do the same thing. And the next day. And the next. Or maybe your self-sabotaging strategy is to justify your actions to yourself – you tell yourself that you're working out extra hard today because you won't have time tomorrow. Isn't that what you told yourself yesterday, though?

You didn't set out to sabotage your recovery, and you may truly have a hard time recognising what you're doing. However, the fact that you are reflecting on your choices and searching for alternatives indicates that you want to stop this pattern of behaviour. The good news is *you can* because you have the strength and the desire, and now we'll provide you with some self-help tools to assist you.

The next time you find yourself engaging in self-sabotaging behaviour, stop. Acknowledge what you are doing and then sit down and do this exercise.

- Set a timer for 15 minutes.

- Write down what prompted you to engage in the behaviour you're trying to stop. Did someone say something? Did you try to do something different, new or difficult? Be as specific and honest as possible.

- Set the timer for another ten minutes, and begin writing down the core issue behind your behaviour. What's lurking in the background? By forcing yourself to write for this time, you will help to uncover the real reason for your behaviour.

- When the timer beeps, reread what you've written. Most likely, you've identified something that was perhaps buried in your subconscious. *That's your trigger.* That's something that causes you to engage in self-destructive behaviour, and now that you have named it, you can begin to recognise it – and avoid it entirely or change your reaction. You are prepared.

Example: Lila goes shopping with her friends and tries on a dress that doesn't fit her. She is too upset to join her friends for lunch and instead walks two miles home, rationalising that she needs the exercise anyway. At home, she immediately begins her workout routine, and two hours later she is still going strong. Trying on the dress prompted her behaviour, but when Lila takes a few moments to reflect, she realises that when she tries on clothes in front of her friends, she feels as if she's in a competition. She feels she should wear the smallest size, and when she can't, she feels angry and disappointed in herself. By identifying her self-sabotage triggers, Lila can now avoid putting herself in such situations.

Taking responsibility for your choices

Look around you. You most likely have a friend or relative who 'really wants' to achieve some goal, but can't – and always because of things beyond their control. For example, you might have a friend who really wants to save money, but can't stop buying shoes that quench her shoe addiction. Perhaps you know someone who really wants to get married, but can't possibly take the time to meet and date someone because he's so overwhelmed at work.

These people – like many of us – are self-sabotaging by making excuses and not taking responsibility for their own lives. They feel circumstances or other people are to blame for their unhappiness when the truth is that they – and they alone – have the power to change their lives.

This exercise will give you control over your excuses, which will help you to begin to take responsibility for your choices.

- Write down what you want in terms of recovery.

- Set the timer for 15 minutes, and write down all the reasons that you can't do what you want to do.

- When the timer beeps, stop writing. Read over your list carefully, and then start brainstorming solutions for each of the excuses on your list. Your solutions don't have to be perfect, but try to write at least one solution for every excuse.

- Put the list somewhere safe. After 24 hours, take it out and reread it.

- See if there are any changes you want to make to your solutions. Waiting 24 hours will give your subconscious time to consider the problems, and new solutions may suddenly pop into your mind.

- Pick one solution, and think about how you could implement it. Focus on that solution for the next week.

- At the end of the week, think about how the solution has helped you, then either continue with it, choose a new solution to implement, or add a new solution in addition to the first one.

Example: Dan wanted to stop binge eating. He listed over two dozen reasons why he couldn't stop. When he brainstormed solutions, he decided to ask his sister to come grocery shopping with him so that he wouldn't buy tubs of ice cream. After a week, he also decided to make plans to get out of his apartment three nights a week so that he wouldn't be lonely, as this was when he was most vulnerable to binging.

Moving forward with support

Don't expect to overcome self-sabotage in a day, a week or even a month. This is a pattern of behaviour that you have likely learned and engaged in for most of your life, and changing it is not easy. It's critical that you have a support team in place. Your counsellor and support group can help you, as can family and friends.

Reflection time!

It's natural to experience setbacks. Recognise that this is part of the process, and don't immediately get discouraged. Every time you take the time to recognise self-sabotage, you reduce its hold on your life and your happiness.

> "I would often self-sabotage because I felt afraid of failure and sometimes because I felt afraid of success. In the early stages of my recovery I would blame self-sabotage on an uncontrollable force that I felt unable to challenge, but now I am able to take more responsibility for my thoughts and actions."

10.2 Damage Limitation

Objective

All eating disorders bring with them both short-term and long-term health risks. The danger of enduring damage is higher the longer an eating disorder persists. There are measures that can be taken during recovery in order to minimise some possible future damage; however, many risks will only be significantly reduced once we return to a healthy balanced lifestyle. This worksheet discusses a few of these complications and the small changes that can be made in order to reduce the risk of causing permanent damage to our bodies.

Task

Familiarise yourself with the physical impacts of eating disorders. Assess your own health honestly and try to identify areas where you may need to take extra care. What damage do you think eating disorders may cause? Does this worry you?

Heart problems

The heart is vulnerable to damage during an eating disorder. With anorexia, the heart muscle can be 'eaten away' by the body during extreme weight loss because the body has no other resources to burn as energy. Excessive exercise places additional strain on the heart. Exercise should be kept gentle and to a minimum. For those suffering binge-eating disorders, excess fat in the body and high cholesterol puts pressure on the heart. To prevent long-term heart damage, achieve a healthy weight with a balanced diet and exercise.

Persistent self-induced vomiting brings the threat of sudden death from electrolyte imbalances in the body. Electrolytes are minerals in the blood (e.g. potassium, chloride and sodium) that help maintain a regular heart rhythm and enable the muscles of the heart to pump and the lungs to breathe. When electrolytes are depleted due to purging – exacerbated by weight loss and excessive water drinking – heart arrhythmia (irregular heartbeat) can occur. Persistent binge/purge behaviours can damage the heart muscle, causing cardiac arrest. It is essential to have regular blood tests to monitor electrolytes and treat imbalances. Rehydration salts can help restore mineral imbalances and increase hydration following a purge. If possible, try to eat a potassium-rich food after purging (such as a banana) to restore levels of the mineral.

How do you feel about the health of your heart? Does any of the above surprise you?

Fertility

Amenorrhea is the loss of periods for at least three months. Severe weight loss reduces fat stores in the body, increasing the stress hormone cortisol, which then reduces reproductive hormones (oestrogen) and periods will stop. Menstruation will only usually restart once an individual begins to gain weight. This happens in approximately 90 per cent of women with anorexia; about half of those suffering with bulimia will have irregular periods.

If ovulation is suppressed for a very long time, this can affect fertility. About 80 per cent of women who recover from anorexia regain their ability to conceive. To have the best chance of conceiving in the future, it is important that weight is brought to a healthy level as early as possible.

If a woman with active anorexia does conceive, she faces a high risk of miscarriage and having a low-birthweight baby. Consider delaying pregnancy until a level of recovery is maintained and weight is stable. It is important to note that infertility is also a risk to men with eating disorders. Regardless of gender, fertility requires adequate nutrition.

Osteoporosis

Osteoporosis means 'porous bones', which happens when the mineral density is reduced. The small holes within bones (usually filled with blood vessels and bone marrow) become bigger, making the bone more susceptible to bends and breaks. Anorexia, bulimia and binge-eating disorder all encourage nutritional deficiencies, increasing the risk of osteoporosis. The sooner recovery occurs, the lower the risk of future bone damage.

Eating disorders that last just a year increase the risk of osteoporosis, or the reduction of bone mineral density, due to both nutritional deficiencies and the loss of menstrual periods. When periods cease, oestrogen production subsides and exacerbates bone loss. Other factors that contribute to bone depletion include high levels of stress hormones (which impair bone growth) and low levels of calcium. Weight gain, unfortunately, does not completely restore bone density. Only achieving regular menstruation as soon as possible can prevent permanent bone loss. Unfortunately, younger individuals run the added risk of failing to reach peak levels.

Osteoporosis can be treated in younger people by helping them both regain weight and ingest the recommended daily amounts of vitamins and minerals. Reintroducing oestrogen in women, possibly by the administration of oral contraceptives, will help to even out hormones after a period of several months. Unfortunately, once bone mineral density has decreased, it may never recover to appropriate levels and may always lag behind levels expected in healthy individuals.

- Almost 90 per cent of women with anorexia experience osteopenia (loss of bone minerals); 40 per cent have osteoporosis.

- Up to two-thirds of children and adolescent girls with anorexia fail to develop strong bones during their critical growth period.

- Boys with anorexia may suffer stunted growth.

Ensuring you consume enough calcium

Although consuming calcium alone won't prevent osteoporosis, it is essential to help maintain healthy bones. Adults need approximately 1000mg of calcium a day. This translates to about four portions of calcium-rich foods daily. If you feel that you cannot consume this amount, a doctor can recommend supplements or prescribe calcium tablets. However, supplements are not a replacement for a healthy balanced diet. Our bodies also need vitamin D to enable the absorption of calcium.

Good sources of calcium are dairy foods such as milk and cheese; green leafy vegetables such as broccoli and cabbage; soya beans; tofu; calcium-fortified foods including soya drinks or flour; nuts; and fish bones such as sardines or pilchards.

Dental damage

Eating disorders often have severe consequences for oral health. Those who repeatedly induce vomiting often suffer from the dissolution of tooth enamel due to frequent contact with highly erosive gastric acid. Acid erosion of the teeth may also be caused by acidic foods/drinks consumed during dieting or binging. The most hazardous are fruit and fruit juices and carbonated or 'fizzy' drinks (including 'diet' drinks). When the enamel is worn away, the dentine and the pulp become exposed, causing pain and sensitivity. Once enamel is damaged, it doesn't grow back. Drying of the mouth is another side effect of disordered eating, and cavities are more likely to develop as there is less moisture to wash away plaque.

How tooth decay is caused

Plaque bacteria attach themselves to the surface of the teeth. When sugary foods or drinks are consumed, these bacteria change the sugar into an acid which is harmful to the teeth and immediately begins to attack the outer surface, causing demineralisation. After eating sugary foods/drinks, saliva in our mouths acts as a neutraliser for the acid and begins to repair the damage done to the surface of the teeth (remineralisation). This may take up to an hour to complete, and if sugary foods/drinks are consumed again before the saliva has finished repairing the tooth, it will not have time to restore the tooth to its original healthy condition, forming a hole in the tooth surface (tooth decay).

How to protect your teeth

Teeth should be brushed twice a day using fluoride toothpaste and a fluoride mouthwash. Clean between the teeth and below the gum line using floss or interdental brushes. After an episode of vomiting or binging on sugary foods/drinks, rinse the mouth out with water or a gentle fluoride mouthwash to avoid acid erosion. Teeth should not be brushed for at least an hour to allow the acid conditions created in the mouth to settle down. If the teeth are brushed immediately after vomiting, acid is brushed directly into the tooth surface, causing further destruction. Ideally, the teeth should be brushed before eating, but if this is not practical, again wait at least an hour after sugar consumption.

Visit the dentist regularly in order to pick up on any damage early. Ask your dentist to recommend suitable dental cleaning products that will best protect teeth from acid erosion.

Does causing damage to your teeth worry you? What improvements can you make to your lifestyle to prevent damage?

Reflection time!

Are there any other consequences of an eating disorder that worry you? Is there anything you can do to limit the physical damage caused by your eating disorder?

> "Wanting to be strong and well enough to have children was a motivating factor in my recovery. Now that I am a mother of two, I want to set a good example of emotional and physical wellness, which includes some ups and downs.

10.3 Relapse Prevention

Objective

Recovery is not a race, nor is it a walk in the park. It is often more like an uphill climb. Relapses are a very normal part of recovery and they are to be expected. The aim of this worksheet is to help you understand why relapses happen and how to respond if they do.

Task

There are a number of exercises in this chapter that can help you become aware of an approaching relapse and either prevent it or move on from it. Familiarise yourself with the techniques and personalise the exercises to suit your needs.

Warning signs and risky situations

It is vitally important to remember and accept that we cannot recover perfectly. Instead of waking up each day promising yourself that you will not have a slip, try telling yourself, 'Today I will do my best. If I have a good day, I will be proud of myself. If I have a bad day, I will not dwell on it, I will forgive myself, I will put it behind me and I will continue to move forward in my recovery.' Relapses can last for a day, a week, a month or longer. Usually when someone has a slip or is experiencing a relapse, they believe that they have failed and that they are hopeless. Some will punish themselves for having those slips, which can cause the relapse to continue. Instead of focusing on the bad days, try reminding yourself of all the good days that you have had and all the progress you have made.

Relapses can come on quickly and many different things can trigger them. Stress, family conflicts, financial and work problems are only a few. Being in therapy and dealing with the underlying issues usually brings on a relapse, and at times the eating disorder can go out of control. The more you deal with and come to terms with the underlying issues, the less you will turn to disordered eating behaviours as a way to cope. You will learn new and healthier ways of coping to prepare you to deal with future problems when they arise.

Below is a list of suggestions that might help you prevent a relapse or deal with one after it happens. If you are experiencing some of the relapse warning signs, be sure to discuss this with your therapist so that he or she can help you.

Do not punish yourself after a slip or relapse.

- Remember: no one can recover perfectly and relapses are a normal part of recovery.

- Reach out and talk to someone about how you are feeling and what is happening. Isolating yourself during rough periods only makes things worse. When we keep our emotions locked up inside, we tend to rely on our eating disorders to cope.

- Figure out why it happened and plan for how to prevent it in the future when faced with a similar situation.

- Make a list of situations you feel might cause you to have a slip or relapse and plan ahead for how you will handle them without resorting to the eating disorder to cope.

Do not assume you are cured if you have not dealt with the underlying issues.

- Unless those issues are dealt with, relapses will eventually happen.

- Dealing with the underlying issues can be very difficult, and most people relapse when faced with painful memories and emotions. Many people isolate themselves during rough periods, but this is when you need to reach out for help and support.

It is important that you have extra support during difficult times.

- Consider joining a support group in your town. Being around others who understand how you feel can be helpful. If in therapy, try seeing or calling your therapist on the days when you feel out of control. If your family or friends are supportive, let them know that you are having difficulties so they can provide you with love and support.

- Be careful that you are not switching from one compulsion to another. It is very common for people to turn to alcohol, drugs, gambling, sex, self-injury, etc., as a way to cope when they are not engaging in the eating disorder behaviours.

Take time out each day to take very special care of yourself.

- Resist trying to please and take care of others while neglecting your own needs.

- Do something for yourself that you enjoy and find relaxing. It might be going on a nature walk, reading a good book or taking a nice hot bath.

- This can be hard at times, but try to think positively. If you believe you will never recover, then you won't, but if you believe that you will recover, then you will.

Do not dwell on past slips and relapses – they are in the past.

- Don't worry about tomorrow – it is not here yet and we cannot predict the future.

- Recovery is a one-day-at-a-time process. All we have is today and we need to live for this day.

Making a plan ahead of time and learning new and healthier ways to cope is a good way to prevent slips or relapses from occurring. It is not always possible for us to put that plan into action and we do have slips. That is OK, and instead of punishing yourself for those slips, you can learn from them and they can make you stronger. Recovery can be a long road and at times you may feel like giving up, but it is important that you do not stop fighting. We are not hopeless and we all have the power within ourselves to recover.

Exercise

Write down a list of early warning signs and risky situations that may indicate or encourage vulnerability to your eating disorder. These may include general situations, such as increased stress at work, but should also include specific details, such as an increased fear of eating a particular food. Through this list you can monitor your own level of recovery and develop an increased self-awareness to eating-disordered thoughts and behaviours.

Follow up this list with alternative coping options. You might be able to reflect on previous support or strategies that have helped you in the past – CBT techniques, for example.

Warning sign/trigger/risky situation	Alternative response/coping strategy
Example: Eating out, especially with others.	Example: Eat out with a supportive person who will help me overcome my fears.

Personal responsibility checklist

Ultimately, you are responsible for your own recovery. The checklist below may help you learn how to be accountable to yourself. Ask yourself:

- Am I doing my best to keep myself safe?

- Am I surrounding myself with supportive people?

- Am I trying to listen to healthy advice from supportive people?

- Am I asking for what I need?

- Am I getting what I really need by restricting/purging/binging?

- Am I expressing how I really feel?

- Am I doing the best I can right now?

- Am I being honest with my therapist and the support people in my life?

- Am I being honest with myself?

- Am I asking for more help if I need it?

It is up to you to get what you need to recover. It is up to you to ask for help, take your medications (if necessary) and to say if they aren't working. It is up to you to show up for your therapy appointments, and be honest with your therapist and other support people in your life. *And* if you are having a seriously hard time doing any of these things, it is up to you to say, 'I need more help here.'

Coping strategies

Refer to the list in Appendix E: Relapse Coping Strategies for example methods of coping strategies – highlight those that you can relate to. Alternatively, create your own list, flashcards or box of coping strategies. At challenging times you could then read the suggested ideas or simply pick a random suggestion – like a lucky dip of coping strategies!

Grounding methods

Grounding methods bring you back to the here and now. They bring you back to reality when your worries have become out of control. Appendix F includes some grounding techniques that you might want to use when you are having difficulty coping.

Reflection time!

Which of these exercises appealed to you? Do you feel more prepared for a potential relapse? Try to view a relapse as an opportunity to better understand what you need to recover. Sometimes we learn more from mishaps than we do achievements.

"

Accepting the possibility of relapse has helped me to be more self-compassionate and responsible throughout my recovery. Being aware of my vulnerabilities means that I recognise when I might need additional support.

"

10.4 Aiding Recovery

Objective

Recovery is a personal journey of ups and downs towards understanding, self-acceptance and a more balanced future. Throughout the process of recovery, there are key things that may have helped an individual improve thoughts, feelings and behaviours.

Task

Despite the fact that every person is completely different, what has helped one person may help another. Therefore, this section asks you to consider and reflect upon the things that may have helped you to feel better.

The list below provides examples of things that have helped other people with eating disorders in the past – these are being shared in hope that they might inspire and motivate others. Tick those that you feel might aid your recovery.

Things that have helped others	Tick if this would help you
Seeking professional help e.g. counselling and self-support groups	
Talking to people – admitting there was a problem	
Following a food programme that involved eating 3 meals and 2–3 snacks a day	
Not being afraid to ask for help…again!	
Spending time outside in the fresh air and nature	
Walking my dog every day	
Going on holiday – travelling	
Anti-depressants helped to stabilise my hormones	
Changing my belief system about food – focusing on positive nutrition and whole foods rather than fat and calories	
Positive exercise – yoga, Pilates, walking, horse riding, martial arts	
Working on developing communication with my partner	
A desire for children in the future	
A fear of death made me stop and rethink	

Things that have helped others	Tick if this would help you
Eating enough allowed me to see a ray of hope…a future	
Recognising my vulnerability to relapse ensured that I continued to work on my issues and take care of myself	
Going to university – change of scenery, away from my family – allowed me to leave old habits behind and develop my own identity	
Making a new set of friends that did not centre around food and eating disorders	
Changing my job – job satisfaction made me feel more worthwhile and positive	
Cognitive behavioural therapy	
The responsibilities of parenthood motivated me to continue self-development and prioritise my life and issues	
Learning to accept positive praise and compliments helped to build my self-confidence	
Realising the fundamental reason for my needing to feel so in control	
Forgiving myself	
Accepting that the problems in my childhood were not my fault and I should not punish myself any longer	
Self-help books helped me to understand my eating disorder and challenged my beliefs	
Taking some time for myself, just to relax, calmed my mind enough to feel stronger and more able to fight my eating disorder	
Mindfulness and mindful eating helped me slow down rather than rush everything	
Reading fictional books to relax and take time off from my eating disorder	
Laughter therapy	
Changing my daily routine proved that I am capable of change – small steps motivated bigger steps	
Buying new clothes, that actually fitted, helped to build my identity and confidence	

Positive affirmations	
Being aware of signs that suggest I am relapsing will help me to refocus on recovery	
Understanding the biological effects of my behaviour helped to make sense of things	
Honesty, honesty, honesty…with myself and others	
Realising that my eating disorder was not actually about food – it was about anxiety, control and stress management/problem-solving	
Positive female role models	
NOT weighing myself – I had to stop measuring my self-worth and future potential on the scales!	
Focusing on other parts of me e.g. my ability to sing/write well	
Using my diary to express myself and appreciate my feelings	
Hobbies provided me with a new focus, improved my social life and distracted me from negative thoughts	
Leaving an unhealthy relationship behind – standing up for myself!	
Moving to my own home provided me with a new feeling of security	
Externalising my feelings rather than keeping everything inside	
Allowing myself to be vulnerable with others – accepting the ups and downs rather than just living in a constant down	
Avoiding comparisons	
Painting my nails, doing my hair and taking time to dress in a way that made me feel good	
Spending less time at the gym!	
Having a key person who I could talk to, who would always be honest with me	
Challenging my perception of the female body – learning to appreciate that real beauty comes from confidence rather than thinness	

Use the space below to note any additional ideas. These may include things that have helped you in the past, things that you practise every day and things you'd like to introduce.

_____

_____

_____

_____

_____

_____

_____

_____

_____

_____

_____

_____

_____

_____

_____

_____

_____

_____

_____

Reflection time!

Remember, talking about positive things helps to reiterate them to ourselves, increasing the chances of them affecting our reality. Step by step...you can recover and live a fulfilled life!

"Attending an eating disorder support group during my recovery provided me with various examples of how to get better. I wrote a list of everything that might be helpful and return to this list anytime I feel disheartened or confused.

10.5 Inspirational Mentors

Objective

A person's individual character is a result of biological, environmental and social factors. During childhood and adolescence, personality traits are highly influenced by the examples provided by others. Throughout adulthood, both negative and positive role models continue to affect the development of each of us – our self-confidence, self-esteem, problem-solving skills and other key personality attributes.

Task

In this worksheet, we will consider who has provided us with a positive role model in our life. We will also think about external personalities who we view as inspirational and how we can utilise these characters in a positive way.

List below the names of inspirational role models – they may be part of your past or present personal life, a well-known public figure (in history or modern times), a fictional character (in a book, a movie or on TV) or even just a character in your imagination. Note some key words about why each person inspires you – what key personality traits do you admire?

My inspirational role model is:_____

Because: _____

_____

_____

_____

My inspirational role model is: _____

Because: _____

_____

_____

_____

My inspirational role model is: _____

Because: _____

_____

_____

_____

Board of directors/counsellors in the mind

Each of us experiences an inner dialogue with our conscious thoughts. Often, a person living with an eating disorder describes having conflict with a negative voice in their head. The following exercise suggests an imaginative method of arguing against this negativity in a way that utilises our perception of inspirational characters and, in turn, encourages self-reliance.

If you're comfortable, close your eyes while considering this task...

Create a board of directors/counsellors in your mind. Imagine a space in your head set up as a meeting room. Consider:

- Who would you like to have on your side in a meeting?

- Who could you rely on giving a good answer?

- Who would have a balanced, grounded view of the world?

- Who would have your best interests at heart?

- Who could you trust to be sensible and compassionate?

- Who inspires you to be your best?

- Who would be a good mentor in times of need?

- Who is a good example of the kind of person you'd like to be?

Now write a list of people you'd like to welcome as a director/counsellor in your mind. Trust your gut instincts. Appreciate that you may need a variety of characters in order to cover different aspects of life. Try to create a strong, yet compassionate group of people, using the diagram below.

Finally, consider some common anxieties in your life that your board of directors/counsellors might be able to advise you about. Imagine what they would say and how you might alter your behaviour as a result.

The more often you utilise this mental technique, the more instinctive it will become. Try to implement the method for a week and then review how it may have helped you.

Reflection time!

How effective is your board of directors/counsellors? If they are not as effective as hoped, consider reimagining the group and shifting responsibilities until you have an effective group.

> Having a board of directors in my mind means that I feel supported even when I'm on my own. I am now able to consider what my director thinks about something in order to help me consider what I think about the same thing.

Chapter 11

Looking to the Future
Beyond Eating Disorders

11.1 Motivation and Future Goals

Objective

There are many different factors that contribute towards the development of an eating disorder, most of which are subconscious. Reasons for wanting to overcome an eating disorder are equally individual. This worksheet helps you identify your own motivations for recovery.

Task

Go through the exercises that follow and create your own lists to make them personal and unique to you and your situation.

Fighting talk

Once you've decided to overcome your eating disorder, it is important to recognise negative behaviour patterns and challenge these accordingly. One strategy is to 'talk back' to negative thoughts (in your head). This response may not come naturally, in which case it might be necessary to train yourself to react differently. It might be worth listing the most common eating disorder thoughts you have, followed by positive 'comeback' comments that you could train yourself to respond with. You may only be able to do this on a conscious level to begin with, but in time it will feel more natural and believable.

For example, you may think, 'No one would know if I skip my meal, so I should keep busy instead.' You could talk back by telling yourself, 'If I eat regularly, then my metabolism will stay healthy and my body will utilise the nutrition in a more efficient way, rather than starving and then storing food intake.' Learning to talk back is empowering and will encourage greater self-worth and assertiveness – key skills necessary in recovery.

What do you need?

Deep down, you may feel that there is something you are missing (perhaps from within yourself) or something critical you're not getting from someone else (love, friendship, attention, independence, understanding, validation, etc.). In order to move forward, you may need to consider the following questions:

- Who is it you need something from? Is it yourself or someone else? (If someone else, who? Your friends, a family member, your father or mother, a spouse?)

- What is it you think you need?

- Name three or more constructive ways you can get what you need!

(Rules: None of your answers can have anything to do with weight or food.)

In ten years' time

In order to establish motivations for recovery, you might like to consider the following two questions:

- Where do you see yourself in ten years if you still have your eating disorder?

- Where do you see yourself in ten years if you recover from your eating disorder?

You might find it helpful to write a letter to an imaginary friend based on each scenario – we suggest that you first write a letter assuming that you are still unwell in ten years, allow some time to reflect on this situation and then write a letter assuming that you have recovered. Then reflect on the differences and try to take on board that, ultimately, *you* are the person most in control of making one or the other scenario come true.

It may also be helpful to allow someone else to read your letters so that you can discuss the feelings evoked through completion of this exercise (e.g. your therapist).

Finally, list 3–5 things that you could try to do in order to encourage the most positive scenario to become a reality.

(Rules: None of your answers can have anything at all to do with weight.)

Motivation to recover

Collect items that represent motivational reasons to recover. You may like to keep these in a box, as a list on your computer or in a special album. For example, if you'd like to be well enough to have a family of your own (and you believe this to be physically possible), buy that pair of little shoes and keep them in your room to remind yourself why you should challenge your eating disorder. Or if you've always dreamed of being flexible enough to travel the world, begin a scrapbook of all the places you'd like to visit once you're well enough.

Talk to other people about these key reasons you'd like to recover, and positively engage in activities that would encourage them to become a reality. The more you think about and talk about positive motivations to recover, the less time you'll have to think and feel about negative things.

Choices

Continuing along a road hand in hand with your eating disorder limits your future goals and is unlikely to lead you to a happy place. Choosing to take a different road towards recovery may include travelling along twists and turns and a few bumpy junctions that are hard to overcome, but, ultimately, the final destination holds so much more promise. If you don't try, you'll never know! If you want to be happy, be!

Reflection time!

Once you've established your motivations and future goals, you will have a starting point to work from and it will be easier to establish a plan of action to reach those goals. Keep these goals in sight as you travel on the road to your recovery.

"In my experience, recovery from an eating disorder is so much more than maintaining physical health. It's been so important to establish future goals to give me positive reasons for maintaining recovery long term."

11.2 Hopes and Dreams

Objective

Without doubt, having an eating disorder limits a person's potential for happiness and achievement. However, rather than concentrating on the negatives caused by an eating disorder, this worksheet encourages you to search for possible ambitions/goals that might help increase your desire to get better.

Task

First, use the following blank space to brainstorm all your wildest hopes and dreams in life. Assuming that nothing is impossible, what would you really want your life to be like? Be imaginative! Just think – what could your life offer without an eating disorder? If you were well, what might you be doing and whom might you be sharing time with? Are there specific things you would like to own? How would relationships differ in your ideal world? What kind of person would you like to be?

When looking to the future, some people find it helpful to imagine a picture of a happy life a few years ahead, giving enough time between now and then to allow for realistic changes. Others only feel able to concentrate on the here and now because the long-term future is too difficult to comprehend. Try to look ahead, but choose a time frame that you feel comfortable working with – every person is different and should approach this task as an individual.

Living with an eating disorder can lead to a negative lifestyle that dominates every waking hour. It can become difficult to see the wood for the trees and people often find it challenging to envisage a future without rules, anxieties and uncertainty.

When striving for recovery, it is very important to search for motivation to be well. Often, people are concerned about the effect their eating disorder has on loved ones, but usually this isn't enough to encourage recovery alone. It is essential for the person living with an eating disorder to consider what is important to them as an individual and how they might build on this in order to motivate recovery.

Looking at your first brainstorm, now consider what changes need to be made to your life to enable your hopes and dreams to be fulfilled. Brainstorm some of these changes in the space below. For example, if you have written that you'd like to be married with children when you are currently single, you would need to meet your future partner first!

Now list some small ambitions that would be a step in the right direction. For example, you might wish to improve your general mood and decide that going for regular walks could help towards this goal. Or perhaps you feel that life needs to become less chaotic, in which case you could spend some time reviewing your commitments or decluttering your house. The ambitions should be something achievable but rewarding.

_____

_____

_____

_____

_____

_____

_____

_____

_____

_____

_____

_____

Finally, take some time to look over your brainstorms and consider what ambitions you feel able to strive towards. You might find it helpful to remind yourself of your ultimate goals when you're struggling to fight the eating disorder. Equally, taking the smaller steps towards a more positive future may lead to you feeling stronger and more able to consider the bigger picture.

Reflection time!

Take a look at your hopes and dreams. Are they achievable? Could you perhaps achieve more than one at the same time by taking the same steps? How would you go about that?

> " Life can feel overwhelming at the best of times, but breaking things down into smaller, more achievable challenges has helped me to make positive changes. "

11.3 New Ambitions

Objective

Recovering from an eating disorder is a long and difficult path. You may encounter setbacks and obstacles you never considered. But at the end of it there is the possibility of a brighter future with greater self-confidence and acceptance of yourself and others. The aim of this worksheet is to look towards the future and consider how far you have come.

Task

Complete the exercises described below. Be as thorough as you can, giving each exercise careful thought and consideration.

Let's begin by making note of some of the significant things that happened in the last year, whether they be good or bad. Here are some key words to prompt your thoughts… Home life. Career. Friends. Relationships. Eating disorder. Health. Finances. Confidence. Communication. Family. Hobbies. Education. Struggles. Recovery progress.

_____

_____

_____

_____

_____

_____

_____

_____

_____

To help you appreciate your recent life journey, summarise the previous year in one or two sentences:

_____

_____

_____

Now it's time for us to consider the opportunities that lie ahead of us in the year to come.

First, let us take note that future plans can be sabotaged by an eating disorder unconsciously. A seemingly simple resolve to become 'healthier' can quickly become a downward spiral if taken to extreme measures. It's probably most helpful to make commitments to continued development or focus on short-term goals that encourage a one-day-at-a-time approach.

Do you have a specific goal that jumps into your mind straight away? If so, note it below:

_____

_____

_____

Consider whether your goals are achievable and realistic. Do you have the necessary motivations and support in place to make them a success? What additional support could you attain to help you? What is the first step towards your goals? Write down your thoughts in the space on the next page.

Here are some examples of positive changes you could consider:

- Commit to regular sessions with a specialist, guiding you towards a healthier, happier lifestyle.

- Make a commitment to tackle symptoms of your eating disorder one by one. For example, if excessive exercise is a part of your eating disorder, set small goals to gradually reduce intensity and/or duration. Making a plan of how you will reduce the exercise each day will help you to keep track of your progress and achievements.

- Make efforts to develop a self-nurturing internal dialogue with yourself.

- Follow a healthy eating plan that positively challenges your eating disorder. Remember to cut yourself some slack if you have bad days, rather than claiming total failure and giving up.

- Explore ways to help you accept your genetic make-up and appreciate your body.

- Resolve to change other behaviours that have formed part of your disorder. Take positive risks! Often, an eating disorder can isolate us from friends and family, so resolve to pick up the phone to friends and accept the next invitation you get to a party or shopping trip. Remember not to expect perfection in yourself or others in these situations.

- Create a relapse prevention or correction plan. Don't dwell on the relapse – expect hiccups in recovery, recognising them as an opportunity to learn and move forward.

- Keep a record or diary of positive events and achievements (no matter how small) and put down in writing anything good that happens to you.

Also record any positive things you do for others. This will help to boost your self-esteem, sense of self and motivation to recover.

- Try to live more mindfully, taking each moment as it comes, while appreciating that it's not possible to be in control of everything. Consider a regular time of day that you allow yourself more time to be mindful – perhaps a relaxing walk listening to the sounds of nature, or an extra ten minutes in bed focusing on relaxation and breathing techniques.

- Have fun! It sounds obvious and simple, but eating disorder sufferers can lose the ability to enjoy themselves. Challenge your feelings of guilt and accept that if others are allowed to be happy, then so are you!

Give yourself permission to enjoy life, and remember small steps can lead to big difference.

_____
_____
_____
_____
_____
_____
_____
_____
_____
_____

Reflection time!

Try your best to monitor your goals each day. Consider whether you are achieving your ambitions and what could be done to improve on your progress towards a happy, fulfilled life.

> One year ago, I was struggling with my eating disorder. I knew that I wasn't happy and didn't want to continue the way I was, but felt overwhelmed by the challenges ahead of me. The handouts in this book helped me to better understand myself, set achievable goals and become a stronger person. I'm still nervous about the future, but also excited!

11.4 Recovery Checklist

A questionnaire developed by Greta Noordenbos and published in her book *Recovery from Eating Disorders* lists six dimensions for recovery:

1. eating behaviour

2. body image

3. physical recovery

4. psychological recovery

5. coping with emotions

6. social relationships.

This questionnaire inspired the development of our recovery checklist, which contains additional statements in all categories.

Objective

Recovery is a very individual journey, and one person's strength may be another person's weakness. All aspects need to be worked on for a full recovery, however. The aim of this worksheet is to help you to determine which aspects you are on track with and which may need more attention to keep you on the path.

Task

Use the checklists below to evaluate your current position in relation to full recovery. Your answers may indicate areas that would benefit from more attention in treatment. You might also like to revisit the checklist in the future, enabling you to compare your progress over time.

Use the blank lines to personalise the table, adding relevant statements linking to your individual circumstances.

Healthy eating habits

1 = untrue; 2 = mostly untrue; 3 = somewhat true; 4 = mostly true; 5 = absolutely true

1	I practise healthy eating habits	1	2	3	4	5
2	I eat three meals a day (plus snacks, when appropriate)	1	2	3	4	5
3	I eat a sufficient amount of calories for my lifestyle needs	1	2	3	4	5
4	I am able to enjoy eating	1	2	3	4	5
5	I eat a variety of foods on a regular basis	1	2	3	4	5

6	I am able to eat in company	1	2	3	4	5
7	I can decide what to eat without too much procrastination	1	2	3	4	5
8	I am comfortable talking about food	1	2	3	4	5
9	I am comfortable food shopping	1	2	3	4	5
10	I eat at least five portions of fruit and veg a day	1	2	3	4	5
11	I eat from every food group, including carbs, proteins and fat	1	2	3	4	5
12	I am able to buy and eat food out and about	1	2	3	4	5
13	I can make spontaneous choices about food	1	2	3	4	5
14	I do not feel the need to maintain a rigid/restricted food plan	1	2	3	4	5
15	I do not punish myself for eating	1	2	3	4	5
16	I do not criticise myself in relation to my weight or food intake	1	2	3	4	5
17	I do not binge	1	2	3	4	5
18	I do not make myself sick after eating	1	2	3	4	5
19	I do not use laxatives	1	2	3	4	5
20	I do not use diuretics	1	2	3	4	5
21	I do not take slimming pills	1	2	3	4	5
22	I do not abuse alcohol	1	2	3	4	5
23		1	2	3	4	5
24		1	2	3	4	5

Positive body image

1 = untrue; 2 = mostly untrue; 3 = somewhat true; 4 = mostly true; 5 = absolutely true

1	I treat my body well	1	2	3	4	5
2	I have a positive attitude towards my body	1	2	3	4	5
3	I am accepting of my body shape	1	2	3	4	5
4	I give my body care and consideration	1	2	3	4	5
5	I feel psychologically connected to my body	1	2	3	4	5
6	I exercise to be fit and healthy rather than to change my body	1	2	3	4	5
7	I am comfortable with being in a photo or video	1	2	3	4	5
8	I have realistic thoughts and expectations of my body	1	2	3	4	5
9	I am comfortable with other people seeing my body	1	2	3	4	5
10	I am happy to participate in physical activities	1	2	3	4	5

11	I am comfortable looking in a mirror	1	2	3	4	5
12	I am comfortable shopping for clothes	1	2	3	4	4
13	I am able to be physically close to someone else	1	2	3	4	5
14	My body image is not affected by other people's opinions	1	2	3	4	5
15	My body image is not affected by what other people look like	1	2	3	4	5
16	I do not feel too big/small	1	2	3	4	5
17	I am not obsessed with checking my body	1	2	3	4	5
18	I am not preoccupied with controlling my weight	1	2	3	4	5
19	I do not take illegal or harmful substances to alter my body	1	2	3	4	5
20	I do not change my posture to avoid seeing myself in a certain position	1	2	3	4	5
21	I do not need lots of make-up or fake tan to feel comfortable	1	2	3	4	5
22	I do not feel the need to seek constant reassurance	1	2	3	4	5
23	I do not abuse sunbeds	1	2	3	4	5
24	I do not criticise myself in relation to my weight	1	2	3	4	5
25	I do not feel it necessary to have cosmetic surgery	1	2	3	4	5
26		1	2	3	4	5
27		1	2	3	4	5

Physical recovery

1 = untrue; 2 = mostly untrue; 3 = somewhat true; 4 = mostly true; 5 = absolutely true

1	My weight is within a normal range for my age and height	1	2	3	4	5
2	My weight has been stable for three months or more	1	2	3	4	5
3	I have regular periods (women only)	1	2	3	4	5
4	I have plenty of energy	1	2	3	4	5
5	My bones and joints are healthy and strong for my age	1	2	3	4	5
6	My body temperature is within a normal range	1	2	3	4	5
7	My blood pressure is within a normal range	1	2	3	4	5
8	My heart rate is within a normal range	1	2	3	4	5
9	I feel comfortable visiting a health professional	1	2	3	4	5
10	My hair and nails are strong	1	2	3	4	5
11	My skin looks and feels healthy	1	2	3	4	5

12	I have healthy teeth and gums	1	2	3	4	5
13	I have a normal sleeping pattern	1	2	3	4	5
14	I do not have problems with my digestive system	1	2	3	4	5
15	I do not have issues with constipation	1	2	3	4	5
16	I do not feel overly tired	1	2	3	4	5
17	I do not have to visit my GP for regular tests	1	2	3	4	5
18	I am not unwell very often	1	2	3	4	5
19	When I am unwell, I recover quickly	1	2	3	4	5
20		1	2	3	4	5
21		1	2	3	4	5

Psychological recovery

1 = untrue; 2 = mostly untrue; 3 = somewhat true; 4 = mostly true; 5 = absolutely truee

1	I have plenty of self-esteem	1	2	3	4	5
2	I am able to relax	1	2	3	4	5
3	Most of the time, my thoughts are rational and fair	1	2	3	4	5
4	My self-esteem is not affected by my weight	1	2	3	4	5
5	I am able to accept compliments graciously	1	2	3	4	5
6	I am not a perfectionist to the detriment of enjoying life	1	2	3	4	5
7	My self-worth is not related to strict exercise or diet plans	1	2	3	4	5
8	My self-worth is not dependent on other people's approval	1	2	3	4	5
9	I am able to concentrate on things	1	2	3	4	5
10	People around me would say I have a realistic view of myself	1	2	3	4	5
11	I welcome new experiences	1	2	3	4	5
12	I am able to take responsibility for myself	1	2	3	4	5
13	I feel happy most of the time	1	2	3	4	5
14	I feel positive about the future	1	2	3	4	5
15	I feel like a worthy person	1	2	3	4	5
16	I am aware of my personal preferences	1	2	3	4	5
17	I do not struggle with an inner critical voice	1	2	3	4	5
18	I do not have obsessive/compulsive thoughts and behaviours	1	2	3	4	5
19	I do not have suicidal thoughts	1	2	3	4	5

20	I do not suffer with anxiety/panic attacks	1	2	3	4	5
21	I do not fear failure to the extent that I avoid the possibility	1	2	3	4	5
22	I am not restricted by constant negative thoughts	1	2	3	4	5
23		1	2	3	4	5
24		1	2	3	4	5

Coping with emotions

1 = untrue; 2 = mostly untrue; 3 = somewhat true; 4 = mostly true; 5 = absolutely true

1	I am able to recognise my needs and emotions	1	2	3	4	5
2	I feel able to express positive thoughts and feelings	1	2	3	4	5
3	I feel able to express negative thoughts and feelings	1	2	3	4	5
4	I am able to be calm and rational with myself and others	1	2	3	4	5
5	I have a range of positive tools that help me cope with life	1	2	3	4	5
6	I can enjoy being spontaneous	1	2	3	4	5
7	I can cope well with change	1	2	3	4	5
8	I am not afraid of having a different opinion to someone else	1	2	3	4	5
9	I can cope with stress in a healthy way	1	2	3	4	5
10	I have a healthy relationship with exercise	1	2	3	4	5
11	I feel comfortable resting when I am tired, injured or unwell	1	2	3	4	5
12	I am able to ask for help when I need it	1	2	3	4	5
13	I am aware of triggers that may cause me anxiety	1	2	3	4	5
14	I do not struggle with frequent low moods	1	2	3	4	5
15	I do not weigh myself in a ritualistic way	1	2	3	4	5
16	I do not abuse recreational drugs or alcohol	1	2	3	4	5
17	I do not abuse food or exercise to manage my emotions	1	2	3	4	5
18	I am not challenged by obsessive compulsive disorder (OCD)	1	2	3	4	5
19	I do not cause myself physical pain as a way of coping	1	2	3	4	5
20	My needs do not depend on someone else's approval	1	2	3	4	5
21	I do not do things just to please others, to my detriment	1	2	3	4	5
22		1	2	3	4	5
23		1	2	3	4	5

Social relationships

1 = untrue; 2 = mostly untrue; 3 = somewhat true; 4 = mostly true; 5 = absolutely true

1	I have a network of people I can turn to	1	2	3	4	5
2	I enjoy personal hobbies that are good for me	1	2	3	4	5
3	I am able to initiate conversations with other people	1	2	3	4	5
4	I feel comfortable talking about personal experiences	1	2	3	4	5
5	I participate in social events and activities on a regular basis	1	2	3	4	5
6	I am comfortable with the relationship I have with my parents	1	2	3	4	5
7	I am comfortable with the relationship I have with family members	1	2	3	4	5
8	I am able to study/work, if required	1	2	3	4	5
9	I am in a position to consider volunteering, if desired	1	2	3	4	5
10	I am able to consider travelling without feeling overly anxious	1	2	3	4	5
11	I have some good friends that I can trust	1	2	3	4	5
12	I am able to be myself with other people	1	2	3	4	5
13	I am comfortable with the idea of being in a relationship	1	2	3	4	5
14	I am comfortable spending time with myself	1	2	3	4	5
15	I am able to ask others for help	1	2	3	4	5
16	I do not feel isolated or lonely	1	2	3	4	5
17		1	2	3	4	5
18		1	2	3	4	5

Bacon (2016), adapted from Noordenbos (2013)[1]

Reflection time!

Now that you have completed the above checklists, take a step back and honestly assess the results. You should have a clear idea how much you have improved or recovered from the symptoms and consequences of your eating disorder. Be proud of any progress towards recovery and proactive about the self-care still needed to fully recover. It is more than possible to get better.

"Completing the Recovery Checklist highlighted the areas that still need attention in my recovery. I am also able to recognise the aspects of life that I am managing well, which gives me hope and makes me feel proud of myself."

Appendix A
Counselling Types and Terminology

Type of counselling	Description	Techniques	Evidence
Behavioural therapy	Behaviour counsellors believe that all our adaptive and negative actions and disorders are learned. In other words, given the right reinforcements/rewards within a conducive environment, we can 'unlearn' negative behaviours and their accompanying emotional states.	Behavioural techniques are designed to strengthen positive/reinforcing behaviours, such as healthy exercise, to bolster self-esteem. The goal is also to provide a healing environment, as in support groups such as ReBalance (see www.balancedmk.co.uk).	Joining and participating in support groups with others in the same situation can be a powerful incentive for making positive changes and maintaining motivation to overcome your eating disorder.
Cognitive analytic therapy (CAT)	A treatment programme that examines how a person thinks, feels and acts, and the events and relationships that underlie these experiences (which are often from childhood). The aim is to help the client gain an understanding of their situation so that they can make changes.	This type of counselling would be tailored to your individual needs, so that manageable goals for change can be set and achieved. It is largely based on the therapeutic relationship, and forming a trusting relationship with your counsellor is at the heart of helping you work on your difficulties together.	CAT is increasingly being used to help people with eating disorders, and there is a growing evidence base for its effectiveness with anorexia and bulimia. Large-scale randomised controlled trials have shown significant improvements in symptoms and well-being.

Type of counselling	Description	Techniques	Evidence
Cognitive behavioural therapy (CBT)	Treatment is systematic and deliberate, with clients learning to monitor thoughts and identify accompanying emotions, such as emotions related to food and eating.	You will be encouraged to address beliefs and images about your body shape and size, and how these affect your self-esteem and confidence. In addition, you will learn problem-solving strategies to help prevent relapses.	As an adjunct to other forms of intervention involving doctors and dieticians, CBT has proven effective for people with eating disorders. CBT strategies for relapse prevention have been found particularly effective for recovery maintenance.
Dialectical-behavioural therapy (DBT)	Derived from CBT, DBT usually involves clients in group sessions in which they learn new skills, including conflict resolution and effective expression.	You will learn the value of mindful awareness, how to recognise and regulate your emotions, and how to tolerate stress effectively.	DBT has proven effective with people who have bulimia and those who have difficulty managing anger or regulating emotions. Often, the inability to control emotional responses contributes to eating disorders, and so learning to regulate emotions can also help with dietary regulation.
Family therapy	Family therapy often forms part of counselling individuals with eating disorders.	Family members will be helped to explore how family dynamics might contribute to the eating disorder and how family members can help you overcome it. Families are not blamed, but included.	In general, family members benefit when they get the chance to explore and verbalise their thoughts and feelings in the counselling context. Although challenging, when the purpose of such interaction is to enhance relationships and help families grow, the insights so derived help the person with the eating disorder, as well as those living with the client.

Gestalt therapy	Gestalt therapy is designed to help clients experience their emotions in the *present*, thereby expanding self-awareness.	By focusing on the present as opposed to the past, you will be helped to develop a growing awareness of how your perceptions, thoughts and emotions influence your current experiences and actions.	Many clients with eating disorders benefit when given the chance to relive and express blocked emotions within the safety of the counselling room. It can help you make room for new feelings that facilitate rather than hurt your health and well-being.
Human givens	A biopsychosocial approach to counselling, with the aim being to identify and address unmet innate needs that are common to all humans (i.e. givens).	You will be helped to discover and address any barriers to meeting your innate needs. Needs you are likely to explore include: security, attention, autonomy, emotional connections, community belonging, friendship, privacy, achievement, a sense of purpose.	Much more research is needed on this approach for eating disorders. However, there is some evidence that it is effective for helping free people from the rigid patterns of destructive behaviour that maintain the eating-disorder cycle.
Integrative/ eclectic counselling	Many counsellors use a combination of therapeutic approaches to best serve the needs of different clients.	The personality and needs of the client help shape the techniques used by the counsellor. Aspects of client-centred therapy and CBT are often included where appropriate.	This flexible approach has been shown to have high success rates with eating disorders because the style of counselling can be easily adapted to the fluctuating needs and emotional states of the client.

Type of counselling	Description	Techniques	Evidence
Person-centred counselling (PCC)	PCC aims to create a safe, non-judgemental and accepting environment that will allow you to discover your strengths and weaknesses, and develop your own solutions to problems. PCC practitioners believe in your ability to find the solutions that are best for you.	The focus is on the therapeutic relationship rather than any techniques. Unlike most forms of counselling, the counsellor refrains from asking too many questions or offering advice. Through gentle, thoughtful guidance you learn to empower yourself.	This form of counselling has proven to be highly effective in addressing and resolving the low self-esteem that is often part of an eating disorder. When you begin to become aware of the immense potential lying dormant within yourself, you are empowered to tackle the thoughts and feelings that maintain the illness.
Psycho-dynamic/ psycho-analysis	Psychodynamic counsellors use the evolving dynamics of the relationship between you and them as an avenue to help you develop insight into your personality, motives, desires, fantasies and actions.	You will learn how even inanimate objects such as food can become loaded with significant unconscious symbolic meanings, and how your relationships are influenced by externalised fantasies of which you are normally not aware.	Psychodynamic counselling can be lengthy, but is usually effective, as long as the client feels emotionally strong enough to delve into underlying issues. When you become aware of how your relationship with food serves as a substitute for relationships, you can challenge the behaviours that are keeping you ill.
Rational emotive behaviour therapy (REBT)	REBT is a form of CBT where counsellors teach clients how to examine thoughts and beliefs, as well as how to discriminate between those that are empowering and those that are negative.	You will learn techniques for disputing irrational, disempowering thoughts and beliefs, and replace these with new, uplifting, logical and empowering ones.	In conjunction with other interventions dealing with the physical aspects of eating disorders, REBT can have powerful effects in stopping or reducing the compulsive aspects of eating disorders. It's an effective way to help you gain control over unhealthy food-related habits.

Appendix B
Food and Activity Diary Template

Time	Food/drink Detailed description, portion size, cooking methods, additional sauces/butter/milk, etc.	Additional comments Hunger score: 1 = full, 10 = starving Mood: e.g. stressed Location	Physical activity Type, time, intensity Include general activity, such as housework/ gardening
12 midnight–1 a.m.			
1–2 a.m.			
2–3 a.m.			
3–4 a.m.			
4–5 a.m.			
5–6 a.m.			
6–7 a.m.			
7–8 a.m.			
8–9 a.m.			
9–10 a.m.			

Time	Food/drink Detailed description, portion size, cooking methods, additional sauces/butter/milk, etc.	Additional comments Hunger score: 1 = full, 10 = starving Mood: e.g. stressed Location	Physical activity Type, time, intensity Include general activity, such as housework/ gardening
10–11 a.m.			
11–12 noon			
12–1 p.m.			
1–2 p.m.			
2–3 p.m.			
3–4 p.m.			
4–5 p.m.			
5–6 p.m.			
6–7 p.m.			
7–8 p.m.			
8–9 p.m.			
9–10 p.m.			
10–11 p.m.			
11–12 midnight			
Other comment			

Appendix C
Cravings Diary

Situation (What? When? Where? Who with?)	
Thoughts What went through my mind just before I felt the craving?	
Feelings What emotion did I feel? What did I feel in my body? Where did I feel it?	
Intensity of craving 0–100%	
Alternative more balanced thought and coping response Is there another way of seeing this? What would someone else say? What advice would I give a friend?	

Appendix D

Considerations for Carers when Planning to Change Behaviour

Good communication between sufferer and carer can help reduce anxieties about change. It is important for a carer to understand that the person with an eating disorder will be reluctant to explain the personal safety rules that he or she lives by, partly because they may be irrational and therefore cause embarrassment or shame, and partly because of a fear that they will be stopped.

It is worthwhile considering whether others in the household need to challenge any of their eating behaviours too, especially if they are likely to conflict with the person trying to eat in a more normal way. Consider writing a plan of change, outlining the rules/behaviours that you want to challenge, why and how you might go about this. You could also take note of the things that might interfere with this plan, what might show that your plan is working and some rewards that you can aim to attain. Only discuss the plan outside of meal times. Nothing is more motivational than success, so try to set attainable goals. Increase challenges gradually, as confidence increases.

Carers should remember that a person with an eating disorder might have a critical voice in their head, whispering judgemental remarks during meal times. Carers can help by counteracting this voice with calm, reassuring comments expressed with warmth and love, such as 'Remember, it's normal to eat and your body needs the fuel. Let's not let the eating disorder win.'

Carers can also help by acknowledging struggle and offering praise when appropriate – 'I believe in you – I know you can do this.' Avoid challenging conversations or conflict before or during meal times. Agree to talk about feelings later, when emotions have calmed down a little. Recognise that an eating disorder will attempt to sabotage meal times by creating an issue just before – be one step ahead!

Try to avoid falling into safety behavioural loops such as constant reassurance. The physical act of eating and the emotional feelings involved must both be challenged in order to achieve a sustainable healthy eating plan.

Consider any pitfalls and successful strategies learned from your own experiences. Remember the benefits gained by eating well and feeling stronger in mind and body.

Appendix E
Relapse Coping Strategies

Strategies	Tick if this appeals to you	This was most useful when...
Write in your journal		
Listen to your favourite music		
Watch a sunset		
Colour in a colouring book		
Play your favourite musical instrument		
Tell one person how you feel		
Teach a child to play a game		
Pop or stomp on bubblewrap		
Take a trip to the toy store		
Go to a movie by yourself		
Rent your favourite movie		
Take a leisurely walk		
Go to a concert		
Pack up some clothes for charity		
Hug someone		
Go berry picking		
Take a long hot bath		
Go to the pet store		
Paint a picture		
Call an old friend		
Finger paint, doodle		
Build with blocks, build a tower and knock it down		

Strategies	Tick if this appeals to you	This was most useful when...
Build with Lego		
Spend time with your pet		
Wash your car with a friend		
Have a water-gun fight		
Paint a room in your house		
Read a book		
Take a vacation		
Take a nap		
Count and sort loose change		
Remind yourself 'It'll be OK'		
Take a deep breath, count to ten		
Ask your therapist to make a tape with you that you can use during difficult times		
Go to a favourite 'safe' location (e.g. beach, park, woods, playground)		
Think of advice you'd give someone else...and take it!		
Say something good about yourself		
Use self-affirmation quotes (use notebooks, index cards, tapes, Post-it notes, journal)		
Meditate, use relaxation		
Call a helpline		
Have a pillow fight or punch a pillow		
Do gardening or house cleaning		
Play your favourite childhood game		
Spend time with a sibling		
Hold and/or tell your favourite stuffed animal or doll your feelings		
Stay in touch with others – don't isolate yourself		
Add to this list...		

Appendix F
Grounding Method Ideas

- Remind yourself, 'I'm going to be OK' and 'I'm not crazy.' This is a normal part of the recovery process.

- Plant your feet firmly on the ground.

- Count up from one to ten, then back from ten to one.

- Say out loud things you see and smell.

- Touch the wall, the floor and objects close to you.

- Call someone on the phone.

- Walk around and watch your own feet – listen to the sound.

- Listen to yourself breathe. Do deep breathing.

- Listen to music and count the beats.

- Hug someone (someone safe).

- Hold someone's hand (someone safe).

- Tear up paper, throw ice, chew some gum.

- Visualise yourself putting your problem or worry into a box and placing it to one side.

- Focus on details – leaves on trees, blades of grass, fibres in carpet.

- Call your therapist or a helpline.

- Fight the voices. Change the negatives to positives.

- Gently wash your face, hands or hair.

- Rock in a rocking chair.

- Touch a familiar object that you carry with you (e.g. keys, a necklace).

- Listen to your watch ticking.

- Spend time with a pet.

- Make a list of things to do or write a shopping list.

- Write down who and where you are.

- Pray, talk yourself down or yell.

- Say what you feel out loud, even if you have to yell or cry!

- Change your environment – walk out of the room, touch something different, change the sounds around you (put on music, turn on the TV, etc.), eat something different and 'safe', smell something different (e.g. perfume, flowers, food, grass).

- Visualise a stop sign.

- Dance to music.

- Don't be afraid to ask for help.

Add to this list…

Notes

Chapter 1

1. Prochaska, J.O., Norcross, J.C. and Diclemente, C.C. (1994) *Changing for Good*. New York, NY: Avon Books.
2. Act Now (2007–2015) 'Wheel of Life.' Available at www.actnow.ie/resources/wheel-of-life (accessed 6 May 2016).

Chapter 2

1. Something Fishy (2016) 'In Their Words: If You Really Knew Me, You'd Know That…' Available at www.something-fishy.org/words/knowme.php (accessed 3 March 2016).
2. Nordbø, R.H., Gulliksen, K.S., Espeset, E.M., Skårderud, F., Geller, J. and Holte, A. (2008) 'Expanding the concept of motivation to change: the content of patients' wish to recover from anorexia nervosa.' *International Journal of Eating Disorders 41*, 7, 635–42.
3. Morgan, J.F., Reid, F. and Lacey, J.H. (1999) 'The SCOFF questionnaire: assessment of a new screening tool for eating disorders.' *British Medical Journal 319*, 1467–8.
4. Garner, D.M., Olmsted, M., Bohr, Y. and Garfinkel, P.E. (1982) 'The Eating Attitudes Test: psychometric features and clinical correlates.' *Psychological Medicine 12*, 871–8. (Original work published in 1979.)
5. Beck, A.T. and Steer, R.A. (1990) *Beck Anxiety Inventory Manual*. San Antonio, TX: Psychological Corporation.
6. Henderson, M. and Freeman, C.P. (1987) 'A self-rating scale for bulimia. The "BITE".' *British Journal of Psychiatry 150*, 1, 18–24.
7. Kroenke, K., Spitzer, R.L. and Williams, J.B.W. (2001) 'Patient Health Questionnaire: PHQ-9: validity of a brief depression severity measure.' *Journal of General Internal Medicine 16*, 9, 606–13.
8. Spitzer, R.L., Kroenke, K., Williams, J.B. *et al.* (2006) 'A brief measure for assessing generalized anxiety disorder: the GAD-7.' *Archives of Internal Medicine 166*, 10, 1092–7.

Chapter 3

1. Mental Health Foundation (2006) *Dealing with Depression*. London: MHF. Available at www.mentalhealth.org.uk/sites/default/files/Dealing_with_depression.pdf (accessed 5 May 2016).

Chapter 4

1. Briggs Myers, I. (1998) *Introduction to Type: A Guide to Understanding Your Results on the MBTI Instrument*. Sunnyvale, CA: CPP, Inc.
2. Briggs Myers, I. (1998) *Introduction to Type: A Guide to Understanding Your Results on the MBTI Instrument*. Sunnyvale, CA: CPP, Inc.
3. Bacon, E. (2002) 'Poem: True Courage.'

Chapter 6

1. Berrett, M.E. and Cox, V. (1983) 'Social Support Assessment.' Unpublished Manuscript.
2. Treasure, J., Smith, G. and Crane, A. (2007) *Skills-Based Learning for Caring for a Loved One with an Eating Disorder: The New Maudsley Method.* Hove: Routledge, pp.25–9.

Chapter 7

1. Delinsky, S.S. and Wilson, G.T. (2006) 'Mirror exposure for the treatment of body image disturbance.' *International Journal of Eating Disorders* 39, 108–16.
2. Key, A., George, C.L., Beattie, D., Stammers, K., Lacey, H. and Waller, G. (2002) 'Body image treatment within an inpatient program for anorexia nervosa: the role of mirror exposure in the desensitization process.' *International Journal of Eating Disorders* 31, 2, 185–90.
3. Schenk, R., Pollatos, O., Schenk, S. and Schandry, R. (2009) 'Animal-assisted therapy with dolphins in eating disorders.' Available at https://epub.ub.uni-muenchen.de/9507/1/Manuskript_pollatis_schandry_schenk.18.02.Rainer.pdf (accessed 30 May 2016).
4. Bacon, E. (2002) 'Poem: Misinterpreted Story.'
5. Timulak, L., Buckroyd, J., Klimas, J., Creaner, M. *et al.* (2013) *Helpful and Unhelpful Aspects of Eating Disorders Treatment Involving Psychological Therapy.* BACP British Association for Counselling and Psychotherapy. Available at www.bacp.co.uk/admin/structure/files/pdf/11939_edcombined.pdf (accessed 9 May 2016).

Chapter 9

1. Chozen Bays, J. (2009) *Mindful Eating: A Guide to Rediscovering a Healthy and Joyful Relationship with Food.* Boston, MA: Shambhala Publications.
2. Prochaska, J.O., DiClemente, C.C. and Norcross, J.C. (1992) 'In search of how people change.' *American Psychologist* 47, 9, 1102–14. Available at http://cedd.org.au/wordpress/wp-content/uploads/2014/09/In-Search-of-How-People-Change-Applications-to-Addictive-Behaviours.pdf (accessed 30 May 2016).

Chapter 11

1. Bacon, E. (2016) 'Wellness Self-Assessment.' In *Rebalance Your Relationship with Food: Reassuring Recipes and Nutritional Support for Positive, Confident Eating.* London: Singing Dragon. Adapted from Noordenbos, G. (2013) *Recovery from Eating Disorders: A Guide for Clinicians and Their Clients.* Chichester: Wiley-Blackwell.